錦衣衛

紅蟒、飛魚、繡春刀，
帝王心機與走向失控的權力爪牙

熊劍平 著

目次

楔子
帝王心機

一

史書上記載，大人物的出生，總是和普通人不同。比如朱元璋，據說他母親在懷他的時候，忽然滿屋子泛起紅光，鄰居們都為此驚駭不已，以為他們家不小心失火了。這一點，料想沒有多少人相信，卻在《明史》和《明實錄》等史料中均有記載。

孩子出生之後，母親多少感到一絲失望，因為這個娃長得實在有點醜。當然，好歹都得養活，即便家中已經非常貧困了。何況也有人說，這叫天生異相，將來是要做大人物的。

孩童時期的朱元璋，就已經顯露出帝王之相。那時的他應該叫朱重八，是個衣不遮體的放牛娃，但已經表現出了帶頭大哥的氣質。在與窮苦人家的孩子結伴玩遊戲時，他總是扮演皇帝或者大將軍的角色，吩咐別的孩子拿著小木塊當成「笏」，向自己跪拜。這個「笏」，就是大臣朝拜皇帝時使用的儀物。朱元璋不知道從何時起，已經裝模作樣地當起了皇帝。

即便在遊戲之外，小夥伴們也都心甘情願地聽從朱元璋的差遣。他經常會在關鍵時候挺身而出，表現出老大的擔當。據說有一次，一群孩子餓急了，就宰了地主家的一頭小牛吃，大快朵頤之後，朱元璋告訴地主，大山裂開了個縫，小牛崽鑽到縫裡出不來了，他們趕忙上前，想將小牛拉出來，但結果只是留下一條尾巴。地主實地勘察時，發現牛尾巴正插在石頭縫中，只能不了了之。

總之，朱元璋的智謀和擔當，讓那些和他一起放牛的小夥伴們佩服得五體投地，心甘情願地聽從他的指揮。其中有幾個人，終生追隨朱元璋，幫助他建立了大明王朝。

此後，朱元璋顛沛流離，一度成為四處乞食的遊方僧。再後來，他轉投起義軍，一路南征北戰，出生入死。在郭子興那裡，他混成乘龍快婿，羽翼漸豐，大殺四方，最終成功地兼併了其他各路豪強，成就了帝王之業。西元一三六八年正月，朱元璋在應天府（今江蘇南京）建立大明王朝，年號洪武。

從一個無家可歸、四處流浪的小和尚，到威名遠揚、坐擁天下的一代帝王，朱元璋的人生曲折多姿，充滿神奇。關於他的成長經歷、發跡過程，乃至出身和長相等等，都已成為歷史謎團，吸引著後人做萬般演繹，直至將其演繹為傳說與神話。包括前面所說的幾個故事，雖說根本談不上什麼真實性，卻一直在民間流傳。

朱元璋的一生，境遇多變、角色多變、性格多變，但說到底，他是個出身於貧寒的農夫之家的平民子弟。只是因為身處於風雲際會的特殊年代，他才成了叱吒風雲的草莽英雄。他的這一身分特徵，注定了明帝國的走向會和以往的王朝有所不同。

成為帝王的朱元璋，小心翼翼地看護著自己的萬里江山。這當然不是一件容易的事情。在與各色對手爭鬥的過程中，他逐漸變得富有心機、狡詐多變。

為了維護王朝的穩定，確保江山社稷一直在他們老朱家傳承，朱元璋想盡了種種辦法。其中最為關鍵的共有三條：其一，大肆殺戮功臣，防止他們危害政權的穩定；其二，廢黜宰相之位，加強專制和集權統治；其三，重視內務情報的搜集，大力推行間諜手段，加強對臣民的監控。作為特務政治代名詞的錦衣衛便由此而生，明朝兩百多年的特務政治也就此拉開帷幕。錦衣衛藉機上位，在相當程度上控制和影響著皇帝的所見所聞，成為影響和干擾皇權運轉的國器。

二

有人說錦衣衛的設置，植根於朱元璋多疑的本性。這句話確實說到點子上了。朱元璋本來能和兄弟們打成一片，但當了皇帝之後，身分和地位都改變太多，立刻就犯了疑心病，而且病得很重。由此開始，他大量使用間諜，派人悄悄偵察臣僚，使其一切言行舉止都在他的監視之中，朝野內外充滿了肅殺之氣。

朱元璋手下的功臣大量遭到屠殺，那些僥倖活命的人，整日提心吊膽。他們小心翼翼地侍奉皇帝，戰戰兢兢地服務於王朝，卻隨時都會有性命之虞。每天上朝之前，大臣們都要和家人做一次嚴肅而認真的告別，彷彿是人生的最後訣別一樣，非常擔心此生無法再見。

官員從出門上朝的那一刻起，全家人無時無刻不在擔驚受怕。如果當天晚上能平安歸來，全家則歡天喜地。當官當到如此地步，可謂惶惶不可終日，正像是下雨天過獨木橋——步步驚心。

面對這些已經膽戰心驚的朝臣，朱元璋不肯有任何的放鬆，而是層層加碼，繼續實施嚴密的監控。

宋濂是一代大儒，學問好，做人也非常謹慎。對於這樣一位名儒，朱元璋非常敬重，選定他為太子的老師。按理說，這肯定是令朱元璋百分之百放心的人物，但他還是對其進行了嚴密的監控。

有一天，宋濂與客人在一起喝酒。第二天上朝時，朱元璋笑眯眯地問宋濂：「你昨天是不是喝酒了？」宋濂連忙答是。朱元璋接著又問：「你是和哪些人喝酒的？都吃了些什麼呢？」宋濂如實地一一彙報，而且和特務打探來的情況完全吻合。朱元璋高興地說道：「誠然，卿不朕欺。」[1]情況確實如此，宋愛卿沒有欺騙朕。

宋濂早已嚇得一身冷汗，他明白自己的一舉一動都逃不過朱元璋的監視，只能死心塌地地為老朱家服務。

當時還有另外一位姓宋的官員，叫宋訥，擔任國子監祭酒，培養了很多學生。有一天，一個學生給他敬茶時，不小心把茶具打碎了，令老宋有些生氣。第二天上朝時，朱元璋問宋訥：「昨天你為什麼生氣啊？」

宋訥心中暗驚，問道：「陛下何自知之？」[2]陛下您從哪裡知道的？只見朱元璋一招手，旁邊的人隨即拿來一幅畫，畫的正是宋訥當天生氣的模樣。

朱元璋不僅是對朝臣不放心，他對民眾也不放心。隨著偵察對象的範圍不斷擴大，建設一支能力突出、便於控制、忠誠貼心的偵察隊伍，已經顯得迫在眉睫了。

1《明史》卷一二八，〈宋濂傳〉。
2《明史》卷一三七，〈宋訥傳〉。

第一章

廢相

危險的丞相

在民間，劉基一直以神機妙算、運籌帷幄著稱，所以號稱「活神仙」。當時的人們就經常拿他和諸葛亮相提並論：「以為諸葛孔明儔也。」[1]謀略出眾的劉基，是智慧的象徵，也是朱元璋定鼎中原的重要謀士，朱元璋經常向他討主意。

有一次，朱元璋想要責罰丞相李善長，被劉基勸住。劉基說：「李善長雖有過失，但他能調和眾將。」朱元璋感到非常驚訝：「他幾次想要加害於你，你居然還為他著想？我這次就想改任你為丞相。」劉基連忙推辭：「這怎麼行呢？用丞相就必須用粗壯結實的大木，如用小木，房子就會立即坍塌啊。」

後來，李善長被罷相，朱元璋想任命楊憲為丞相。楊憲長期負責特務工作，平時待劉基很好，沒想到劉基極力反對他出任丞相：「楊憲沒有做丞相的氣量。」朱元璋接著又問：「汪廣洋如何？」劉基答道：「氣量比楊憲更加狹小。」朱元璋接著提名胡惟庸，劉基答道：「做丞相就好像駕車，我擔心他會翻車。」

這也不合適，那也不合適，朱元璋不免面露慍色，忽然說道：「這丞相之位，怕是只有先生你最合適。」沒想到劉基仍是推辭，說道：「我一向嫉惡如仇，又缺少處理繁雜事務的耐心，恐怕也會辜負皇上的重托。天下不是沒有人才，需要的是皇上留心物色。只是這幾個人確實不適合出任丞相啊。」

劉基把帝國比作大廈，用丞相就得用那些粗壯而又結實的木頭，起用得力幹將。只是他自己不願意做這樣的木頭，不知是不是看到了某種凶險。楊憲、汪廣洋、胡惟庸這幾位，後來都在丞相任上獲罪。

劉基不愧為識時務的俊傑，他一直尋機退隱。但他這一番推心置腹的談話，不僅得罪了朱元璋，也得罪了淮右集團，更是徹底得罪了胡惟庸，從而為自己日後的命運埋下了禍根。他想遠離是非之地，卻已走不脫了。

有人不想當，有人搶著當。這個世界上，缺的不是人，而是位子。再危險的崗位，都會有人去填充，何況是丞相這樣的高位。胡惟庸一直費盡心力往上爬，最終爬到了這個位置。沒想到的是，他不僅把自己的小命搭進去，還成了末代丞相。

胡惟庸是定遠人，和李善長是同鄉，所以一直受其提攜。洪武六年（一三七三），他與汪廣洋同任右丞相，但由於汪廣洋被貶廣東，所以胡惟庸可以獨專中書省事務，直至升任左丞相。

胡惟庸是個精明幹練的人，遇事小心謹慎，也非常善於討皇帝的歡心，由此而獲得寵信。但是，隨著權力不斷擴大，地位不斷提升，他也開始變得驕橫跋扈。除了皇帝，誰都不

1《明史》卷一二八，〈劉基傳〉。

放在眼裡。這也難怪，除了朱元璋，朝中已經沒有誰的權力比他更大了。內外奏章，他都可以先拿來查閱，凡對自己不利的，便先行扣下。天下人都知道胡惟庸權大勢大，各方趨利之徒競相投奔，賄送財物。

這個時候的胡惟庸是最為自得的，同時也是最為危險的。

朱元璋對這些情況不可能不了解，只是他尚且沒有意識到事情的嚴重性。或者說，他還在等，等待事態的發展，等待收拾胡丞相的最好時機。

對於胡惟庸的不法和妄為，不少人敢怒不敢言。大將軍徐達多少也知道一些，他選擇向朱元璋告發。此前，胡惟庸曾多次拉攏徐達，均被徐達冷處理。徐達鄙薄其人，不屑與其交往，並瞅準時機悄悄稟告朱元璋，說胡惟庸這人根本就不適合擔任丞相。胡丞相熱臉貼了冷屁股，心頭自然不快，得知徐達打自己的小報告後，更是怒火中燒，於是設計謀害徐達。

對大將軍徐達尚且如此，對其他人更可想而知。權傾朝野的胡惟庸，自以為掌握了所有人的生殺予奪大權，所以一向肆意妄為。

面對險惡的政壇，聰明的劉基雖然及時退隱，但他在老家的一舉一動仍受到各方關注，包括胡惟庸，也包括朱元璋。畢竟他是明朝初年除了淮右集團之外最重要的力量。

淮右集團，其實就是最早幫助朱元璋崛起的一幫窮哥兒們，堪稱嫡系。朱元璋自稱淮右布衣，和他們是鄉里鄉親。他們是朱元璋在奪取天下的過程中最為倚重的一支力量。但在坐穩江山之後，朱元璋立即發現這支力量已對自己形成了最大威脅。因為其中聚集著一大批位高權重的功臣，比如徐達、馮勝、李文忠、李善長、藍玉……

劉基也是開國功臣，但畢竟是浙江人，和淮右集團非親非故，所以受到胡惟庸等人的時刻提防。朱元璋對劉基，則在提防之外，也進行拉攏。出於提防，劉基在告老還鄉時，朱元璋絲毫不作慰留；為了拉攏，在得知其生病之後，他需要表示一下關心和慰問。不幸的是，這種關心很快就被胡丞相所利用，使得善意的慰問變成了殘忍的投毒。據說在朱元璋派出醫官探視之後不久，劉基便一命嗚呼。因為他服用的藥物帶毒，醫官是受到胡惟庸的暗中唆使。

胡惟庸權勢更熾之時，在他定遠老家的一座井中突然生出石筍，出水數尺，周圍那些阿諛之徒都說那是祥瑞之兆。更有不少人告知丞相，說他家祖墳上空每晚都是火光沖天，照徹夜空。胡惟庸相信這一定是吉兆，更加高興和自負，便生出所謂的異心。

貼心的毛驤

朱元璋的耳目遍布天下，劉基之死已經讓他心生疑慮，下定決心暗中調查。這時候，丞相府又不斷傳來祥瑞，他對這些自然不能等閒視之。在受到丞相一番慫恿之後，朱元璋想去看看祥瑞之兆是否有利於朝廷。然而就在這時候，事情逐漸起了變化。

面對很有心機的胡丞相，有著特殊政治嗅覺的朱元璋可能也曾想先警告一下他，但不久就改變了主意，決定殺人。他想把丞相的所有行跡打探清楚，充分掌握其圖謀不軌的證據，一些心腹檢校奉命完成這次偵察任務。

雖然這支隊伍的偵察能力已經非常強大，足令天下臣民膽寒，但用來偵察丞相卻還是顯得捉襟見肘。胡丞相經營多年，羽翼頗豐，京城內外，甚至各省都有他安插的大小嘍囉，密布如蛛網。而且，這些檢校並沒有直接逮捕和審判的權力，多為單打獨鬥，沒有形成合力，更缺乏強有力的組織。

所以，必須做出一些改變才行。正是由於偵察胡丞相的需求，朱元璋產生了組建專門偵察機構的想法，要徵召一批菁英分子，組建最為精銳的隊伍，從而完成這項高度機密的任務。

什麼樣的隊伍可以勝任這種高度機密的工作呢？看著身邊這些膀大腰圓、武藝出眾的護衛，朱元璋很快就找到了答案。對，就是他們了。

這些人是朱元璋最貼身的護衛，被他視為最可靠的部隊——內廷拱衛司。

拱衛司是吳元年（一三六七）所設。自設立之日起，便一直在朱元璋身邊擔任著護衛、救駕等特殊任務。既然長期擔任皇帝的貼身護衛，那麼所有士卒都經過精挑細選，個個都是忠心不二的死士，可以隨時為朱元璋上刀山下火海，當然是執行特殊任務的首選。不僅如此，在拱衛司中，朱元璋選中的是其中最為菁英的主力幹將：儀鸞司。儀鸞司囊括了內廷拱衛司的菁英，還因為專門負責皇帝的護衛工作，距離皇帝最近，傳遞情報最為便捷，既可以神不知鬼不覺地完成監視任務，也能快速高效地把情報傳遞到朱元璋手中。

為了充實隊伍，朱元璋緊鑼密鼓地招兵買馬，繼續擴大偵察力量。洪武十二年（一三七九），朱元璋以「免徭役」作為優惠條件，從民間招聘一千三百多名良家子弟充實到儀鸞司，主要就是擔任偵察任務。

隊伍足夠龐大了，交給誰統領呢？朱元璋經過反復斟酌，決定把偵察丞相的任務交給毛驤，由他來進行統一指揮調度。

關於毛驤這個人，我們如果翻檢《明史》，看不到太多他的紀錄，最多只能在其父毛騏的傳記中找到幾句順帶的介紹。另外就是在講到胡惟庸時，順便提起過他，因為胡惟庸的死和他有著非常密切的關係。

雖說紀錄較少，但在明初的歷史中，毛驤可不是個一般人物。我們從《明太祖實錄》中，也能依稀看到他的部分顯赫經歷。他是錦衣衛第一任指揮使，明朝初年的歷史總是少不了他的身影。

毛驤的父親叫毛騏，較早追隨朱元璋，並且屢建戰功，所以成為朱元璋的嫡系，甚至一度和李善長並稱左右心腹：「時太祖左右，惟善長及騏，文書機密，皆兩人協贊。」[2] 毛驤聽從父親的安排，很早就追隨朱元璋，並在平定中原的過程中立有戰功。他也由此而獲得朱元璋的垂青，被任命為親軍指揮僉事。不久之後，又被提拔為羽林衛指揮使。

2《明史》卷一三五，〈毛騏傳〉。

〈出警圖〉（局部）

圖中騎高頭大馬的是明神宗（即萬曆皇帝），後面身著紅衣的隨扈二人為錦衣衛校尉。錦衣衛在成立之初，不僅承襲了拱衛司的護衛之責，也承襲了儀鸞司在國家重要活動中的儀仗之責。

羽林衛，即羽林軍，是宮廷禁軍，嫡系皇家衛隊。僉事，負責偵察情報工作。從這份工作履歷可以看出，毛驤不僅很早就獲得朱元璋的信任，並且積累了豐富的偵察經驗。

毛驤擅長偵察工作，也善於領兵作戰。比如當時滕州段士雄謀反，就由毛驤率兵平定。哪裡有危險，哪裡就有毛驤的身影。浙東沿海出現倭寇，毛驤立即被派到抗倭前線。洪武五年（一三七二），浙東倭寇進擾，毛驤奉命阻擊，戰果輝煌：「獲倭船十二艘，生擒一百三十餘人。」[3] 洪武九年（一三七六），毛驤被提拔為大都督府僉都督。

對於這樣一位「根正苗紅」的有為青年，朱元璋不能不予以特別的信任，並進一步提拔重用。既然毛驤有著豐富的偵察經驗，偵察丞相的重任也就非他莫屬。

隊伍足具規模，而且堪稱兵強馬壯，帶頭之人也物色完畢，錦衣衛便呼之欲出，至少雛形已經在朱元璋的腦海中形成。

收網殺人

老謀深算的朱元璋步步為營，已經悄悄地布下天羅地網，那邊的胡惟庸卻毫無所知，仍

3 《明太祖實錄》卷七四。

舊陶醉在迷夢之中。他把皇帝的信任當成真，就不能抱怨自己傷得深。

當時，吉安侯陸仲亨和平涼侯費聚都先後犯事，並受到朱元璋的處罰。兩人都非常害怕，胡惟庸便乘機暗中對他們進行拉攏。威逼利誘很快見到成效，兩人應邀到丞相府飲酒。酒酣之時，胡惟庸令左右退下，對他倆說：「我等所做之事多不合法，一旦被發覺該怎麼辦？」愚勇的二人立即變得惶恐起來。見此情形，胡惟庸便將自己的打算告訴他們，命他們暗中在外招集兵馬。

毛驤因為搜集情報的需要，開始多方主動接觸丞相，而胡惟庸也深知毛驤的重要性，對其進行拉攏，甚至一度引以為心腹。二人打得火熱，無話不談。為了招兵買馬，他命毛驤將衛士劉遇賢和亡命之徒魏文進收為心腹，並且拍著胸脯說：「我將來會用得著你。」

據說胡惟庸還嘗試暗中遊說李善長，甚至派出明州衛指揮林賢出海招引倭寇，以作為外援，同時還派元舊臣封績致書北元，向元朝嗣君稱臣，請求他們發兵作為外應。他還將許多重要的文書扣壓在丞相府，不願意及時報告皇帝……

有些事還沒發生，有些人還沒來得及聯絡，有些命令還沒有發出，就已經被朱元璋悉數掌握。所有這些，都離不開朱元璋的巧妙布置，也說明毛驤他們的偵察工作非常高效。

今人考證說，其中有些罪名完全屬有意栽贓和精心編織。著名明史專家吳晗認為，安置在胡惟庸頭上的諸多罪名，基本上都是捏造。[4]不管是不是捏造，當朱元璋決定殺人的時候，沒有人能改變他的想法，更沒有人能打斷他的計畫。

權勢過於膨脹的胡丞相，已經成為朱元璋的絆腳石，那他就不得不死！相權的上升，往往伴隨著皇權的下降，這是初登皇位的朱元璋尤其不想看到的。

就在胡丞相志得意滿的時候，一次致命的車禍打亂了他的計畫。

這一天，丞相的兒子在鬧市區兜風，由於車駕得太快，飛奔的過程中翻車了，丞相的兒子墜車而亡。胡惟庸為此心痛不已，立即下令將駕車的車夫殺死。朱元璋很快就得知了這一消息，不由得勃然大怒，命其償命。胡惟庸請求使用金帛補償車夫的家人，遭到朱元璋嚴詞拒絕。

胡惟庸感到害怕了，便與御史大夫陳寧、中丞塗節等人密謀起事，同時密告四方，下令那些依從於自己的武臣及精心培植的各方力量提前做好準備。

洪武十二年（一三七九）九月，占城國前來進貢，朱元璋很晚才得知這一消息。皇帝大怒，下令徹查。胡惟庸和汪廣洋將一切罪責歸於禮部，禮部則推諉於中書省。朱元璋更加憤怒，下令將相關臣僚全部關押並追責。不久之後，汪廣洋被賜死，汪廣洋的小妾陳氏陪死。朱元璋得知陳氏是陳知縣的女兒，大怒道：「被沒入官的婦女，只能給功臣家。文臣怎麼可以得到？」於是命法司進行調查。調查的結果，牽連出眾多的違紀官員，對胡惟庸很不利。朱元璋認為，胡惟庸和六部屬官都應當被判罪。

4 吳晗，〈胡惟庸黨案考〉，載《燕京學報》，一九三四年六月第十五期。

第二年正月，塗節告發丞相謀反之事。被貶為中書省吏的御史中丞商皓，也告發胡惟庸的陰謀。朱元璋下令廷臣追查，迅速以「枉法誣賢」、「蠹害政治」等罪名，將胡惟庸處死。廷臣說：「塗節本來也參與陰謀，見事不成才檢舉告發，不可不殺。」於是朱元璋在誅殺胡惟庸的同時，也順便殺了陳寧和塗節。

在處死胡惟庸之後，朱元璋宣布自此撤銷相位和中書省，並且不允許子孫以任何藉口重設。

雖然大權在握，朱元璋對丞相始終懷有提防之心。除了李善長被早早安排退休之外，汪廣洋也曾幾度起落，直到被殺。等到胡惟庸任丞相時，朱元璋算是明白過來：換人不如改制。於是，他耐心等著胡惟庸出錯，在除掉丞相的同時，也藉機消滅了延續千年的丞相制度。

朱元璋撤銷相位，直接解決了明朝初期皇權和相權的衝突問題，使得皇權變得更加穩固，極大地加強了君主專制的中央集權。朱元璋此後親自處理各項政務，雖說有些辛苦，卻是樂此不疲。六部直接聽命於皇帝，各部尚書的權力四分五裂，被切割和分解。終明一朝，中書省再沒機會設立，最多只是內閣這樣的輔政機構俯首帖耳地為皇權服務，再無掀起風浪的機會。即便後來內閣閣臣的權力上升，超越六部尚書，但始終無法和明初的丞相相提並論。

從幕後走到臺前

在除掉胡丞相之後，朱元璋還做了一件大事：宣布成立錦衣衛。因為他看到了這種情報偵察機構對於剷除異己、懲治犯罪的作用。

朱元璋的情偵人員在與胡惟庸一番較量之後，取得了豐碩的戰果，而且鍛鍊了隊伍。情偵系統不僅隊伍壯大了，地位也提升了，獲得了朱元璋的極大信任，已經具備形成獨立力量的條件。為了維護專制集權的需要，他們迫切需要從幕後走到臺前，承擔起更為重要的任務。

洪武十五年（一三八二），朱元璋正式宣布罷黜儀鸞司，改置錦衣衛。[5]也有學者認為，錦衣衛作為特務機構早就存在，至於洪武十五年改置的錦衣衛則是合併了儀鸞司和錦衣衛，其名稱也可以叫「錦衣衛親軍指揮使司」。[6]總之，特務機構從此公開化，取得了正式的「營業執照」，大大小小的特務也都取得了從業資格。洪武十八年（一三八五），朱元璋再次徵召一萬四千名壯漢充實到錦衣衛各個千戶所，使得這支由他直接統領的特別偵察隊人數將近兩萬。

5　《明史》卷七六，〈職官志五〉。
6　黃冕堂、劉鋒，《朱元璋評傳》，南京：南京大學出版社，二〇一一，頁三七九。

在朱元璋的設計中，錦衣衛設指揮使一人，正三品；同知二人，從三品。錦衣衛下設經歷司，掌管公文往來與案宗，名義上是負責公文檔案之類，其實主要是掌管由皇帝下達的案件審判的詔旨。換句話說，錦衣衛是由皇帝直接掌握，別人不得染指。這種詔旨，或稱詔令，是專屬錦衣衛的用以執行特殊偵察和緝捕任務的指令，也可以認為是皇帝所賦予的特殊權力。因此，所謂「詔令」，既是錦衣衛的護身符，也是錦衣衛特殊身分的證明。詔令和錦衣衛一起，構成了皇權的特殊象徵。

除此之外，錦衣衛還設有鎮撫司。因為擁有自己的監獄和法庭，所以具備偵察、逮捕、審訊及判刑等權力。鎮撫司原本是錦衣衛的屬官，但遇事可以直接奏請皇帝裁決，有時就連錦衣衛指揮使都可以繞開，所以被稱為「詔獄」。

與明朝的軍制相應，錦衣衛的官職也允許世襲。錦衣衛的官校，除部分世襲之外，一般都從民間精心選拔。既要求身體強壯、孔武有力，更強調無不良紀錄。至於入職之後的升遷，除了依靠資歷之外，更需憑藉能力。

所有官校在入職之後，都要不斷培植忠誠於皇帝的思想。此外，還要格外強調保密紀律。不該說的，一定不能說。在執行任務和傳遞情報的過程中，這一條原則顯得格外重要。為了保證偵察行動的機密，錦衣衛的很多人員都曾悄悄地消失，又忽然地出現。他們經常在假裝失蹤之後，潛伏各處，悄悄擔負起各類偵察任務。否則，他們不大可能繞過丞相的耳目，還能把胡惟庸的人脈關係摸得那麼清晰而透徹。

除了擁有一些特權之外，錦衣衛還有明顯的標誌性特徵：穿飛魚服，佩繡春刀，腰間懸掛腰牌。《明史》記載：「其視牲、朝日夕月、耕耤、祭歷代帝王，獨錦衣衛堂上官，大紅蟒衣，飛魚，烏紗帽，鸞帶，佩繡春刀。」[7]也就是所有祭祀等重大活動中，只有錦衣衛可以攜帶兵器，身著華衣，護衛左右。

另外，因為穿著緹衣，騎著快馬，所以錦衣衛也被稱為「緹騎」。所謂「緹騎四出，海內不安」，[8]說的就是錦衣衛執行任務時的氣場和巨大震懾力。

錦衣衛是一支非常特別的隊伍，《明史》總結其職責是「掌直駕侍衛、巡察緝捕」。[9]所謂「直駕侍衛」，應該是禁衛軍的職責，保衛皇帝，擔任警戒，始終是皇帝的貼身衛隊。所謂「巡察緝捕」，則是今天警政部門需要完成的職責，有偵察罪犯和抓捕犯人的權力。竊賊可以抓，貪官可以抓，什麼人都可以抓。此外，它還擁有著特別審判權，有審訊犯人和關押犯人的權力。這一點與衛隊及所有別的「衛」都拉開了距離。

所以說，錦衣衛什麼都像，卻又什麼都不像——我們或許可以稱之為「四不像」。但它對於朱元璋和明王朝來說，卻非常實惠，所以地位也非常重要。

7《明史》卷六七，〈輿服志三〉。
8《明史》卷九四，〈刑法志二〉。
9《明史》卷八九，〈兵志一〉。

明代飛魚服演變自蒙古族服飾曳撒，上繡有飛魚圖案。而飛魚實際上並非是魚，乃是一種魚尾的四爪龍。錦衣衛並非全員皆身穿飛魚服，只有軍官一級的才可穿，正三品的堂上官可穿大紅紵絲飛魚服，普通的校尉、力士等是穿不到飛魚服的。飛魚圖案可用在多種樣式的服裝上，既可以做成過肩袍，也可以做成胸背補子，在使用上沒有固定規則。雖然明朝制度禁止亂穿飛魚服，但往往皇帝自己也是濫發，致使飛魚服的使用越來越混亂。

錦衣衛的行動隱祕不顯，組織架構也神祕莫測，但它已經名正言順、光鮮亮麗地站在了歷史的舞臺之上。特殊的身分和角色，注定了這些身穿飛魚服、腰繫繡春刀的神祕衛兵，將長期在明朝歷史中扮演著特殊的角色。凡是被錦衣衛懷疑並且掌握到「證據」的案犯，不管有沒有危及明朝政權，都難逃法網。

歷朝歷代的皇帝其實都非常注意在朝臣身邊安插眼線，以此加強對臣僚的控制，一旦發現危機，也便於及早進行處置。宋代皇城司這種偵察機構的出現，標誌著封建社會對於臣民監控的升級。至於錦衣衛，我們不妨視為皇城司的升級版：組織更加嚴密，人員更加精幹，手段更加毒辣，效果更加明顯。

在擁有錦衣衛之後，朱元璋對臣民的監控可以變得不再那麼羞澀了，因為一切都已經制度化、組織化、程序化、合法化。朱元璋需要這一批忠誠的菁英衛士來看家護院。家是他的家，國是他的國，一切他說了算。朱元璋與生俱來的「樸素」的農夫「品質」，注定了他需要認真打造這樣一支隊伍。這支隊伍，始終是朱元璋的至親至信，完全出自他的有意提拔和重點栽培。可以說，錦衣衛的出現和壯大，既是封建社會發展的歷史產物，也是朱明王朝執意推行集權政治的一種邏輯結果。

殺更多的人

從汪廣洋到胡惟庸，朱元璋先後殺了兩位當朝丞相，而且還順帶殺了好幾位大員，令世人震驚不已。不過，接下來的動作怕是更令人吃驚。

朱元璋開始憑藉著胡案接連製造案中案，大規模清剿制約皇權的各種力量。

朱元璋的邏輯很簡單也很直白：打下江山，靠的就是殺人；坐穩江山，依然得靠殺人。他決心殺更多的人，不知道是為了殉那位剛剛死去的丞相，還是為了守護他的大明江山。

只有殺更多的人才能讓他感到踏實。在奪取天下的過程中，朱元璋指揮參加過無數的戰爭，都是大規模的集中殺人。坐穩江山之後，好歹需要與民休養生息，他只能把殺人的節奏緩慢下來。但在清剿胡黨的過程中，他又重新進入殺人的快車道，恢復了殺人的節奏。

為打天下而殺人，他不需要出示證據；等天下太平之時再殺人，這就需要證據了。有了錦衣衛，他便可以隨意找到各種所需證據，從而能夠從容而「合法」地殺人。

殺死胡惟庸之後，朱元璋繼續窮追其重要黨羽及親戚友朋，並且一直深挖了十餘年，直到洪武二十三年（一三九〇）才宣告結束。凡是與胡丞相有牽連之人，皆稱「胡黨」，都要受到嚴懲。結果，包括開國第一功臣韓國公李善長在內的一大批功臣勛爵都受到株連，牽連被殺者共計三萬餘人。

其中，挖出淮右集團的總頭目李善長，應該是朱元璋最為自得的一件事了。

李善長號稱建國的首功之臣，是文官領袖。當初為了示好，朱元璋將長女臨安公主嫁給李善長的長子李祺，兩家結為親家。雖然退休多年，但李善長的那些老部下仍然掌握實權。所以李善長的存在，標誌著淮右集團作為一股政治力量的存在。奇怪的是，李善長的身體一直不好，但就是死不了。徐達作為武官領袖，都死了好幾年了，李善長卻以羸弱病軀，一直苟延殘喘。這讓朱元璋心急火燎，不知如何是好。

總該有個了結，卻總抓不到證據，這個難題便只能交給錦衣衛了。

經過長期偵察，毛驤挖出了李善長的弟弟李存義私通胡惟庸的證據。可是朱元璋沒有一絲興奮，因為這情報對他沒有多大價值，也沒有理由就此殺掉李善長。既然如此，不如網開一面，給李善長一個人情，將李存義從輕發落。這麼做至少有兩個好處：第一，展示朱元璋仁慈的胸懷；第二，暫時穩住李善長。

李善長在得知弟弟被寬恕之後，並沒有做出謝主隆恩的舉動。這讓朱元璋非常不悅，只是此時命令已經發出，不好立即收回，只能等到將來老帳新帳一起算。

有錦衣衛，有毛驤，朱元璋並不需要等待太久。錦衣衛潛伏偵察很長時間之後，總算抓到了李善長謀反的「鐵證」。

據說胡惟庸曾經指派李存義勸說其兄謀反。第一次勸說碰了一鼻子灰，李善長根本不為所動，反而怒目相向。第二次再勸，李善長不置可否，有所鬆動。第三次，李善長歎道：

「吾老矣。吾死，汝等自為之。」[10]意思是，我已經老了，所以沒有興趣。等我死之後，你們想怎樣就怎樣。

這真是不可饒恕的死罪。李善長作為功勛老臣，明知朝臣有叛逆謀反之舉，不但不檢舉揭發，反而徘徊觀望，首鼠兩端，實屬大逆不道，罪該萬死。這時，又有證據表明，李善長曾夥同胡惟庸私通倭寇。洪武二十一年（一三八八），藍玉征討北元時，曾抓獲封績，李善長隱瞞不報。等到兩年後封績被逮捕，才從他口中審出實情：「封績往來沙漠，私書有善長手跡。」[11]李善長大逆不道的罪狀已經非常明確。

總之，在深挖胡案、清剿胡黨餘孽的過程中，錦衣衛挖出很多證據，都紛紛指向李善長。甚至連善於觀察天象的官員也說，因為天象有變，只有殺了李善長才能順應天命。

可能李善長平時得罪的人也比較多，關鍵時候除了一個叫王國用的人，再沒人站出來幫他說話，所以李善長只能坐以待斃了。他的死，能夠除掉朱元璋的一塊心病。

雖然和皇帝結為親家，雖然手握兩張免死鐵券，雖然是朱元璋最為倚重的開國元勛，李善長在他七十六歲這年還是不得不以死謝罪。只有兒子李祺因為是老朱家的女婿而僥倖活命，其餘七十餘口一併被處死。

這是洪武二十三年（一三九〇），胡惟庸做鬼都已經超過十年了。

然而，錦衣衛的戰果不斷擴大，審訊的過程中，還挖出了更多的線索。與胡惟庸過從甚密、共謀叛亂的人越來越多。朱元璋順藤摸瓜，一個接著一個地殺：「帝發怒，肅清逆黨，詞所連及坐誅者三萬餘人。」[12]

三萬多人中有多少冤魂，只有天知道。

據趙翼在《廿二史箚記》中的總結，當朝坐胡黨而死的重要官員有：李善長、陸仲亨、唐勝宗、費聚、趙庸、鄭遇春、黃彬、陸聚、金朝興、葉升、毛麒（騏）、李伯升、丁玉、鄧愈之子鎮及宋濂之孫慎等，此外還有一大批「身已故而追坐爵除者」。[13]

這長長的名單，透出一股凜冽的寒氣，是朱元璋的輝煌戰果，同時也是明初功臣的悲歌。為了起到懲戒作用，朱元璋下令編輯出版《昭示奸黨錄》廣布天下，並且一連出版了三本。這其中除了記載胡黨分子的名冊之外，還有一些前後自相矛盾的審訊紀錄。不知道哪些屬捏造，哪些得自酷刑。

至於毛驤，他雖在除去胡惟庸的過程中立下大功，但也被下令處死。他接觸胡惟庸，該是為了套取情報。到了這時，說他與胡案牽連太深，完全就是「君要臣死，臣不得不死」的

10《明史》卷一二七，〈李善長傳〉。
11《明太祖實錄》卷二二〇。
12《明史》卷三〇八，〈胡惟庸傳〉。
13 趙翼，《廿二史箚記》卷三二，〈胡藍之獄〉。趙翼的這份名單中列入毛驤的父親毛騏，令人多少感到一絲困惑。據《明史》，毛騏病卒，朱元璋曾「為文哭之，臨視其葬」。當然，按照錦衣衛一貫強調的忠君思路考察，毛驤六親不認害死父親，也完全可信。

模式。所有人都知道，朱元璋殺他，就是為了滅口。因為他知道的太多了，不能不死。

總之，該死的全都死了，不該死的也死了，朱元璋視官員為牲畜，殺人殺得性起，根本停不下來，硬生生地把南京變成了一個「屠宰場」，血腥而且恐怖。

通過精心布局，朱元璋順利地除掉了胡惟庸這一「奸相」、「叛徒」、「野心家」加「賣國賊」，此外還產生了兩項重大「成果」：撤銷中書省和成立錦衣衛。這就是朱元璋精心尋找的兩味重要的治國「藥引子」，將它們注入帝國的肌體之後，不知道會誘導其走向何方。

第二章 殺將

蟄伏的毒蛇

朱元璋設立錦衣衛，推行特務政治，大肆屠殺功臣，加強對百姓的控制，不僅激起官怒，也引起民怨。但是，在朱元璋的高壓政策之下，所有的怨恨都只能化為地火，始終沒有爆發的機會。所有的臣民都不敢向當朝皇帝發洩，哪怕是一點點的不滿。他們所能做的，只是默默忍受，甘當奴才和順民，任由皇帝盡情發揮他的鐵腕控制手法。

那麼，朱元璋能體察到這些深埋心底的怨恨嗎？應該能，因為他的耳目遍地都是。也許不能，因為周圍都是順著他說話的小人，只會挑他喜歡聽的話說。不聽話、不明事理的刺兒頭，早就被收拾乾淨了。得到皇帝授予的特權，錦衣衛可謂「春風得意馬蹄疾」。

可就在這時，朱元璋做出了一件令人稍感意外的舉動。洪武二十年（一三八七），他下令焚毀錦衣衛的刑具，並將所押囚犯都轉交刑部，而且今後內外獄全部歸三法司審理。

朱元璋此舉來得突然，但也有因可尋。原來，錦衣衛審訊犯人是用盡酷刑和採取非法凌虐之舉，終於有不怕死之人站出來檢舉揭發。朱元璋聽了錦衣衛獄的內部運行情況之後，感到非常憤怒且震驚，他立即下令：「取其刑具，悉焚之，以所繫囚送刑部審理。」[1]

按理說，錦衣衛幫助他清剿了大批功臣，在維護皇權的過程中起到了重要作用，理應給予更多信任，讓其繼續發展壯大才是，可是朱元璋沒有這麼做。是他突然良心發現，自此告別嚴酷的專制統治嗎？顯然不是，他也捨不得。提著腦袋、拚了老命才奪得的皇位，他不僅要想辦法坐穩，還要努力將這把黃金龍椅一代接一代地傳遞下去，傳給後世子孫。

其實，朱元璋的想法很容易明白——誰的權力大了，就需要立即按下去；誰的能力大了，就需要多多提防誰；甚至誰對他幫助最大，就殺掉誰。限制錦衣衛的權力其實和殺功臣的邏輯完全一致。限制錦衣衛的權力，是朱元璋從此改變了治國思路，告別特務政治嗎？也不是。因為錦衣衛一直存在，他們偵察緝捕的權力也一直得到保留。所以他的這一「怒」一「限」，即便是真的有所觸動，但也一定只是瞬時衝動，而且更像是「劉備摔孩子——收買人心」。胡黨被收拾得一乾二淨，殺死的三萬人中肯定有大批的冤死鬼，他多少要裝出一絲難過的表情，擺一下痛心疾首的姿態。

在早已被嚇得戰戰兢兢的臣民面前，朱元璋也需要裝模作樣地推卸責任。他想要告訴世人，這些壞事都是錦衣衛幹的。他們的帶頭大哥毛驤被迅速處死，這一方面是為了滅口，另一方面也可以稍微平息眾怒。

除卻這些，朱元璋還另外有著一層深遠用心：他要將擺在明處的東西藏到暗處。

通過胡惟庸案，錦衣衛從幕後走到臺前，朱元璋所精心培育的特務部隊就此暴露在天下人眼前。但是，錦衣衛的工作性質非常特殊，躲在暗處更加有利於發揮作用。他們就像蟄伏

1《明太祖實錄》卷一八〇。

的毒蛇，一旦出動，便要一擊即中。

等到錦衣衛疾風驟雨般地偵辦藍玉一案，用快、準、狠的手法剷除了數量不菲的藍黨時，便可以發現朱元璋當初的所謂「限制」，竟然完全成為一紙空文。這貌似不可思議，卻全在情理之中。就在朱元璋的一「怒」一「限」之後，錦衣衛變得更加彪悍凶狠。當錦衣衛重新出現在臣民面前時，立即掀起了巨大的血雨腥風。

偵辦藍玉的前後經過，充分說明朱元璋當初焚毀刑具這些舉動，只是做做樣子而已。有學者分析，在洪武二十年（一三八七）之後，錦衣衛的使命，除了被取消刑訊權之外，其他並沒有什麼改變，包括對大案、要案的偵訊和對案犯的緝捕。不但沒有改變，「隨著朱元璋屠殺功臣的變本加厲，錦衣衛的恐怖活動亦較之洪武二十年之前更加瘋狂。」[2]

等到洪武二十六年（一三九三），朱元璋忽然又有一條針對錦衣衛的禁令，進一步「申明其禁，詔內外獄毋得上錦衣衛，大小咸經法司」。[3]兩次禁令的發布，非常耐人尋味。敢把朱元璋的禁令不當回事，居然需要皇帝再三申明，錦衣衛果真有這麼大膽子嗎？顯然不是。借給他們一百個豹子膽，他們也不敢。他們所能做的，只是奉旨行事。

朱元璋懲罰錦衣衛，最多只是家長教訓自家孩子的辦法，雖然有打有罵，可畢竟還是自家親生的。有時候，孩子在外面惹著別人了，免不了要教訓一番，可那都是當著外人做做樣子，回到家裡又是另外一回事。即便他殺了毛驤這樣的頭目，但仍然改變不了他對錦衣衛的信任：錦衣衛是自家親生的，不相信他們還能相信誰？

不過，等到藍玉被殺，該法辦的人都已經辦完了，朱元璋重申禁令也許是真的。因為他的目標已經達到，是該收手的時候了。而且，這一次禁令的解除，要一直等到明成祖朱棣的出現。

下面，我們不妨先看看錦衣衛這條毒蛇，在它的蟄伏期，是如何咬噬大將軍藍玉的。

新晉大將軍

當初李善長被殺，錦衣衛所搜集到的一條罪證和藍玉有關，而且明顯對藍玉不利。藍玉打敗元兵抓獲元臣封績後，只報告給了李善長，而李善長沒有繼續奏報皇上。此事如果追究起來，藍玉多少也有責任。只是因為當時朱元璋最想殺的人是李善長，加上藍玉身負戍邊重任，所以只能暫時放他一馬。

暫不追究，並不代表以後不會算帳。等到時機成熟，朱元璋當然會老帳新帳一起算。而且，負責偵察藍玉的錦衣衛蔣瓛已經悄悄地布置到位，只是藍玉自己絲毫沒有察覺罷了。

---

2 黃冕堂、劉鋒，《朱元璋評傳》，南京：南京大學出版社，二〇一一，頁三八〇。

3《明史》卷九五，〈刑法志三〉。

蔣瓛，籍貫生卒年皆不詳，只知道他在毛驤之後成為錦衣衛的高級頭目，擔任錦衣衛指揮，並參與偵辦藍玉一案。

關於蔣瓛這個人，如果不是因為藍玉，相信歷史也懶得記他一筆，怕是誰都不會想起他。只是因為他在關鍵時刻提供了藍玉謀反的證據，《明史》中才會出現他的名字，而且只有一次，就像電視劇裡那種活不過幾秒鐘的反派一樣。此外，也有武俠小說曾提及他，說他武功高強又心狠手辣，貪圖名利而且不擇手段。這些可能是事實。至少他主持偵辦藍玉一案，在一定程度上左右了案件進程，使得一代名將成為冤死鬼。

朱元璋為什麼忽然要殺藍玉呢？其實也是與藍玉特殊的身分和地位有關。

藍玉既是胡惟庸的同鄉，也是一代名將常遇春的小舅子。當然，更重要的是，他是一位英勇善戰的名將，在戰場上屢立戰功。

藍玉確實很會打仗，因為他剛從軍就跟著常遇春。有高人指點，加上他自己有膽有謀，所以屢立戰功，由管軍鎮撫升任千戶和指揮使，再升任大都督府僉事，直至官拜大將軍，封涼國公。

和明初眾多名將一樣，藍玉也是在大大小小的戰爭中成長起來的。仗越打越大，手下兵眾越聚越多，權力越來越大，命運卻越來越危險。在徐達等老一輩戰將逐漸凋零之後，藍玉當仁不讓地成為新一代戰神。他南征北戰，立下戰功無數。

洪武十四年（一三八一），藍玉跟隨征南將軍傅友德、右副將軍沐英，率領三十萬大軍南征雲南，消滅了盤踞雲南的殘元勢力。戰後評功，以藍玉功勞為大，不僅獲得了加薪，增加俸祿五百石，女兒也被冊封，成為朱元璋的兒媳婦，即蜀王妃。

洪武二十年（一三八七），藍玉以征虜左副將軍的身分隨大將軍馮勝北征。此役的主要任務是消滅元太尉納哈出所部。在戰爭中，藍玉親率一隊輕騎兵，冒著嚴寒和飛雪，長驅直入，成功地夜襲慶州。隨後他又率領大軍深入虎穴，迫使納哈出投降。

立下赫赫戰功的藍玉，又遇到了一起意外事件，從而使得自己的身分和地位發生急劇變化。當時，大將軍馮勝因為私藏良馬而獲罪，被朱元璋撤職召回，藍玉因而獲得拜大將軍的機會，自此總領二十萬北征軍。

第二年，藍玉率領大軍十五萬再次出擊。當他探知元主藏身捕魚兒海之後，便下令輕騎抄近路星夜兼程，越過茫茫沙漠和山寒水冷的嚴寒地帶，出其不意地對元主大本營發起進攻，幾乎全殲北元軍，僅元主與太子天保奴等數十騎逃走。此後，藍玉又派出精銳騎兵發起猛烈追擊，俘獲元主次子地保奴及妃嬪、公主以下百餘人，俘虜士卒七萬七千餘人，並繳獲寶璽、符敕、金銀印信等物品，還獲得馬、駝、牛、羊等十五餘萬。

捷報傳來，朱元璋大喜，除了下詔賞賜之外，更將藍玉比作自己的衛青和李靖，晉升為涼國公。

戰功卓著的藍玉，官職不斷獲得升遷，軍權越來越大。據說他也漸漸地擺不正自己的位置，更不知道朱元璋的密探已經悄悄地盯上了他。俗話說，匹夫無罪，懷璧其罪。如果只是一個平凡的小人物，藍玉肯定會安全許多。但此時的藍玉，已經是大權在握的大將軍，那麼他的處境就開始變得危險起來。至少朱元璋已經視其為危險分子，開始找碴收拾。據說「涼國公」這一名號，本該為「梁國公」，因為他一再犯錯，只能把「梁」改為「涼」。這一字之差，足以昭示朱元璋對藍玉態度的變化。

大將軍藍玉的一舉一動都在朱元璋的嚴密監控之中。有消息傳來，藍玉北征捕獲了元主的漂亮妃子，荷爾蒙瞬時衝動，事後元主妃子羞愧難當，自縊而亡。得知這一消息，朱元璋大動肝火：「這豈是一個大將軍該有的行為舉止?!」後面又不斷有壞消息傳來，說藍玉有很多違規之舉：「擅升降將校，黥刺軍士，甚至違詔出師。」[4] 暗中偵察大將軍的錦衣衛奏稱，藍玉不僅自己鯨吞國家資財，也縱容兒子在家鄉違法亂紀……新晉大將軍「春風得意馬蹄疾」，無意之間已留下一連串的案底。

洪武二十五年（一三九二），朱元璋再任命藍玉為征西大將軍，去四川西部建昌地區平叛。朱元璋特地交代大將軍，有要事單獨商量，沒想到藍玉帶去了幾位隨身侍衛。帶就帶去吧，當朱元璋喝令這些隨從退下時，他們竟然紋絲不動，等到大將軍揮手示意，侍衛才迅速退下。

這件事對朱元璋觸動很大，因為皇帝的號令已經不如大將軍好使，這實在太可怕了！這藍玉究竟是不懂人臣之禮，還是果真心存不軌？

朱元璋雖然暗自震驚，但也能迅速平定心神。眼下畢竟正是用人之際，暫時不便得罪這位大將軍，只能不動聲色，任由他去捉拿叛賊。所以，雖然內心掀起巨瀾，但朱元璋仍竭力保持鎮定。

雖說是混上了個大將軍，但說到底藍玉只是一介武夫，一個大老粗。文化程度不高的他，充其量只會在戰場上打打殺殺，並不懂得如何耍心眼。即便是鬥計謀，也頂多是戰爭謀略，缺少足夠的政治智慧。

而且，其政治智商幾乎等於零，心智完全沒有開化。與老奸巨猾的朱元璋相比，他顯得太嫩了。他哪裡能夠察覺出朱元璋內心的波瀾，於是懷揣著皇帝的各種叮囑，老老實實地踏上了征程。

一不小心「被謀反」

洪武二十五年四月，太子朱標忽然去世。白髮人送黑髮人，這一突發事件令朱元璋傷心不已，在一定程度上影響了他的治國理念，也左右了他對周圍文臣武將的看法，包括對藍玉的態度。

4《明太祖實錄》卷二二五。

與父親相比，太子朱標性格偏於柔和，懷揣一顆寬仁之心。看到父皇殺了太多的功臣，朱標曾試圖進行勸阻，朱元璋則採用一種非常特別的方式對其進行了訓誡。

有一天，朱元璋拿出一根帶刺的荊棘令朱標拾起，看到朱標面有難色，他不動聲色地將刺削去，再令朱標拾起。朱元璋是想通過此舉向太子表明自己的良苦用心。

沒想到朱標過早亡故，徹底打亂了朱元璋的計畫。此後，他只得將皇位傳於皇孫朱允炆，雖然這位皇孫的性格和為人偏於軟弱。面對這樣的皇孫，朱元璋有時也會產生恨鐵不成鋼的感覺，但家業畢竟還是要靠他往下傳。

在朱元璋眼中，大明王朝就是他親手栽種的一棵樹，他需要看著所有枝葉按照他的旨意生長，至於那些不聽招呼的，只能咔嚓咔嚓地剪去。錦衣衛正是他著力打造的一把大剪刀，他需要用這把大剪刀不時地對樹枝進行修剪。

在朱允炆即位之前，朱元璋不得不用高倍掃描儀將朝中的文武眾臣再仔細掃描一遍，看看有哪些新長出的刺兒頭和潛在的刺兒頭。這掃描儀的探頭很快就掃到了手握軍權的新晉大將軍身上。

除了朱元璋看藍玉不順眼之外，還有一個人也看他非常不順眼，這個人就是燕王朱棣。

燕王朱棣為什麼會看藍玉不順眼呢？據說，藍玉曾經向太子朱標打過他的小報告。

藍玉因為與朱標有親戚關係，所以兩人走得比較近。有一次，藍玉告訴太子說：「我在北方時，曾觀察燕王朱棣和他所在的封地，一舉一動都和皇帝一樣。燕王怕是遲早要造反的，你一定要小心啊！」藍玉繼續向朱標解釋：「殿下問臣，臣不敢隱，故盡其愚懇耳，惟密之。」[5]藍玉認為自己受到太子的優待，所以密報太子，並希望朱標保密。但是這件事不知道何時被朱棣發覺了。朱棣曾幾次向父皇進言，建議及早除掉藍玉。

藍玉為老朱家征戰沙場，卻在無意之中得罪了這對父子，處境已經變得十分危險。朱元璋在聽了朱棣的建議之後，更堅定了殺藍玉的決心。

就在這時，正趕上蔣瓛發現了大將軍謀反的證據。洪武二十六年（一三九三）二月，錦衣衛指揮蔣瓛正式告發藍玉謀反，朱元璋立即將大將軍藍玉逮捕下獄。

剛剛平叛歸來的藍玉，自然是有功之臣。他自己也頗為自得，返京途中一直以功臣自居，夢想著朱皇帝多給賞賜。沒想到，他剛剛上朝就立即遭到錦衣衛抓捕。辛苦平定叛賊的結果是把自己搞成了叛賊。這巨大的落差，立即讓藍玉暈頭轉向，他思前想後，就是想不明白。

他想不明白的事，錦衣衛用酷刑幫他想明白了。

被關進大牢之後，藍玉開始一點點回憶自己的違法行為，也沒什麼大的過錯啊，不就是吃點兒、拿點兒、玩兒了一些女人嗎？結果，各種酷刑一齊上陣，大將軍腦袋清醒了，逐一交代了自己謀反的「罪狀」。他想起來自己的親家被挖出是胡惟庸的同黨，他為此曾經有過

5《明太宗實錄》卷一。

不滿情緒。

很好！這就是謀反的罪狀，因為他居然私下表達對皇帝的不滿之情！於是繼續用大刑伺候，藍玉終於把自己謀反的罪證完整地「坦白」出來，而且也和蔣瓛他們偵察得來的情報一一吻合。

原來，這位大將軍在平叛回京之後，發現自己失去了皇帝的信任，便決定鋌而走險，開始計畫謀反。於是，他四處聯絡，聚集力量，準備在皇帝「籍田」之時發起襲擊。可是，就在他們「約束已定」，準備發起叛亂之時，卻暴露了行動計畫，「為錦衣衛指揮蔣瓛所告」。[6]

藍玉的謀反罪已經坐實，立即被處死了。大概在朱元璋看來，大明帝國如果是一部電視連續劇，藍玉就是活不過一集的反派，希望他盡快從眼前消失。

錦衣衛在偵辦藍玉一案中，發揮了極高的工作效率：從抓捕到處決，只花費了短短的兩天時間。不過是週末加了個班，就把威震北疆的大將軍給收拾了。

匆匆殺人證明了朱元璋的心虛，不少人都說藍玉其實並沒有招供，只是因為朱元璋急著要殺人，所以才會有「獄詞」的匆匆出臺。而且這份「獄詞」充滿謊言，前後矛盾，完全不能令人信服。

不知道酷刑之下，藍玉到底有沒有招供，有沒有供出同黨，京城的人們只是看到不停地抓人和殺人，看到錦衣衛忙碌的身影。

猜測藍玉被逼急了，也會有胡亂咬人之舉，《明通鑑》中記載了一例。當時有一名叫詹徽的官員曾參與審判，看到藍玉滿肚子委屈，一百個不服氣，所以大喝道：「速吐實，毋株連人。」[7]讓他趕緊說實話，不要胡亂咬人。只見藍玉大聲叫道：詹徽就是我的同黨！結果，這個倒霉的審訊官就被殺了。

藍玉死了，然而對藍玉一案的偵辦才剛剛展開：清剿餘黨、搜集證據、懲戒來者、剷除影響等等，很多事情都在有計畫地鋪開。據《明實錄》載，在藍玉死後三年，錦衣衛還能繼續挖出其謀反的證據：「逆賊藍玉越禮犯分，床帳、護膝皆飾金龍。又鑄金爵以為飲器，家奴至於數百，馬坊、廊房悉用九五間數。」[8]

與此同時，對藍玉同黨的清剿也匆匆展開。朱元璋又仿照胡惟庸案，一直株連蔓引，發動錦衣衛掘地三尺，尋找藍玉同黨，在對大將軍誅滅三族的同時，又殺死約一萬五千人。為了警誡群臣，朱元璋也仿照胡案，下令頒布《逆臣錄》布告天下。而且，偵辦藍玉餘黨的行動，一直持續到洪武末年方告結束。

在「藍玉案」中，因株連被誅殺的，仍然是功臣。據趙翼統計，坐藍黨而死的要員有：

---

6 《明太祖實錄》卷二二五。

7 夏燮，《明通鑑》卷十。

8 《明太祖實錄》卷二四三。

傅友德、曹震、張翼、朱壽、何榮、詹徽、傅友文、察罕（納哈出之子）、張溫、陳桓、曹興、黃輅、湯泉、馬俊、王誠、聶緯、王銘、許亮、謝熊、汪信、蕭用、楊春、張政、祝哲、陶文、茹鼎等。此外也有一大批身已故而追坐爵除者。[9]

把目標對準開國功臣，在這一點上，藍玉案與胡惟庸案如出一轍。但是，二者也有不同：胡案更多地對準文臣，藍案則更多地對準武將。所以，通過藍玉一案，傅友德、馮勝等開國名將都先後受到牽連，被殘忍殺害。那些與藍玉有過交集的，無論是故交，還是新朋，都被一網打盡。那些與藍玉並肩作戰的戰友，更是遭到血腥屠殺。總之，從胡惟庸案到藍玉案，「元功宿將相繼盡矣」，[10]文武功臣幾乎都被清剿乾淨。

與胡案一樣，錦衣衛一直致力於偵察案犯和挖掘線索，在抓捕殺戮過程中起到了非常關鍵的作用。只是其所搜集的證據，有多少是真，多少是假，都無從知曉。今人研究對照《逆臣錄》，可以發現其中充滿了自相矛盾，也和《昭示奸黨錄》一樣，完全經不起推敲。至於藍案所殺人數比胡案少了一半，並非因為朱元璋忽然心生仁慈，應該是當時功臣所剩無多，他只能殺到這個規模了。

在大量清剿藍黨的同時，朱元璋也下令處死蔣瓛。這位錦衣衛大佬，結局同樣非常悲慘。他與毛驤一樣，是在替朱元璋辛苦賣命之後，搭上了自己的身家性命。

令人膽寒的酷刑

藍玉被抓捕時，朱元璋已經下令將錦衣衛的各種刑具焚毀，就連錦衣衛的審判權也已被剝奪。但在朱元璋默許或授意之下，錦衣衛偷偷地保留了各種刑具和手段，在收拾大將軍藍玉的過程中，很快就派上用場。被關押在獄中，藍玉遭受的酷刑一定不在少數，所以才會迅速地「招供」自己謀反的各項罪證。

藍玉不僅死得很冤，而且死得很慘。當然，遇到嗜血成性的朱元璋，誰都會死得很難看。關於藍玉之死，一直流傳著好幾種說法：一種說法是凌遲處死，也就是千刀萬剮；另外一種說法是剝皮實草；還有一種說法是，先剝皮，再凌遲；再有一種說法是，因為皇帝忽然開恩，所以撤銷了原先的凌遲之刑，改為剝皮實草，同時也可藉此懲戒各級官員和不法分子。

朱元璋和錦衣衛所發明的種種酷刑中，不知道哪個更為凶殘。剝皮實草就比凌遲處死顯出一絲人道嗎？怕是未必。所以，即便果真有過改判，那也只是鱷魚的眼淚，全都是偽善。

所謂「剝皮實草」，也可稱之為「剝皮囊草」。據說這是朱元璋為了懲戒貪官而發明的

9 趙翼，《廿二史劄記》卷三二，〈胡藍之獄〉。

10 夏燮，《明通鑑》卷十。

酷刑。刑法極為殘酷，先把人皮完整地剝下，再往裡面填充稻草，然後置於官府座位旁邊，或懸掛示眾。

在明朝做官，需要膽子夠大才行。試想一下，官員履新之時，剛在大堂坐定，就看到前任的人皮懸掛眼前，這當然是非常恐怖的一件事情。因為這種特殊設置，大堂之上顯得十分陰森可怕，料想大小官員起初都是不寒而慄，戰戰兢兢地履職，要經過很長時間才能泰然處之。朱元璋依靠殺人建立大明帝國，他本人幾乎是從死人堆裡爬出。

砍砍殺殺，生生死死，他見得多了，也看得淡了。他知道人性中有那麼一絲邪惡，可以惡到無極限。對於生命，他本來就缺少敬畏之心。所以，他的治國理念裡面，更多的是剛猛和冷酷，更喜歡使用酷刑。

為了保證錦衣衛運行流暢，獲取更多有價值的情報，朱元璋賦予其審訊罪犯的權力。為保證審訊有力，錦衣衛設計了成套的酷刑。有句話說得好：上有所好，下必甚焉。錦衣衛殘酷而剛猛的酷刑，是對朱元璋的響應。他們奉旨行刑，所以顯得更加肆無忌憚，無所不用其極。

錦衣衛既是朱元璋剷除異己、大肆屠戮的得力幫凶，也為朱元璋以酷刑治國提供了一塊試驗田。歷史上曾有的一些酷刑，比如凌遲、誅族、梟首等，朱元璋都一一用心學習領會，並先後用於實踐之中。

錦衣衛獄酷刑為看家本領，據說日常所準備的刑具就有十八套之多。一旦被抓捕入獄，就很難有生還的機會。那麼，錦衣衛究竟設有哪些酷刑呢？除了前面所說「剝皮實草」之外，我們不妨再見識其中一二。

首先就是臭名昭著的「廷杖」。所謂「廷杖」，說通俗點，就是打屁股，而且是當眾打屁股。據說這一招是朱元璋向蒙古人學的。[11]朱元璋在洪武八年（一三七五）啟用，第一次是用在茹太素的身上，因為他說話得罪了朱元璋。此後，朱元璋經常使用這一招來教訓那些不聽話的官員，且被視為「招待」罪犯的「頭道菜」。一旦有哪位官員惹惱了皇帝，就很有可能立刻被扒去官服，反綁雙手，錦衣衛的板子隨即就像雨點一般落在他的屁股上。無論是誰，挨三十下就很可能致殘，如果到了一百下，就很難有生還的機會。

據說行刑的錦衣衛校尉都受過嚴格訓練，能夠準確地根據上司的暗示掌握杖法的輕重，從而決定受刑人的生死。比如，兩腳像八字形張開，表示可留活命，向內靠攏，就要往死裡打。

著名歷史學家雷海宗談到明代時，一方面痛恨帝國的專制程度已經日益深刻，「在壞的方面也可說是發展到邏輯的盡頭」，開始大量使用連半開化的外族統治時期都沒有使用過的各種野蠻酷刑，一方面尤其指出了廷杖與詔獄這些酷刑「對臣民人格的無視」。[12]廷杖其實不只是對人格的侮辱，它也能直接奪取人的性命。比如永嘉侯朱亮祖、工部尚書薛祥、大理寺卿李仕魯等人，都是被朱元璋使用廷杖之刑直接打死的。

---

11 吳晗，《朱元璋傳》，湖南：岳麓書社，二〇一二，頁一七二。
12 雷海宗，《中國通史選讀》，北京：北京大學出版社，二〇〇六，頁六〇六。

與廷杖的辱沒人格和無比痛楚相比，刷洗、抽腸、錫蛇游等酷刑則更加殘忍刻毒，觸目驚心，能把人折磨得死去活來，生不如死。

刷洗，就是先將犯人脫去衣服固定在鐵床上，然後一邊用滾燙的開水澆在犯人身上，一邊用布滿鐵釘的鐵刷子在剛剛澆過開水的部位用力刷洗，刷到露出白骨，犯人在萬般痛苦中死去。

抽腸，就是用鐵鉤子從犯人肛門處塞入，鉤住腸子後再一點點地抽出，直到將內臟完全掏空、犯人痛苦地死去為止。

錫蛇游，就是將融化的錫水灌入犯人的嘴巴，直到灌滿肚子為止，令犯人痛不欲生。油煎，就是將平底鐵盤燒熱後，再將犯人放上去。高溫之下，犯人很快就被燒焦，非常痛苦地喪命。

站重枷，就是戴枷之人必須一直站立，由於枷的重量超過常人體重，對犯人形成巨大折磨，堅持不了幾天就會活活累死。

鏟頭會，就是將十幾個犯人集體活埋土中，只露出腦袋，等下達執行令時，使用大斧砍頭，這樣就可以一斧頭削去數顆腦袋。

以上介紹的只是一些具有代表性的酷刑，錦衣衛實際使用的酷刑遠不止這些。從朱元璋《御制大誥》中，可以看出他頒布實施的酷刑還有凌遲、梟首、墨面文身、剁指、斷手、砍腳、腰斬、閹割、刖足等等，可謂五花八門，殘忍至極。

除了朱元璋之外，朱棣也曾設計了一些酷刑。專門研究明代特務政治的學者丁易曾指出：「有明一代的酷刑，差不多全是朱元璋、朱棣父子倆設立的，替他執行這些酷刑的人，就是廠衛特務們。」[13]

隨著特務政治的發展，等到東廠、西廠這些特務組織出現後，統治者發明和使用的酷刑一直在增加，已有的酷刑也會再出新花樣。比如錫蛇游這種酷刑，可以將滾熱的錫水換成各種毒藥。在灌入毒藥之後，立即灌入解藥，之後再灌入另一種毒藥，此後再解再毒，一直將犯人毒死。這種酷刑的目的是讓犯人遍嘗人間百毒，深切感悟死亡的恐怖和痛苦。

由於錦衣衛直接聽命於皇帝，所以可以飛揚跋扈，胡作非為，完全不把三法司放在眼裡。犯人在獄中，三天兩頭接受酷刑，受盡種種折磨。在重刑之下，犯人求死不得，求生不能，只能根據審訊的需要提供各種口供，所以很快就可以達到審訊的目的。挺不過去的，就會直接暴斃獄中。錦衣衛獄卒對此習以為常，他們經常在獄中洋洋自得地高呼：「今夕有當壁挺者。」[14]所謂「壁挺」，就是「死亡」的代名詞。獄卒之所以如此囂張，是因為他們能夠掌握囚犯的生死。

朱元璋的精心設計，很快收到回報。錦衣衛的這種特務系統縝密而細緻地開展工作，而

---

13 丁易，《明代特務政治》，上海：上海書店出版社，二〇一一，頁四五四。
14《明史》卷九五，〈刑法志三〉。

且如水銀瀉地一般無孔不入。組建完成這樣一支忠實衛隊之後，朱元璋的安全感獲得極大提升，至少暫時可以高枕無憂了。

以前，他說了算；如今，全都圍著他轉。

在這座高度集權的帝國，他是威武霸氣的王者，唯一的王者。

天下英雄入吾彀中

有人認為，朱元璋設計錦衣衛，是為了對付朝廷官員，是為了便於偵察和控制各級官吏，因為政府權力畢竟是由這些人掌握。官員手裡有權，也就有能力對政權構成危害，所以朱元璋需要提防這些人。

因此，有不少人誇讚朱元璋是「平民天子」，在他身上一直有「平民情結」，即便他設計出諸如特務政治這些手段，重點打擊的對象也是官吏，對平民是沒有傷害的。

是不是果真這樣呢？怕是未必。朱元璋草菅民命的例證太多太多，根本沒有所謂的「平民情結」。

而且，在朱元璋看來，平民就掀不起波浪，無法撼動他的政權，危害不到他的統治利益嗎？顯然不是！想當初，他老朱就是一介布衣起家。所以，造反這件事，怕是和身分地位都沒有關係。朱元璋就是平民出身，幹了一票大的。

所以，朱元璋對於平民也一直嚴密監控。錦衣衛這種特務統治，同樣會「照顧」到那些平頭百姓，而且是各行各業。

朱元璋很早就定下了各種僭用之罪，對民眾立下了各種禁忌，比如普通人家不能使用金銀器，不能穿著飾有龍鳳圖案的衣服等。前面說過，由於在藍玉家中發現床帳飾有金龍，這便成為謀反的證據，屬不可饒恕的死罪。對大將軍尚且如此苛刻，對平民百姓則可想而知。而且這些規定在明朝一直存在，有的時候還需要特別強調，比如建文四年（一四〇三），建文帝就曾申飭官民：「不許僭用金酒爵，其椅棹木器亦不許朱紅金飾。」

某種器物，甚至某種顏色，一旦皇家使用了，普通民眾就不得使用，這些規定的出臺確實太過苛刻。身處現代社會，人們會對這些無法理解，但在朱元璋的時代，卻是必須遵守的金科玉律，也有人為此而丟掉性命。

不僅僅是使用器具受到限制，就連平常的飲食和交通都受到很大程度的制約。朱元璋所樂於看到的情形是「夜無群飲，村無宵行」，[15]認為只有這樣才能保證天下太平，有效防止聚眾謀反等案件發生。這些過於嚴酷的管控舉措，哪裡是平民皇帝該有的做派。

朱元璋不僅僅是出臺規定，還有一系列的具體措施保證規定的落實。遍布各地的密探，

15 談遷，《國榷》卷五。

明代蟒服

明朝對皇親國戚、文臣武將、平民百姓的服色等級都有嚴格的限制，明初就有不少公侯因「服色逾等」、「僭用龍鳳紋」而被賜死。繡有蟒、飛魚、鬥牛、麒麟這四種圖案的袍服不在品官的官服制度之內，屬賜服，等級極高，一般只有皇帝賞賜或奏請批准之後才能穿著。

組織嚴密的錦衣衛等，就是為了保證種種規定的落實。無論是城市還是鄉村，無論是官員還是平民，全國各地都處於特務體系的監控之下，只要有不當言行發生，就會立即遭到嚴懲。這些政治措施和管理方法的出臺，都與所謂「平民情結」相去千萬里之遙。

朱元璋畢竟是從最底層走出來的，他對普通民眾關心什麼、擔心什麼都非常熟悉，對民眾的管理也很有心得。他著重抓住戶籍和土地，依靠里甲制度加強對民眾的管控。他深知官府的偵察力量不夠用，便鼓勵民眾之間互相揭發。所以，在朱元璋的時代，告密之風非常流行，培植了濃厚的特務文化。普通民眾之間互相檢舉揭發，甚至親人之間也必須互相揭發，不得隱匿不報，這就使得全國民眾都處於人人自危的狀態之中，遇事謹小慎微，不敢有稍許逾矩。這種惡劣的特務氛圍，正如談遷在《國榷》中所說：「誠使人凜凜，言之至今心悸也。」

不僅僅是鼓勵民眾之間互相告發，朱元璋更鼓勵官員互相揭發，並設立嚴厲的規定，鼓勵學生檢舉老師的失當言行。他首先是不許學生談論政治、參與政治，但是學生一旦發現自己的老師犯有《大明律》中規定的「謀反」等「十惡」大事，就必須及時舉報，否則將會受到嚴懲。

朱元璋治官靠的是狠，治民同樣如此。為了督促各級官吏勤政，朱元璋經常派出錦衣衛或「便衣警察」偵察和大量搜集情報，以便及時處置貪官污吏。只要發現民眾違反規定，同樣會嚴懲不貸。有一次，朱元璋得知南京夫子廟大中橋一帶有百姓抱怨當朝法律過於嚴苛，不禁怒火中燒，立即帶領士兵堵住出口，從東往西對平民展開屠殺，等整條街數千口被殺之後，才心滿意足地回到皇宮。另一個說法是，朱元璋聽到有人稱呼其為「老頭兒」，判斷這是個蔑稱，由此龍顏大怒，抄沒那一帶的百姓之家。

朱元璋尤其痛恨那些「造言好亂」者。在《御制大誥三編》中，他曾專門設計了各種懲治方法。雖然他曾當過和尚，但對僧人也有嚴格限制，有段時間甚至禁止人們念經，凡是念「南無阿彌陀佛」這六個字就是造禍，就是有意與朝廷作對，需要嚴加懲處。至於那些預測禍福的算命先生，也在嚴厲打擊之列，因為擔心他們藉著算命的名義妖言惑眾。對於讀書人，朱元璋更是一百個不放心。也許是因為他自己沒讀過什麼書，他恨那些有知識的人，也時刻加以提防。

有個叫錢宰的人，據說很有學問。當時，朱元璋大概正被《孟子》中「民貴君輕」的論調氣得發昏。你想想，費這麼大力氣才當上國君，這個孟夫子居然說這些陰陽怪氣的話，真是令人氣憤！所以他下令將《孟子》中這些「不合時宜」的句子一概刪除。既然錢宰很有學問，那就給他個小職位，把這個工作交給他吧。很快，錢宰就被徵調入朝，奉命編寫《孟子節文》。但這樣一來，錢宰便完全失去了當初那種作為「獨立學者」的自由了，甚至連早晨睡個懶覺都不成。

當然，雖說心裡有點小牢騷，但錢宰是萬萬不敢隨便發的。他深知朱元璋耳目遍布，如果被誰偷聽並揭發，那就隨時小命玩兒完。所以，他最多只能把細微的垃圾情緒寫進詩歌。這一天，他在家中吟詩一首：「四鼓咚咚起著衣，午門朝見尚嫌遲。何時得遂田園樂，睡到人間飯熟時。」結果，這首小詩很快就被朱元璋獲悉。第二天上朝時，朱元璋笑著對錢宰說，昨天你作了一首好詩，但也有用詞不當之處。比如說，我沒有嫌棄你啊，為何不將「嫌」字改成「憂」字。

錢宰辛辛苦苦起個大早，沒想到來到朝堂後就聽到朱元璋這麼一番話，早已嚇得魂飛魄散。看到錢宰這個模樣，朱元璋內心還真有些自得：「好吧，我今天就先放你回家，你放心地睡個大覺。」錢宰立即磕頭如同搗蒜，一再跪謝皇帝的不殺之恩。

據說朱元璋憎惡「則」「道」「生」「取法」等字眼，因為它們的諧音分別對應「賊」「盜」「僧」「去髮」，而這些都是朱元璋人生中難以啟齒的傷疤，所以他不願意別人提及。如果有誰膽敢在文字中使用這些不當詞語，一旦被特務發現，或者被誰告發，就會受到嚴懲。據趙翼記載，浙江府學教授林元亮為海門衛作〈謝增俸表〉，因為文中有一句「作則垂憲」而被立即誅殺；還有北平府學訓導趙伯寧為都司作〈萬壽表〉，其中有一句「垂子孫而作則」，因此被殺。[16]作為一朝天子，心理如此變態，明初文字獄層出不窮也就不奇怪了。

總之，朱元璋的情報偵察系統和特務政治，不是只對準官吏，而是上至官吏，下至平民，一網打盡。包括他的整臺政治機器，必然需要全網覆蓋而不留死角才行。為了維護政權穩定，他需要有一些照顧平民的政策出臺，卻不一定是出於所謂的「平民情結」。

16 趙翼，《廿二史箚記》卷三二，〈明初文字之禍〉。

第三章

錦衣再起

更狠的人才能贏

似乎有不少人誇讚朱元璋和馬皇后感情篤深，不離不棄，其實朱元璋並非傳說中的那麼專情。在當了皇帝之後，他也很快就蛻變成風流天子，後宮佳麗無數。所以，朱元璋一生育有不少子女，光是兒子就有二十六人，孫子輩則無法數清。

兒子雖多，但朱元璋家大業大，不愁養不活他們。他模仿漢高祖劉邦採取分封的制度，盡量將老朱家的人安插到各處要害，把持重要的權力機構。除嫡長子朱標被立為太子之外，其餘諸子也都紛紛封王。朱元璋先後分封了二十三個兒子為親王，命令他們各自率領精兵駐紮各處要塞。其中，第四子朱棣被封為燕王，鎮守北平一線。

每個子女都有享用不盡的榮華富貴，朱元璋這個家長應該是當得最有面子的一位了。這一大家子本應該其樂融融，但是，專制統治的巨大慣性，讓朱元璋和他的子孫都已經無法控制自己的暴脾氣和不斷膨脹的欲望，不幸釀成骨肉相殘。

當然，這在封建王朝不是什麼新鮮事。唐代有「玄武門之變」，宋代有「燭影斧聲」，都曾出現泯滅倫理的人間悲劇。所以，在中國古代專制體制之下，並不能始終保證權力的正常交接，經常會出現「斷鏈條」的現象。那些早早「內定」成為繼承人的，反而充滿凶險。權力或暴力互相傾軋之時，只有出手更狠的人才能笑到最後。

朱標早早被立為太子，包括燕王、晉王、秦王在內的諸王，對此都心存不滿。當朱允炆繼承皇位之後，幾位叔叔更不買帳，有的人將仇恨埋藏在內心深處，有的人則已經將這種不滿情緒敲得叮噹作響。朱允炆的性格完全繼承其父朱標，總體上偏於柔弱。即位之後，他定年號為「建文」，以示與「洪武」有所區別，隨即便在大政方針上進行改革，拋棄了朱元璋的種種嚴酷政策。洪武朝不可一世的錦衣衛，此時被邊緣化，除了看家護院、嚇唬嚇唬老百姓之外，再沒有別的大用處。

朱允炆從骨子裡重用文人，所以他的朝廷被稱為「秀才朝廷」。這與他的年號倒是非常切合。其中兩位大臣——齊泰和黃子澄，更是讀書人中的佼佼者，但是論起政治才能則顯得非常低能，因為他們只花了一年多時間就把朱棣逼反了，又用了幾年時間便把江山完全敗掉。

所以，建文朝沒有辦法保持長久，朱允炆的皇位注定沒辦法坐穩。而且他遇到了一個狠人，而且是比朱元璋還要狠的人，那就是他的叔父——燕王朱棣。在權力爭奪場上，只有更狠的人才能取得成功，朱允炆注定搞不定他這位心狠手辣的叔叔。

朱允炆深知幾位叔叔擁兵自重，對自己形成很大威脅，於是推出了一個削藩計畫，對藩王逐個展開清剿。朱棣的智囊道衍勸說朱棣起兵與之相抗。他還請來一位看相的術士，通過為朱棣看相，巧妙地激發其野心和信心。

出於對叔叔的提防，朱允炆派出張昺和謝貴打探燕王朱棣的動靜，並利用燕王妃的關係，多方搜集朱棣的情報。面對嚴密偵察，朱棣一方面裝病深居不出，另一方面則是充分做好各種隱蔽措施。他在訓練部隊時只訓練骨幹力量，將兵工廠建在地下，地面上則大批蓄養牲畜鵝鴨，用鵝鴨的叫嚷之聲作為掩護。他想出各種辦法悄悄地積蓄力量，靜靜地等待時機。

建文元年（一三九九）七月，朱棣殺死謝貴、張昺，以「清君側」為名，發起「靖難之役」。僅僅兩個月之後，朱棣便擁有數萬精兵。由於能征善戰的武將早被朱元璋斬殺殆盡，建文帝手中已經無人可用，只能派出老將耿炳文率兵三十萬急忙招架，結果被朱棣迅速擊敗。朱允炆只得再派曹國公李景隆取代耿炳文擔任征虜大將軍，同樣被朱棣擊退。

接替李景隆的是盛庸，他一上任，就立即改變了頹勢。朱棣節節取勝的勢頭，也在濟南和東昌被終止。

在濟南之戰中，燕軍先是蓄水攻城，令守城軍民驚駭不已，幾近崩潰。關鍵時刻，鐵鉉想出假投降的妙計。求勝心切的朱棣信以為真，騎馬進城。就在他接近城門之時，守城士兵放下一塊大鐵板，正好砸中了朱棣的坐騎，差一點就將燕王砸成肉醬。僥倖撿回一條性命的朱棣，惱羞成怒，隨即指揮士兵全力攻城。鐵鉉則命人寫了許多太祖朱元璋的神牌，懸掛在城牆之上，朱棣不敢對父親的神牌放肆，只得下令撤軍。

在這之後，南軍數量上的優勢開始凸顯，加上有盛庸等人的出色指揮，戰局進入僵持，朱棣陷入苦戰。在東昌之戰中，盛庸指揮大軍對燕軍形成合圍。朱棣的精銳之師幾乎覆滅。

燕王天生具有一種狠勁。他經常親臨戰陣，身先士卒，以此激勵士氣，也能夠藉此改變戰場態勢。

關鍵時刻，幫助朱棣扭轉局面的，還是情報。在平時，朱棣不惜重金，大量收買和拉攏朝廷官員，以為內應。在戰事陷入膠著之際，一個被黜的宦官提供了一條重要情報：「京師空虛可取。」[1]朱棣由此下定決心，立即偷襲京師。

建文三年（一四〇一），燕王朱棣只留少部分軍隊在其他各處發動佯攻，自己則率領全部主力突然襲擊京師。六月，朱棣從瓜洲渡江，從鎮江經龍潭，取道金川門，將南京團團圍困。守將谷王穗、李景隆見大勢已去，只得打開城門投降，朱棣終於如願登上皇位，是為明成祖，年號永樂。

升級版的錦衣衛

在靖難之役中，僧人道衍的出色謀劃，尤其是大量扎實有效的情報工作起到了重要作用，使得朱棣能夠隨時掌握京師的動向，從而處處占據主動。宦官在關鍵時候所提供的情報，也幫助朱棣確定了主攻方向，就此改變了戰爭結果，這讓朱棣對宦官陡生好感。

1《明史》卷五，〈成祖本紀一〉。

可以說，通過靖難之役，朱棣已經充分認識到情報和宦官的重要作用，這不僅對他的戰爭指揮產生了影響，也在一定程度上左右了他的治國理念。錦衣衛的命運也由此發生改變，藉機獲得升級和加強。

朱棣早些年就曾領教過錦衣衛的厲害。當初，他的父親就派出錦衣衛四處偵察，緝捕不法分子。聽說四兒子朱棣一直在悄悄地招兵買馬，所以他所駐紮的北平自然也是重點監控對象。如何巧妙地逃過錦衣衛的偵察和監控，一直成為朱棣的心病。包括侄子朱允炆，也曾派出大量偵察人員，對其進行嚴密監控。好在他通過巧妙偽裝，躲過了這些偵察。

與父親相比，朱棣志向更加遠大。朱元璋的目標是對內，更多的是想守住既得利益。朱棣的目標則是對外，不斷將觸角向四處延伸。為了實現這個目標，他不僅自己北出荒漠，還派出鄭和遠下西洋。更大的利益需求，需要他做出相應的改變，為這個帝國和軍隊配備更大規模的情報偵察體系。

即便是為了保證皇權的穩定，他也迫切需要構建一張更為嚴密的監控網絡，使得錦衣衛的力量能夠覆蓋各個重要城市，觸及整個帝國的各個角落。在永樂朝，錦衣衛開始參與地方的治安，真正執行「偵緝捕盜」的職能，並自此固定下來。社會上那些「逸夫」和「逸民」以及乞食僧人等，都成為錦衣衛的監控對象。

朱棣重用錦衣衛，就要賦予錦衣衛各種特權，為這支蟄伏多年的毒蛇重新配上一副好牙。他迅速地擴充錦衣衛，並盡可能地擴大其職能。曾在洪武末年被撤的錦衣衛獄，也在朱棣授意之下重新恢復。而且不只是恢復，還得到很大幅度的升級。

明太祖朱元璋在執政末年，一度剝奪了錦衣衛的司法審判權，並試圖就此從重典治國回歸司法傳統。這期間，朱元璋其實也有過猶豫和搖擺，比如他曾兩次下令禁止錦衣衛的審判權，可能就是在撤銷令發出之後有反悔之意，真正的撤銷一直等到藍玉等一批功臣被殺之後才得到執行。

朱棣篡位之後不久就回到了重典治國的時代，各路敵人的窺伺，讓他不能安心。所以，為了使錦衣衛運轉更為流暢，也為了方便該機構貫徹自己的意志，朱棣除了繼續賦予錦衣衛各種特權之外，還特別增設北鎮撫司，自此擔負起更多和更為重要的職責。至於洪武朝所設的鎮撫司，則改為南鎮撫司，慢慢地被邊緣化。[2]

不僅如此，按照錦衣衛的設計模式，詔獄其實完全超越了正常的司法體系，也不用接受任何司法體制的監督。在詔獄中，只有殘酷的法外用刑，而且完全繞過了正常司法程序和審判原則。其中所關押的重刑犯，不少都得到皇帝的特別點名「照顧」，所以也可稱為皇帝的私設監獄。政治官員，包括高級別的政治官員，在談到錦衣衛時，都會談虎色變。他們深知，一旦被錦衣衛抓捕關進詔獄，就意味著皇帝要對其實施政治謀殺，而且根本無法躲避，

---

2 關於北鎮撫司，《明史·刑法志》記載洪武十五年已設，與《職官志》相矛盾。這裡採用《職官志》的說法。《萬曆野獲編》等書也認為，北鎮撫司係明成祖增設。

無從生還。

從洪武末年到建文朝，一直廢棄的各種刑具也重新浮出水面。其中有些酷刑在清洗建文遺臣的過程中，發揮了非常變態的作用。

明人沈德潛曾對詔獄的內部設置有過一些描述，下面進行一些簡單的轉述：

詔獄設在陰冷潮溼的地下，地面則有高牆防護。牆體厚實，隔音效果良好，即便是在隔壁高聲呼喊，也是「悄不聞聲」。[3]監獄中不准生火，即便是嚴寒天氣，也只能靠單衣薄衫硬撐。如果犯人親屬想送東西進來，需要經過很多道程序的檢查。無論是吃的，還是喝的，最終能送到犯人手中的不到十分之一。犯人親屬不能進入監獄之中，也不能尋求其他的見面機會，只能等到大堂拷問的時候，膽戰心驚地站在堂下遙遙相望。

其實這種遙遙相望的機會，也不容易覓得。因為很多犯人並沒有福氣撐到過堂開審。其中一些人在經歷廷杖之後，就已經奄奄一息，半死不活了，再被關押到陰冷的監獄中，便很難有逃生的機會。監獄中設有十八套刑具伺候，每一樣都可以奪命。按照沈德潛的說法：「即一二可死，何待十八件盡用哉？」[4]而且，即便是死在獄中，家人也不敢聲張。身為罪犯家屬，不被連坐就已經非常僥倖，如果還想申訴，豈不是自尋死路？

升級版的指揮使

錦衣衛的升級還與一個人有著很大關係，他就是在「惡人榜」留下大名的錦衣衛指揮使紀綱。朱棣南下，身邊帶著一位重要的隨從，就是著名打手紀綱。朱棣高度重視錦衣衛，也與此人有著很大關係。

說紀綱是打手，怕也不準確。因為他是新一任錦衣衛指揮使，還需要擔任諸如護衛皇帝、偵察敵情、緝捕要犯等職責。他在跟隨朱棣南下南京之後，不僅能夠很好地揣摩上意，幫助朱棣出謀劃策，還能衝在抓捕和殘殺建文遺臣的最前線，因而一戰成名，成為新一代「打手」，同時也將錦衣衛帶向一個新高度。

紀綱，臨邑（今山東臨邑）人，本為一介諸生，俗稱秀才。紀綱本來也是一個讀書人，但是他不夠安分，或者說沒有把聖賢書真正讀入心，不久就因為劣行而被趕出校門，學歷就此停留在「秀才」這一檔。

眼看讀書不成，那就乾脆棄文從武。據《明史》記載，紀綱擅長騎射，武藝超群，也許

---

3 《萬曆野獲編》卷二一，〈禁衛・鎮撫司刑具〉。

4 《萬曆野獲編》卷二一，〈禁衛・鎮撫司刑具〉。

他很早就開始習武，所以能夠迅速另尋出路。而且，史載紀綱為人性格多變，詭詐而且狡猾，尤其善於揣摩他人意圖，即「善鉤人意向」，[5]所以他遇事善於變通，能夠左右逢源。

紀綱究竟是如何引起朱棣的注意並受到重用的呢？其實是紀綱本人毛遂自薦。

燕王朱棣起兵之後，南下途中一直順風順水。紀綱認為這是個建功立業的良機，於是決定投靠燕王。當燕王率軍經過臨邑時，紀綱冒死求見。朱棣正是用人之際，看到紀綱膽略過人，弓馬嫻熟，當即決定將其收為帳下親兵。紀綱果然迎來命運的轉機，很快就被授予忠義衛千戶。

不久，朱棣率軍圍攻濟南，山東參政鐵鉉組織南軍頑強阻擊，給了燕王軍沉重打擊。朱棣只得命令手下寫了一封勸降書，並用弓箭射入城內，希望通過此舉瓦解守城士兵的軍心。城內有一位秀才叫高賢寧，和紀綱是同學。在看到朱棣的勸降書之後，他寫了一篇〈周公輔成王論〉，也用弓箭射回城下。在這封書信中，高賢寧勸說燕王朱棣應像周公輔助成王那樣輔助建文帝，而不是起兵謀反。

按理說，面對這樣一封含沙射影、指桑罵槐的書信，朱棣應該勃然大怒才是，沒想到他在讀完之後，非但不以為忤，反倒非常高興。這是為什麼呢？因為他佩服高賢寧的文筆。

由於有高人把守，燕王軍圍攻濟南未果，只得狼狽撤回。朱棣除了對守城主將鐵鉉恨之入骨外，也對高賢寧留有深刻印象。等到建文四年（一四〇二）燕軍最終攻破南京城，高賢寧也被逮捕，並押到朱棣面前。

朱棣問：「你是那個給我寫信的高賢寧嗎？」

高賢寧回答說：「是。」

「那麼，你願意接受我的任命，來朝廷為官嗎？」

高賢寧回答說：「不願意。」

看著高賢寧異常堅定的眼神，朱棣歎了一口氣。如果按照以往的慣性思維，他接下來要做的便是殺人。沒想到這一次他忍住了。也許是因為高賢寧是一位人才，也許是因為紀綱與眼前這位有同學關係，也許是為了收買人心……總之，朱棣將舉起的屠刀又放下了。

高賢寧態度堅決，朱棣卻仍不死心，又派出紀綱前去勸降。

紀綱與高賢寧，一個是劣等生，一個是優等生，在一起讀書時卻非常友善，相處和睦。因為有這一層背景，紀綱決心對高賢寧好言相勸，希望他能接受朱棣的任命，沒想到還是遭到嚴詞回絕。

高賢寧對紀綱說：「你是被逐出校門的人，投靠燕王、參與造反也就罷了，但我多年食朝廷俸祿，絕不能忘恩負義，更不能辱沒老師當年的教誨！」

紀綱只得將前後經過報告給燕王。估計他也念及舊情，幫助老同學說幾句好話。反正燕王沒有殺他的老同學，而是將高賢寧釋放回家。從這件事可以看出，紀綱似乎並不是那種滅

5《明史》卷三〇七，〈紀綱傳〉。

絕人性的絕情之人，因為他起碼還講點故人之情，沒有對老同學下黑手。

至於朱棣，也需要擺出愛惜人才的態度，還要給紀綱留一個面子，畢竟紀綱是他長期倚重的力量。

如果說在朱棣眼中，高賢寧是一位人才，那麼紀綱更是一位難得的人才，而且非常忠誠可靠。所以，在即帝位之後，朱棣立即任命紀綱為錦衣衛指揮使，「典親軍，司詔獄」。[6]當時，建文朝舊臣被誅數十族，他們的親屬因為受到株連而被殺的，則高達數萬人之多。在這一場接著一場的殺戮行動中，始終都有紀綱活躍的身影。在搏命的權力場，紀綱展示了他的心計和毒辣，展示了他的絕情與手段，由此而得到朱棣的加倍賞識。

與毛驤等人相比，讀了幾天書的紀綱顯然更可怕，哪怕他只是個劣等生。更加狠毒、更加殘忍、更有謀略的紀綱，可謂升級版的錦衣衛指揮使。

朱元璋狠毒，朱棣更加狠毒。似乎他一生下來，就是要和他爹比狠。為此，他需要找到一些惡漢當他的幫手。紀綱就是這樣的幫手，所以朱棣尤其喜歡紀綱這種飢鷹餓虎，也一定會委以重任。這也正應了那句俗語：物以類聚，人以群分。只有心狠手辣的紀綱，才能成為錦衣衛的新主人。

血腥的殺戮

奪得大位之後，朱棣接連發布A級通緝令，殘酷屠殺建文遺臣。從表面上看，他所發布的通緝名單只不過齊泰、黃子澄等二十九人，但他實際殺戮的人數則難以估量。殺人之多，與其父不相上下；手段之殘忍，則遠超其父。

就在這場殺戮中，錦衣衛在紀綱的指揮下，非常乾脆利落地完成了諸如偵察線索、網羅罪名、審訊緝捕、處決鎮壓等各項任務。

當時負責清剿建文遺臣的頭目是都御史陳瑛。這陳瑛也因生性殘忍而深得朱棣賞識，他和紀綱正好是一文一武，結成狐群狗黨。在紀綱的輔助之下，陳瑛非常成功地完成了剿滅建文朝忠臣的任務。不只是建文遺臣被殺，因為不斷株連，在這場大屠殺中，「親屬被戮者數萬人」。[7]

黃子澄被朱棣列為「首惡」的第一人。在兵敗之後，黃子澄微服募兵，結果在太倉因身分暴露而被抓。面對朱棣時，黃子澄一直口稱「殿下」，而不稱「陛下」，令朱棣非常惱

6　《明史》卷三〇七，〈紀綱傳〉。
7　《明史》卷三〇七，〈紀綱傳〉。

怒。朱棣下令抓來黃子澄的全部宗族，威脅其投降，但黃子澄始終不為所動。朱棣先是下令砍去他的雙手，接著又砍掉雙腳，也始終不能使其屈服。手足全無的黃子澄，成為一塊無法移動的肉球，但仍然對朱棣罵聲不絕，直至被凌遲處死。黃氏宗族，無論老幼，一律被處死，只有一個兒子在改名之後僥倖逃脫。

另外一個「首惡」之人是齊泰。在南京城破之時，他也奉命在外募集軍隊。得知朱棣懸賞抓人，他只得化妝逃跑，並將馬匹染色。沒想到逃到安徽廣德之後，他所乘的馬匹開始掉色，引起路人注意，最終被抓。齊泰被抓之後，先是遭受了種種酷刑，後來也被凌遲處死，整個宗族都受牽連而被「族誅」。

兵部尚書鐵鉉是朱棣刻骨銘心的仇人。在濟南之戰中，鐵鉉用詐降計差點砸死朱棣，所以成為朱棣極度痛恨的對象，也受到了重點「照顧」。

鐵鉉被抓之後，一直對朱棣罵不絕口。朱棣下令割去他的耳朵和鼻子，沒想到鐵鉉罵聲變得更加高亢。朱棣下令割掉其身上的一塊肉，硬塞到鐵鉉嘴裡，逼迫其吞食，隨後厲聲斥問「甘否」。鐵鉉答道：「吃的是忠臣孝子之肉，有何不甘？」朱棣隨即下令施行磔刑。鐵鉉被折磨致死，仍然「喃喃罵不絕」。[8]

禮部尚書陳迪不肯屈服，朱棣將其兒子抓來殺掉，並割下其鼻舌，逼迫陳迪吃掉。陳迪罵聲不絕，最終被凌遲處死。

右副都御史練子寧，磔刑，宗族一百五十一人被殺。

戶部侍郎卓敬，被滅三族。

……

無以計數的人被殺，南京成為人間地獄。在這場殘酷的殺戮中，為了保證殺人的效率，當初朱元璋宣布廢棄的刑具和刑法都被重新拾起。不僅如此，朱棣和紀綱還有一些新發明。

無數的人被殺，其中最慘的一人可能要數「讀書的種子」方孝孺。因為他被「誅十族」，除了親屬之外，他的學生也遭到屠殺。當初朱棣大軍南下攻打南京之時，僧人道衍曾有一託，勸說朱棣無論如何都不要殺掉方孝孺：「城下之日，彼必不降，幸勿殺之。殺孝孺，天下讀書種子絕矣。」[9]

對於道衍的話，朱棣一向都非常重視。在攻占南京之後，他很快就召見方孝孺，想讓其代寫即位詔書。

方孝孺果然來了，沒想到他一進大殿便放聲痛哭，哭聲直上雲霄，連朱棣都為之動容。

朱棣對方孝孺說：「先生不必悲傷，我只是想仿效周公輔助成王。」

方孝孺問朱棣：「成王在哪？」

成祖說：「他已經自焚而死。」

8　谷應泰，《明史紀事本末》卷一八，〈壬午殉難〉。

9　《明史》卷一四一，〈方孝孺傳〉。

方孝孺追問說：「那為什麼不立成王之子？」

成祖答道：「國家要交給稍微年長的人才好。」

方孝孺繼續追問：「既然如此，何不立成王之弟？」

朱棣理屈詞窮，惱羞成怒地說道：「這是朕的家事。」然後厲聲對方孝孺說：「我的即位詔書，非先生起草不可。」

方孝孺拿起筆，奮筆疾書「燕賊弒君篡位」，且哭且罵道：「死即死耳，詔不可草。」

朱棣大怒：「你就不怕我誅殺你九族嗎？」

方孝孺答道：「就是殺了我十族又何妨！」

朱棣氣急敗壞，立即派人抓捕方孝孺的故友門生，果真湊齊十族，並全部殺光。當初道衍的重託，朱棣完全忘記。方孝孺不僅被殺，還被株連十族。這件事說明，你要是相信一個暴君的許諾，那就太傻太天真了。「誅十族」還不是最狠、最毒的招法，還有一種叫「瓜蔓抄」，更為狠毒。畢竟「十族」是有界限的，但這個「瓜蔓抄」則毫無界限可言，只能由其隨意殺人。而這一招，就用在了景清身上。

景清在朱棣篡位之後，接受了御史大夫的任命，遭到不少人暗中譏笑。他們並不知道景清只是委曲求全，等待時機圖謀刺殺朱棣。

這一天，景清按照慣例上朝，並試圖行刺。結果，就在他試圖靠近朱棣拔出武器時，被朱棣察覺，刺殺計畫宣告失敗。朱棣的左右護衛很快就在景清身上搜出一把短劍，隨即便打掉景清的牙齒，割去舌頭，但景清仍以滿口鮮血噴向朱棣。朱棣隨即下令以「磔刑」處死景清，並剝皮實草，懸掛示眾。即便是這樣，朱棣仍然覺得心頭之恨未解，隨即實行了慘無人道的「瓜蔓抄」。不僅是景姓的族人被斬盡殺絕，就連他的老師、學生、朋友，甚至是街坊鄰居都受到牽連。只要和景清有一丁點關係，都會被殺。

對建文遺臣的屠殺，前後持續了十多年，手段之狠、株連之廣，為歷朝所罕見。錦衣衛在這場殺戮中，所表現出的凶狠，也令人側目。朱棣對這支隊伍非常滿意，也對紀綱更加信任。

建文遺臣大多都是激烈抵抗，一方面說明建文帝深得人心，另一方面則是因為朱棣方法不當。

朱棣似乎天生就是為了耍奸比狠，就是為了殺人。明末清初學者谷應泰指出，朱棣的問題在於一直是以「刑威劫人」，而不是以禮待人，所以才會造成「易於抵觸，難於感化」的難局。[10]以「刑威劫人」，所劫多是奴才和順民，忠貞死節之人卻非常難得。以「刑威劫人」，自然需要酷刑，需要錦衣衛。

10 谷應泰，《明史紀事本末》卷一八，〈壬午殉難〉。

尋找建文帝

與建文諸臣相比，朱棣更為關心的是他的親侄子建文帝朱允炆的下落。在奪得皇位之後，朱棣花費了很長時間尋找朱允炆。屠殺建文遺臣，朱棣充分向世人展示了他的冷血。尋找朱允炆，則充分顯露了他的心機。

記得很久以前有一首非常好聽的歌，名字叫〈妹妹找哥淚花流〉。妹妹為尋找哥哥而流淚，那是因為感情，所以才會不遺餘力地尋找。朱棣這個叔叔尋找侄子也是不遺餘力，找遍了世界各個角落，卻是帶著滿腔的仇恨，雖說他們之間是宗親。

建文帝的下落，永遠是一個不解之謎。

據《明實錄》記載，建文帝見大勢已去，乃「闔宮自焚」。[11]看到宮中起火，朱棣立即派人救火，卻只找到朱允炆的屍體。朱棣為此放聲痛哭：「侄兒為啥如此痴呆，叔父是來救你的，沒想到你竟渾然不覺，就此走上絕路！」

只是這樣的記載，當時的人們就已經不信，民間一直流傳著其他說法，比如巧妙化妝逃走，流落南洋，削髮為僧等。

這些傳言，朱棣都有所耳聞。他不敢不信，於是立即派人悄悄地偵察建文帝的下落。他派出一個叫胡濙的人長期便裝打聽建文帝的下落。據《明史》記載，從永樂五年（一四〇七）開始，胡濙便以尋訪仙人張邋遢（張三豐）為名，一直暗中偵察建文帝的蹤跡：「隱察建文帝安在。」[12]在經過了十四年的漫長尋訪後，胡濙將所能打聽到的各種祕聞和傳聞都向朱棣做了彙報，這才使得朱棣的所有疑慮一朝冰釋。

胡濙長期在外出使，而且行蹤神祕難定，到底是何種目的，長期以來也有很多不同的說法。尋訪建文帝之說，先是被一些野史記載，嘉靖之後卻成為影響最大的一種，最終被《明史》吸收。此說之所以能被更多人採納，也是因為它較其他諸說相對合理，也與朱棣嚴密防範建文諸臣、刻意加強特務政治等種種行為在目標上保持高度一致。

並且，朱棣也嘗試透過其他渠道努力搜尋他這個親侄子的下落。與胡濙的單打獨鬥相比，朱棣還組織過更大規模、更為系統和更為專業的偵察，這其中自然離不開偵察能力超強的錦衣衛。

據說鄭和遠下西洋，也是為了進一步尋找建文帝的下落。按照傳統說法，鄭和至少七次遠下西洋。他為什麼會不辭辛勞地一次又一次冒著種種風險，在海面上進行長途跋涉，歷史學界一直有著不同的說法。我們選擇幾種主要觀點稍加介紹。

西方漢學家卜正民認為，鄭和下西洋是一場「政治作秀」，是僭越稱帝的朱棣迫切希望

11《明太宗實錄》卷九。

12《明史》卷一六九，〈胡濙傳〉。

獲得「外交承認」。[13]既然是作秀，那麼它注定是一種賠本賺吆喝的買賣，好比是用一袋大米換回一小粒黃豆，外加幾句恭維而已。萬方來朝的盛景之下，明帝國的負擔日益加重。

從《明史》中也可以找出兩個答案：一是希望找到建文帝的蹤跡；二是耀兵異域，以此來展示明帝國的富強。《明史》中是這麼記載的：「成祖疑惠帝亡海外，欲蹤跡之，且欲耀兵異域，示中國富強。」[14]

在種種原因當中，尋找建文帝的下落怕是更為主要。因為曾有傳言說，朱允炆正是躲在南洋的某座小島之上。這樣的傳言一起，很快就被朱棣的情報人員獲悉。朱棣雖不能完全相信，但也必須慎重對待。因為在國內長期捕捉不到有關建文帝的任何信息，那麼他就很有可能躲在海外，不能不派出人員前往偵察打探。

至於炫耀軍威，以及通商等其他因素，可能都會有。但是，消滅這個「流亡政府」顯然是擺在鄭和面前的頭號政治任務，需要迫切完成。遠下西洋，花費巨大，不僅需要建造海船，耗費大量物資，還需要成千上萬的軍卒做出犧牲和奉獻。如果只是以尋找建文帝作為理由，怕是不夠充分。與此同時，為了掩人耳目，也需要做些虛張聲勢的事情。

鄭和是一位太監，同時也有著很強的軍事才能。朱棣一次撥給數萬軍卒，可見對其非常信任。為了好好地完成偵察任務，他隨行帶著大量錦衣衛。畢竟那是一支非常專業的偵察隊伍。

除了隨行帶著數量不菲的錦衣衛之外，鄭和還非常注意在靠岸各地發展偵察人員，並及時地將他們吸收進入錦衣衛。這種偵察人員，也即《孫子兵法》中所說的「鄉間」。因為他們在當地生活，熟悉本地情況，加上語言和生活習慣方面的優勢，在搜集情報上有著無法替代的作用。要想在茫茫大海中找到建文帝的下落，就必須借重他們的力量。

在明朝官方檔案《武職選簿》中，記載了不少鄭和吸納當地華人和外國人進入軍戶的紀錄。不管有沒有貢獻，有多大貢獻，鄭和都非常看重他們，有意培植這樣一支隊伍。其中有些人被朱棣詔令回國，並成為世襲的錦衣衛。茲根據學者的爬梳，列舉若干：

何尊，指揮使。曾隨父到達占城，永樂元年（一四〇三）回還，欽升錦衣衛馴象所百戶。八月往西洋各國，升馴象所副千戶。此後，因為多次跟隨鄭和，不斷升職，直到擔任指揮使。

鍾左，十三年（一四一五）下西洋二次有功，升指揮僉事。

何京，十四年（一四一六）復往西洋忽魯謨斯等國出任務，欽升錦衣衛流官指揮僉事。

李應傑，十八年（一四二〇）欽升錦衣衛鎮撫。

沙孝祖，署副千戶事所鎮撫。

---

13 卜正民主編，《掙扎的帝國：元與明》（《哈佛中國史》卷五），潘瑋琳譯，北京：中信出版社，二〇一六，頁九二。

14 《明史》卷三〇四，〈鄭和傳〉。

蕭應祖，副千戶。[15]

……

這些人大多因為隨鄭和執行任務而成為錦衣衛。在被召回國內之後，他們仍然受到朱棣的重用，事蹟也被記錄在檔，想必都是當時同行中的佼佼者。

朱棣為何如此重用他們？有一種觀點認為，這是為了「有效地控制他們，並把這些在京城毫無根底的人變成特務，防範錦衣衛舊人」。[16]

這種說法較為可信。這些海外華人和外國人之所以能被編入錦衣衛，正是因為他們曾在海上偵察行動中建功，部分反映了鄭和船隊在大海大洋之上的行動方式和目的。因為他們都富有偵察情報工作的經驗，因此被朱棣用來防範並監視舊有的錦衣衛體系和人員，也顯得非常合情合理。

15 周運中，《鄭和下西洋新考》，北京：中國社會科學出版社，二〇一三，頁二一一—二一二。

16 周運中，《鄭和下西洋新考》，北京：中國社會科學出版社，二〇一三，頁二一三。

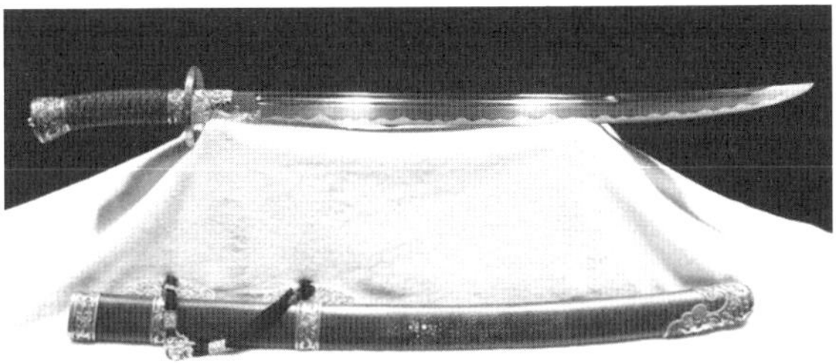

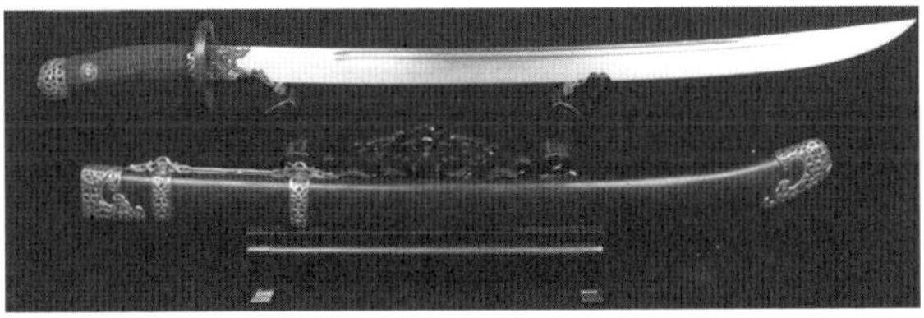

受很多影視劇影響，有的人可能會認為繡春刀是錦衣衛專屬武器。實際上，留守衛、旗手衛等親軍都可以佩帶，文武大臣扈從皇帝車駕時也會獲賜繡春刀。繡春刀至今並無實物出土，只能根據明朝繪畫（如上圖）進行簡單的考證。其樣式大概就是一般的雁翎刀形制（下圖為現代人仿製的古代雁翎刀），刀身舒展有弧度，血槽整齊有力，刃口鋒利，造型優美，實戰與禮儀兼備。

第四章

野心膨脹

繼承人之爭

一場大屠殺之後，南京城血腥味太過濃重，這裡也有著太多朱棣不喜歡的人。能感覺到他們只是口服而心不服，始終有種默默的抗爭，即便是殺得手麻也殺不乾淨。而且，這裡也是太祖皇帝陵寢所在地，朱棣隱約感受到太祖別樣的質詢和拷問。為了鞏固皇位，他做了一個重要決定——遷都北京（永樂元年初，詔令北平改稱北京）。

朱棣畢竟在北方生活太久，更習慣北京一帶的氣候。貴為天子，他當然需要一種更為安心的環境。何況遷都也不需要尋找什麼特別理由，只要強調一下北京對於戰略防禦的重要意義就可以了。總之，他執意要求遷都。

都城遷到哪裡，政治權力的爭鬥就會遷到哪裡。遷都之後，北京城立即變得不安分起來。首先展開的就是一場事關太子之位的爭奪戰。朱棣的幾個兒子為了爭奪太子之位而激烈火拚。

朱棣共有四個兒子。長子朱高熾是個大胖子，而且胖到行動不便。但他畢竟是嫡長子，按照傳統宗法制度，在遴選太子之位上有著天然優勢。二兒子朱高煦長於騎射，而且口才出眾，長期跟隨朱棣打天下，還在關鍵時刻救過父親的性命，所以很討朱棣喜歡。據說朱棣為了籠絡其心，曾有過傳位於他的許諾。三兒子朱高燧、四兒子朱高爔，雖說沒有太大競爭力，但也不容小覷。尤其是朱高燧，看好了二哥接班，所以一直幫二哥出主意。有一次，他甚至在朱棣生病時獻上一碗毒藥，事情敗露之後，差點被朱棣殺掉。

當時，多虧有朱高熾幫忙說話，才救下了朱高燧。朱高熾告訴朱棣，世界上哪有兒子想毒死自己親生父親的，一定是另有惡人暗中搗鬼，才會發生此事。

如果說朱高煦的特點是「勇」，那麼朱高熾的特點則是「仁」。但是，一生戎馬的朱棣明顯更喜歡「勇」，更加寵愛二兒子，甚至對大兒子朱高熾有點嫌棄。但是他也怕壞了「江湖規矩」之後，事情會變得不可收拾，所以暫時不敢立朱高煦為太子。

朱高熾關鍵時刻替弟弟說話，救下朱高燧，卻不能就此感化弟弟，也不能感化父親。在太子之位的爭奪戰中，他很難找到什麼優勢。這場爭奪，也因為朱棣態度曖昧，始終晦暗不明。朱棣寧可空著太子之位，任由各皇子覬覦。或者說，他需要更進一步和更為細緻地考察，再做出最為合理的選擇。

沒想到，朱棣最不待見的朱高熾，卻一直受到文官集團的追捧，也由此而為太子之位的爭奪戰留下了玄機。據《明史》記載，朱高熾「好學問，從儒臣講論不輟」，[1]不知是真是假。也許朱高熾確有鑽研學術、熱愛讀書的喜好，所以受到文官的推崇和擁護。

尤其是大才子解縉，更是死心塌地地支持朱高熾。他捲入了這場政治漩渦的最中心位

1《明史》卷八，〈仁宗本紀〉。

置，雖說成為遴選太子的關鍵性人物，卻也由此而丟掉了性命。

當時，解縉正奉命負責《永樂大典》的編撰工作。朱棣對於這部類書非常重視，聽說解縉是朱元璋一直非常賞識的人才，所以請他出山，並命其擔任該書的總主編。此後，也因為這部書的原因，解縉得以頻繁接近朱棣，因為他需要經常向朱棣彙報該書的進展情況。

在一次日常性工作彙報之後，朱棣意外地邀請解縉對立儲發表意見。解縉明白皇帝只是試探，但他還是直言不諱地說道：「皇長子仁孝，天下歸心。」[2]

這個表態，顯然不合朱棣心意，周圍立即陷入可怕的沉寂。朱棣一聲不吭，令這種沉寂之中更透出一股殺機。

解縉一看形勢不妙，連忙向朱棣鞠躬，之後小心翼翼地說道：「好聖孫。」

這三個字，倒是一語驚醒夢中人，朱棣對太子人選立即有了答案。「好聖孫」是誰呢？他就是朱高熾的兒子朱瞻基，也就是後來的明宣宗。

在平時，朱棣最為寵愛的就是朱瞻基這個孫子，總喜歡將他抱在懷中，親自講授文武之道、治國之道。

朱棣喜歡朱瞻基，不只是因為他乖巧聰明，據說還和一個夢有關係。當初還是燕王的朱棣曾做了一個非常奇怪的夢，他夢見父親太祖皇帝將一個大圭賜給他，並且告訴他：「傳之子孫，永世其昌。」[3]要知道，在中國古代，大圭象徵著權力，能夠得到朱元璋的大圭，就說明父親有把江山交給他的意思。不管如何，在朱棣看來，這個夢顯然是一個吉兆。

正當朱棣沉浸在美夢之中時，忽然有人跑來報告說朱瞻基誕生了。朱棣大喜：夢中的情景豈不正好得到了印證！朱棣由此認定這個孫子就是為實現他的夢想而生，可以幫他圓皇帝之夢。當看到朱瞻基臉上一團英氣之時，朱棣內心更加歡喜，也對朱瞻基更多了一層寵愛。據說，這個夢和這個孩子，對朱棣下決心發動靖難之役也有很大作用，至少起到了某種心理暗示。

解縉在關鍵時刻點出這一層關係，等於告訴朱棣一個最起碼的邏輯常識：要想傳位給皇長孫朱瞻基，那就必須先讓他爹朱高熾坐上皇位。朱棣也明白這層關係，所以內心受到觸動，過沒多久，他就正式立朱高熾為太子。

歷時雖久，但太子之位終於敲定，解縉因為一次意外的問對而成為首功之臣，那麼，他的仕途會因此而變得更為順暢嗎？沒有。不僅沒有變得順暢，反而為此丟了性命，成為被錦衣衛殘酷碾壓的冤魂。

2《明史》卷一四七，〈解縉傳〉。
3《明史》卷九，〈宣宗本紀〉。

才子蒙難

按理說，因為擁立太子有功，解縉後面的仕途應該更加順風順水才是，可現實偏偏不是這樣：他不僅沒有迎來坦途，反而栽了一個大跟頭。

為什麼會出現這樣的意外呢？因為他觸犯了私結太子這一大忌。

關於解縉，正史和野史都有豐富的記載。他自幼聰敏，洪武二十一年（一三八八），年僅二十歲時便考中進士。朱元璋以其才高，一度另眼相看，曾對解縉說：「朕與爾義則君臣，恩猶父子，當知無不言。」[4]

看到皇帝鼓勵自己要「知無不言」，解縉居然也信。很快，他就呈上一封直陳時弊的萬言書，其中指出了朱元璋的諸多失誤。看到奏章，朱元璋捏著鼻子沒好說話，除了勉強稱讚其才之外，內心已經非常不悅，不久之後便找了個藉口將他打發了。在這之後，解縉又幹了幾件傻事。朱元璋只得再以「大器晚成」作為藉口，將解縉打發回家。臨走之前，朱元璋對解縉說，等個十年再來吧，到那時候再行重用也不遲。

解縉是個熱衷於政治的讀書人，一直伺機重出江湖，可是建文帝對其並不欣賞，一直到建文四年（一四〇二），才將其召回京師，出任翰林待詔。

建文帝對解縉沒興趣，解縉對建文帝也很感冒，所以靖難之役中，他選擇站在朱棣這一邊。總算是把隊伍站對了，在永樂朝，解縉等來了發跡的機會。朱棣登基之後，先是任命解縉擔任《太祖實錄》的總裁，接著又任命他擔任《永樂大典》的總編。同時負責兩項大工程，尤其是總裁《太祖實錄》，可以看出朱棣對解縉的信任。

當然，朱棣對解縉的任用還是有所保留的，只是讓他負責著述之事，沒有讓他直接參與政治。沒想到性格直率的解縉，還是招來了禍端。因為立儲之事，他幫助了朱高熾，卻得罪了漢王朱高煦。深陷皇帝家事，熱衷於政治的本性，為解縉帶來了麻煩。

應該承認，選擇站隊時，解縉認準了相對仁厚的朱高熾，他看人還是很準的。而且，按照傳統封建社會立嫡長子的原則來辦事，解縉盡到了一個臣子的本分。但是，政治遊戲的規則就是，一旦你陷入其中，便再難按照既定設想抽身而退，只能在一波接著一波的政治漩渦中越陷越深，難以自拔，命運從此不由自己主宰。

太子之位敲定之後，朱高煦深恨解縉，二人從此結下梁子。問題是，解縉不僅得罪了漢王朱高煦，也沒能贏得朱棣的歡心。性格直率的解縉，在朱棣發兵征討安南時強諫未果，不免令朱棣心中生厭。朱高熾被立為太子之後，朱棣怎麼看也不滿意，自然會把這個責任推到解縉身上。太子失寵，朱高煦看到了希望，邀寵日隆，以至於「禮秩逾嫡」。解縉對此不滿，繼續向朱棣進諫。沒想到朱棣勃然大怒，痛罵解縉是故意離間骨肉。

4《明史》卷一四七，〈解縉傳〉。

朝廷內外很快就知道解縉失寵。他平時桀驁不馴的性格得罪了不少人，仇家看到報復的時機已到，準備反戈一擊。朱高煦乘機告發解縉洩密，將內廷機密之事洩露給外人。第二年，解縉廷試判卷不公的事情也被告發。朱棣下令將解縉貶為廣西布政司參議。就在他剛要出發之時，禮部郎中李至剛告發解縉被貶之時發洩了一下小情緒，這自然被視為對皇帝的不滿，於是再被發配到交趾。

永樂八年（一四一〇），解縉進京彙報工作，正遇到朱棣親率大軍遠征漠北，於是只能朝見留守監國的太子。這本不是什麼大不了的事，卻被朱高煦告了黑狀，說解縉「私覲太子」，完全忘掉人臣之禮。在聽了二兒子一番添油加醋的密報之後，朱棣不能不心生防範。

解縉對此毫不知情，他正和王偁一起，取道廣東南下，一路遊覽山川。忽然之間，他來了興致，上書皇帝請求開鑿贛江。接到奏疏，朱棣勃然大怒，下令錦衣衛迅速捉拿解縉，並將其關進大牢。

解縉在錦衣衛獄受到拷打，被迫招供出一些親近太子的文臣，由此連累到大理丞湯宗，宗人府經歷高得暘，中允李貫，贊善王汝玉，編修朱紘，檢討蔣驥、潘畿、蕭引高，禮部郎中李至剛等一大批文臣。朱棣認定他們都是太子黨，給予了沉重打擊。在被捕入獄之後，王汝玉、李貫、朱紘等人被酷刑折磨致死。有意思的是，李至剛當初曾惡意中傷解縉，結果反被牽連，被關進大牢十多年。

錦衣衛獄設置種種酷刑，很少人能挺過去，死幾個人非常正常，不知道書生解縉何以逃脫鬼門關。當時，紀綱已被朱棣提拔為都指揮僉事，兼管錦衣衛。據說他和紀綱曾經有過一段私交，所以紀綱暗中吩咐手下校尉悄悄對解縉加以關照。總之，解縉在魔鬼地獄中堅持了五年之久，這不能不說是一個奇蹟。如果不是紀綱的關照，解縉怕是早已暴斃獄中。

可惜紀綱並不能一直關照下去，才子解縉終究會迎來蒙難的一天。到了永樂十三年（一四一五），紀綱向朱棣呈報錦衣衛獄在押人員名單，朱棣看了名單之後隨口問了一句：「解縉還活著嗎？」正是這隨口一問，要了解縉的性命。

紀綱非常善於揣摩上意，朱棣話中有話，紀綱立即心領神會：一個在押犯人一直活著，連皇帝都感到非常驚訝，那就說明他不該活。

但是，怎麼讓這位才子舒坦地死掉呢？紀綱費了不少腦筋。終於，他想起來一招：請解縉喝酒。很久沒有沾酒，解縉由於貪杯而醉倒。紀綱隨即命人把他抬起來，扔到荒郊野外。這時候，正值大雪紛飛，解縉在不知不覺中被積雪掩埋，又在不知不覺中被凍死。連朱元璋都捨不得殺掉的才子，最終還是被朱棣悄無聲息地從地球上抹掉了。

一代才子解縉慘遭雪中虐殺，紀綱又向世人展示了他的殺人新招。這位嗜血狂魔的大腦中，到底存儲了多少殺人招法，隱藏著多少歹毒之念，怕是只有老天爺才知道。

錯殺已成習慣

才子解縉被雪中虐殺，死得不明不白。與之相似的是，冷面御史周新的死，同樣也是不明不白，而且死得更加憋屈，更加淒慘。

周新是南海人，起初名叫志新。因為明成祖朱棣經常喜歡單獨叫一個「新」字，於是只能以「新」為名，而將「志新」改為字。

周新因為善於判案而受到人們的稱讚，所以明成祖即位後任命其為監察御史。由於他敢於揭露黑暗，敢於彈劾高官，因此令達官顯貴都畏懼三分，他也由此得到一個綽號叫「冷面寒鐵」。這一綽號漸漸地流傳開來，使得周新的名氣越來越大，甚至被當時的人們拿來嚇唬小孩。每當孩子哭鬧不止，大人只要提到「冷面寒鐵」這幾個字，孩子就會嚇得不敢出聲。

這種耿直之士，正是明成祖朱棣所要借重的對象，周新也由此而備受器重。他先後被派往福建、雲南、浙江等地督察辦案，成為救火隊員。此前被冤枉的老百姓聽說周新要來，都非常高興地感慨：「我們終於有機會獲救了！」他們都知道周新是一代廉吏，是世人竭力稱道的「包青天」，一定能為他們平反昭雪。事實也是如此，周新確實能夠幫他們找回公道。

據《明史》記載，周新在趕赴浙江的路上，突然遇到許多蚊蚋在他的馬前盤旋。根據多年的辦案經驗，周新敏銳地判斷其中必有冤情。他立即派出隨從循著蚊蚋飛來的方向詳細查看，結果在草叢中發現一具腐屍。再經過一番仔細勘察，又找到一個木質印章，由此判斷出死者的商人身分。此後，周新又派人在四下尋找和這個印章相同的印記，不久就找到了殺人凶手。

還有一個案例也是關於商人的。這名商人黃昏時歸來，因為害怕路上遇到劫匪，便把金子暫時藏在叢林中一座神廟的石頭底下。回家後，商人將此事告訴了妻子。結果，等他再去神廟裡取金子時卻發現金子不見了，於是向周新報案。周新判斷問題出在商人的妻子身上，而且認為這女人一定私通別的男人。審訊結果果然如此。原來，商人突然回家，妻子的情人還藏在房間，暗中竊聽到商人夫妻的對話，便趁黑夜將金子全部盜走。

《明史．周新傳》中記載的另一次斷案，更顯出周新辦案的神奇之處。有一天，忽然有一陣旋風將一片樹葉吹落在周新案前，這片葉子和其他樹葉都不一樣。周新詢問左右，得知只有一座和尚廟才有這種樹葉，而且這座廟距離城市很遠。周新由此判斷是和尚殺人。他命令左右挖開一棵非常可疑的大樹，很快就看到一具婦人的屍體被掩埋地下。在經過一番審訊之後，僧人招供，婦人確實是他所殺。

還有一些關於周新的精采案例見於各種史冊，這裡不再一一列舉。總之，在世人眼中，周新斷案手法非常神奇，至少比錦衣衛斷案神奇很多倍。

周新斷案更多依靠的是大腦和邏輯推理，紀綱更多依靠的是酷刑，習慣於屈打成招；周新斷案不會收取無關費用，紀綱斷案完全是坑蒙拐騙，吃了原告再吃被告；周新被平民視為保護神，紀綱則是不折不扣的殺人惡魔。

周新美名遠揚，而且已經得到皇帝的賞識，所以紀綱表示不服。紀綱是什麼人，當朝的特務頭目，他完全沒必要把一個小小的監察御史放在眼裡。

不久之後，廉潔奉公、鐵面無私的周新，果然栽在心狠手辣、心機重重的紀綱手中。

就在周新於浙江履新期間，紀綱派出手下一個千戶前往浙江抓捕罪犯。所謂近墨者黑，跟著紀綱多年，這名千戶自然也是到處作威作福，深諳坑蒙拐騙之術。到了浙江之後，他習性不改，依舊大肆索賄受賄。周新得知這一消息後，立即對其進行抓捕。不料，消息靈通的千戶搶先一步逃走了。

周新下定決心追究到底。就在他送公文進京的路上，巧遇這個千戶，於是就地予以逮捕，並投進當地的監獄。沒想到的是，狡詐的千戶再次逃脫，而且是逃回京城。他跑到紀綱面前訴說種種委屈，真所謂惡人先告狀。紀綱不辨黑白，立即惱羞成怒，隨即捏造罪名，趕到朱棣面前誣陷周新。

朱棣雖然一貫器重周新，但是聽了紀綱的誣告之後，也非常生氣，立即下令將其逮捕。押解周新的官兵都是紀綱的心腹，根據紀綱的授意，他們在半路上就已經將周新打得體無完膚。

到了朝堂之上，周新跪伏在臺階之下高聲抗辯：「陛下命令我按察司施政，和都察院都一樣，我一直忠實執行陛下的命令，捉拿狡詐邪惡之人，為什麼反倒治我的罪？」

朱棣看到周新非但不知悔改，反而抗辯申訴，於是更加生氣，當即命令錦衣衛使用酷刑將其殺死。

周新是個硬漢，在行刑之前仍然大聲高呼：「我活著就要做直臣，死了也會一直做直鬼！」但朱棣始終不為所動，最終還是將其殘忍殺害，而且也是一場虐殺：周新被殘忍肢解後，首級被懸於鬧市示眾。

周新死後多日，朱棣忽然心生悔意，想起來這位廉吏，於是問侍臣：「周新是哪裡人？」侍臣回答說：「南海。」

朱棣歎了一口氣說道：「嶺外竟然有這樣的人，看來我是冤枉他了。」很多天之後，朱棣恍恍惚惚之中看到有人穿著深紅色衣服，固執地站在太陽之下，大聲地對朱棣說：「臣下周新已經成為神，專門替陛下治理奸惡貪吏。」朱棣忽然有所醒悟和後悔。

當然，對於這種種錯殺，紀綱早已習慣，朱棣也早已習慣。所謂後悔，怕也只是稍縱即逝。

不管如何，周新慘遭冤殺，等到紀綱後來案發被抓，才越發看得清楚。也有一種說法是，周新被錦衣衛構陷致死之後，朱棣有所觸動，逐漸改變了對紀綱和錦衣衛的態度。

貪欲無法遏止

當監察御史和紀綱發生矛盾之時，朱棣的取捨完全令人失望。爭執雙方其實都是他非常信任的重臣，但在關鍵時候，究竟孰親孰疏，顯得一目了然。朱棣非但沒有秉持公正，站在正義的一方，反倒是不問青紅皂白，在沒有做任何調查的情況下，匆匆地殺死了他一貫非常信任的監察御史。

朱棣之所以完全倒向錦衣衛，對紀綱言聽計從，一方面是因為他相對更加信任紀綱，相信紀綱所傳遞的各種信息；另一方面則說明紀綱工於心計，在關鍵時候更加善於表演。所以，朱棣的雙眼完全被紀綱蒙蔽了。

這個案例也充分說明，在明代這種特務政治模式之下，司法權已經被錦衣衛粗暴地踐踏，不僅毫無正義可言，而且無處尋找公理。監察御史不僅無權懲治罪犯，反而會在行使權力之時受到錦衣衛的蠻橫干擾，甚至丟掉身家性命。這完全是黑白顛倒，對明朝政府而言也十分不利，但朱棣沉醉於錦衣衛構築的特權之中，陶醉於各種迷夢之中，盡情地享受權力帶來的威武霸氣。

隨著手中的權力不斷擴大，紀綱的野心也跟著迅速膨脹。他依仗手中所掌握的龐大特務組織，仰仗著皇帝的信任，一直胡作非為。此時的紀綱顯得志得意滿，甚至忘乎所以。朝廷上下，誰都畏懼其三分。

在起初階段，紀綱只是表現出對財物的欲望，利用手中擁有的特權，大肆聚斂財富。除了利用特權進行貪污之外，他還經常指使手下特務到處敲詐勒索。只要遇到犯罪家庭，更是竭盡洗劫之能事。

久而久之，紀綱想出了各種斂財套路。比如，當他探知皇帝對某一官宦產生厭惡之情後，就會迅速趕到該官宦家中，唆使他們花錢買平安。他有時候會將犯人帶到自己家中，貌似熱心地指點他們破財免災之法，等騙走官宦身上的所有積蓄後，就會在忽然之間殺了他們。這種聚斂錢財之法，紀綱屢試不爽。因為能夠及時地銷贓滅口，所以不為常人所發覺。

紀綱手下有幾位得力幹將，比如指揮莊敬、袁江及千戶王謙、李春等人，都是其重要羽翼，幫助其統領龐大的錦衣衛隊伍。紀綱善於揣摩上意，他手下大大小小的嘍囉們則與其一丘之貉，同樣非常善於領會紀綱的心思。無論紀綱想要得到什麼，手下都會死心塌地地賣命尋找。

對於紀綱的執法之道和斂財之術，他們早已心領神會，不僅能很好地貫徹主子的意圖，也能背著主子幹些偷雞摸狗的勾當。大大小小的特務們，都富得流油，從來不缺錢花。如果缺錢花了，他們就會在黑夜闖進某個富戶家中，以各種莫須有的罪名進行敲詐勒索，這些富戶只好拿出大批錢財行賄，乞求平安。有誰膽敢不願就範，捨不得拿出錢財，就會被抓進詔獄，在受盡酷刑的百般折磨之後，最終還是免不了家破人亡的悲慘命運。在特務們的巧取豪奪之下，京城和各地有數十家富商大賈被敲詐勒索，以至於傾家蕩產，不堪其苦。至於強搶民田、強占民宅等為非作歹之舉，早已成為家常便飯。

為了聚斂更多的錢財，紀綱甚至偽造皇帝的聖旨，命令手下人拿著那些「聖旨」到各處鹽場敲詐勒索，先後勒索食鹽四百多萬斤。食鹽在古代一直是政府專營的重要物資，紀綱卻置國法於不顧，又假借皇帝的詔令，強奪官船二十艘、牛車四百輛，大搖大擺地將這些鹽全部運回自己家中，堂而皇之地據為己有。

紀綱借助各種機會聚斂財富，而且肆無忌憚。當時，交趾國的使者進京朝貢，紀綱得知這一消息之後，立即緊貼上去，想方設法詐取使者帶來的各種珍奇。這種做法當然會招致禮部等抗議，但紀綱完全置之不理。

在主持查抄罪犯財物的過程中，紀綱也會藉機巧取豪奪。不管是平民的財物，還是達官貴人的財富，他都會想盡辦法據為己有。比如在查抄晉王和吳王的家產時，他乘機將其中相當一部分珍寶悄悄地抽出私藏。

吳中先前有一個大富豪叫沈萬三，在洪武年間被抄家沒收財產，但是家中仍然還有很多財富。他的兒子沈文度也是一個善於投機的商人。在看到紀綱得勢後，沈文度想盡各種辦法攀附。終於，他見到了紀綱，然後就一路伏地爬行拜見，表現得極為卑躬屈膝。為了討好紀綱，他進獻了大量黃金及龍角、龍紋被等奇珍異寶，只希望能被收為門徒。紀綱判斷這是一筆划算的買賣，同意接受供奉，命令沈文度在吳中一帶替自己尋訪美女，專供自己享樂。這個沈家少爺想盡各種辦法滿足紀綱的奢欲，在幫助紀綱瘋狂斂財的同時，也將偷偷得到的財富私藏一半。

靠著種種卑劣手段，紀綱在短期之內迅速聚集財富，在富豪榜上的名次也急速攀升。人的欲望是無窮無盡的，紀綱表現得尤其明顯。當然，如果僅僅是對財富保有欲望，紀綱也許還可以保持相對安全。沒想到此後不久，紀綱漸漸地也對權力產生了強烈的欲望，總希望獲得更大的權力和更高的地位，所以他的危險便接踵而至了。

榮耀俱成往事

紀綱和他的錦衣衛寄居在皇權之下，借助於皇權，他們為所欲為，最大限度地擴展自身的權力。比如他們以皇帝的名義四處抓人、殺人，通過暴力和恐怖活動製造權威，又如他們利用矯詔聚斂財富，搜刮民脂民膏……

朝臣普遍屈服於他的淫威，鮮有人敢與其對抗。即便偶爾冒出一個周新式的官員，也會遭到報復，最終死得非常難看。長期以來，紀綱就是在這種氛圍中越發養成專橫驕奢之氣，除皇帝之外，其他文臣武將他都不放在眼中。

一個叫啞失帖木的都指揮使，因為在路上沒有讓道給紀綱而丟了性命。按理說，這位也是指揮使，職級和紀綱相當，本沒有讓道的義務，但紀綱認為他是故意對自己不敬，所以一直記恨在心。不久之後，啞失帖木竟被誣以冒賞的罪名，被錦衣衛活活打死。

紀綱與都督薛祿也結下梁子，因為他們同時看上了一個女道士，為此而爭風吃醋。紀綱看上的女人，薛祿居然敢搶，豈不是膽大包天。有一次，他們二人在皇宮中相遇，紀綱抓住薛祿就是一番痛打，將腦袋打出了一道裂紋，薛都督差一點就此喪命。

面對如此作威作福的紀綱，一般官僚只能忍氣吞聲。已經位極人臣的紀綱，如果想攫取更高的地位，顯然直接針對的就是皇權。

不錯，此時紀綱所覬覦的，正是皇權。野心漸漸膨脹的紀綱開始在家中大量蓄養亡命之徒，並暗中製造數以萬計的刀槍、盔甲和弓箭等兵器。

永樂十四年（一四一六）的端午節本來非常普通，卻因為一場射柳比賽而變得不同尋常，不僅因為這一次的射柳比賽由明成祖朱棣親自主持，也因為錦衣衛指揮使紀綱竟然在比賽中玩起了秦代趙高指鹿為馬的把戲。

在比賽開始之前，紀綱目光幽暗地對錦衣衛鎮撫龐英說：「我故意射不中，你把柳枝折下來並高聲呼喊說射中了，我好藉此窺測周圍人的心思。」比賽開始後，龐英果真按照紀綱的吩咐去做，令人吃驚的是，在場的官員竟然沒有一個人敢於站出來當面加以糾正。紀綱對此感到非常滿意，當場便得意地宣布：「是無能難我矣。」[5]他為自己靈機一動的設計而暗暗叫好，也由此判斷朝臣之中已沒人再敢與其作對，所以他加快了謀逆的步伐。

紀綱太喜歡這種高高在上的感覺了，也逐漸做起了帝王夢。因為欲望的無限膨脹，深重的危機也隨之到來，只是紀綱本人渾然不察。

為了找到帝王的感覺，他家中的日常器用都極盡奢華，檔次之高，幾乎超過帝王之家。有時候，紀綱還會偷偷地進行一些相關禮儀的預演。他命令手下製作帝王才能穿戴的衣帽，穿上它們之後，再擺上隆重的酒席，自己端坐在高位之上，命令童男童女奏樂奉觴，向其朝拜，並高呼萬歲。

紀綱很是陶醉，從中找到了極大的快感，但那畢竟只是遊戲，終究不夠真實。真實的皇權一直在朱棣的掌握之中，還需要紀綱費心地攫取。然而紀綱實在太稚嫩了，他竟然把朱棣當成了秦二世。想當初，為了奪取這寶貴的皇位，朱棣與侄子好一番廝殺，可謂拚了老命，腆著老臉，還得背負千載罵名，豈能輕易便宜他人。

通過射柳之戲，朱棣的內心深處想必也感到極大的震撼，他發現紀綱的勢力已經超出可控範圍，不能不小心提防。朱棣本想通過特務政治實現控制臣民的目的，不料紀綱膽大妄為，造成了臣民只知有紀綱不知有皇帝的局面。對此，他必須做出決斷了。

這年七月，有一名宦官突然站出來告發紀綱圖謀不軌。接到這一情報後，朱棣迅速將紀綱逮捕，並下令給事中和御史大夫一起出動，檢舉揭發紀綱的種種不法行為。既然皇帝已開

5《明史》卷三〇七，〈紀綱傳〉。

尊口，大家就沒什麼好畏懼的了。他們齊心協力，迅速為紀綱爬梳出一堆罪名：比如誣陷朝臣、矯詔聚財、私造兵器、私挖地道、蓄意謀反等。

虎落平陽的紀綱被迅速關進大牢審訊。刑具還是那些刑具，酷刑還是那些酷刑，只不過行刑的對象發生了變化。紀綱從一個行刑官變成了行刑的對象，身分發生了徹底的轉換。紀綱是一個嗜血狂魔。長期以來，他一直通過酷刑欣賞別人的鮮血如梅花般滴落，但是此刻他忽然有些暈血，因為各種殘忍的酷刑令他難以招架。紀綱很快就倒在以前他所欣賞的種種酷刑面前，迅速認罪伏法。審訊只進行了不到一天，便宣告結束。

在紀綱的一堆罪名之中，謀反是朱棣最不能容忍和最不可饒恕的，也是最刺激人們神經的。罪行累累的紀綱不得不死，當初長期視紀綱為親密助手，眼下哪怕多看一眼都會心煩，朱棣下令立即處決紀綱。所以，就在審訊結束的當天，紀綱就以謀反罪而被凌遲處死，其家中老幼一概發配邊疆，多年劫掠的財物也盡數抄沒。

紀綱身被酷刑，慘遭肢解，就像他當初肢解周新那樣。他甚至來不及和他手下眾多的錦衣衛道一聲再見便命喪黃泉，多年來的榮耀也隨之灰飛煙滅。

隨著紀綱被殺，錦衣衛當初不可一世的地位開始搖搖欲墜。因為錦衣衛的強勢和霸道，已經讓朱棣心生提防。打壓和限制錦衣衛，成為朱棣迫切要做的事情。雖然沒有得逞，紀綱所為還是令朱棣吃驚不小。一生玩弄權術的朱棣很快就明白，問題一定是出在機制上。不錯，正是機制出了問題。在目前這種機制之下，別說是紀綱，就算是換成張三或是李四，他們遲早也會變得和紀綱一樣飛揚跋扈、目無法紀。

長期以來，為了剿殺各路反對勢力，朱棣一步步地縱容錦衣衛坐大，視錦衣衛和紀綱為最貼心的心腹，這才差點釀成大禍。錦衣衛的權力過大，所作所為也超出了朱棣的設想，這表明他原來的設計不夠周全，需要及時進行調整，重新進行設計和規劃，必須要對錦衣衛進行適當限制，通過適當地分權和監控加以約束。那麼，由誰來限制和監控錦衣衛呢？

朱棣很快給出了答案：太監。

如何進行限制呢？朱棣也很快做出決斷：設立東廠並重用東廠。

紀綱的死不僅象徵著錦衣衛的衰落，而且宣示明代特務政治的升級。

為什麼說紀綱死了，錦衣衛衰落了，特務政治反倒升級了呢？因為這個叫東廠的特務機構將會走到舞臺中央，受到朱棣的空前信任，而且也在明朝的政治和文化上烙上了非常深刻的烙印。

〈出警圖〉（局部）

人們通常將明代特務機構東廠與錦衣衛統稱為「廠衛」。二者的關係確實比較密切，有明一代也有權臣曾一度統領二者。東廠中的許多職位會從錦衣衛中挑選精明能幹之士來充當，然而，這些入職東廠的錦衣衛並不需要進行閹割，只是工作關係暫時落在東廠，受東廠提督太監管轄，當工作結束後仍回錦衣衛當差。

第五章

宦官升降

從卑微到顯達

中國人似乎向來對宦官沒有太多好感，更多的往往是憎惡和鄙視。司馬遷曾說：「行莫醜於辱先，而詬莫大於宮刑。」[1]作為曾經遭受腐刑之人，發出這樣的感慨應該是出於椎心之痛，也多少代表了中國人一種根深蒂固的觀念。

宦官被世人輕視，有著多種原因。其一是身體特徵，由於受過閹割，宦官的面相和嗓音等都發生變異，比如唇下不長鬍鬚、嗓音不男不女等，許多體徵都與正常男人存在很大差別。其二是出身卑微，宦官中有不少都是罪犯或俘虜出身，因為受到懲罰而被閹割。此外還有一些出身貧寒，因為生活貧困，又不願意透過勞動改變命運，只想以自宮的方式到皇宮乞食，因此被人們看不起。其三，可能是更為重要的原因，宦官因為靠近皇權，所以總有少數能作威作福，而這些往往更容易被人們所牢記，由此導致人們對宦官群體印象欠佳。

當然，宦官自己並不會這麼認為。因為他們都是皇宮中人，所以自我感覺超好，自視非常之高。這也可以理解。相對於普通百姓和朝廷大員，他們畢竟更加靠近皇權，所謂靠山吃山，可以恃寵而驕。

事實也是如此，在皇宮內部，總有一些太監仗勢為禍，甚至插手朝政，並且攪得風生水起，惹得朝臣側目。至於在皇宮之外，太監們外出辦事，往往打著皇權這一旗號，威福凌人，盤剝百姓，所以更加招人痛恨。

有皇權就有宦官，明朝也不例外。與歷史上宦官為禍甚烈的時代，比如漢末、唐末相比，明代的宦官也以勢盛而著稱。特別是在明代中後期，宦官機構之大、權力之隆、地位之高，均有超歷朝之勢。

在明朝建立之初，太監的數量已經開始急速上升。只是這時的朱元璋剛剛坐上皇位，對誰都充滿了高度警惕，對於數量上升過快的太監自然也會有一絲忌憚。當然，相比那些孔武有力的男人，這些形體不全之人畢竟還是相對安全的，而且深宮後院也確實離不開太監們的打理，於是便只能在默認其發展的同時，嚴加管制，層層設防。

即便是朱元璋嚴格控制，仍然阻止不了太監規模的一再擴大。朱元璋只得制定一些硬性規定：比如宦官的官階最高不得超過四品，內臣不得與外臣有移文往來，內臣不得兼有外臣之文武官銜等等。其中有兩條規定顯得尤其嚴厲：其一是「內臣不得識字」，這剝奪了宦官受教育的權利；其二是「內臣不得干預政事（一說外事）」。而且，為了保證第二條規定的落實，他命人在宮門立了一塊鐵牌，上面書有「內臣不得干預政事，犯者斬」。[2]

太祖皇帝所立的這一規矩，建文帝一直嚴格遵守。朱允炆即位後，繼續使用祖父的一套

1 《漢書》卷六二，〈司馬遷傳〉。
2 《明史》卷七四，〈職官志三〉。

辦法駕馭宦官，對其實施嚴格管理，有時甚至比洪武朝更加嚴格，宦官稍有違法之舉，就會受到嚴懲。這在有效防止太監干政的同時，也帶來了不少負面效應。比如在靖難之役中，朱允炆所得罪的這些大小宦官，或被朱棣悄悄收買，或主動與朱棣聯繫，一直偷偷地替朱棣搜集情報、通風報信，對戰爭進程產生了重要影響。

既然曾受惠於太監，那麼朱棣對太監的態度自然也會發生相應的改變。明代宦官地位的根本改善，實現真正意義上的崛起，正發生在永樂朝。是朱棣投桃報李，給了他們機會。

有學者認為，明朝「二十四衙門」的建制，其實是在永樂朝才徹底完成的。而且朱棣在遷都之後，在北京和南京各保留一套宦官機構。這種南北兩京的建制，終明一朝始終得以保留，也和朱棣有著直接關係。

所謂「二十四衙門」，包括十二監、四司、八局。其中，十二監分別是：司禮監、內官監、御用監、司設監、御馬監、神宮監、尚膳監、尚寶監、印綬監、直殿監、尚衣監和都知監；四司分別是：惜薪司、鐘鼓司、寶鈔司和混堂司；八局則分別是：兵仗局、銀作局、浣衣局、巾帽局、針工局、內織染局、酒醋麵局、司苑局。

二十四衙門中，以十二監的地位最為重要，執事太監品秩更高。十二監中，又以司禮監權力最大。當然，在明朝初期，司禮監因為朱元璋和朱允炆有意壓制，所以尚顯平庸，大小太監仍然只能卑微地乞食皇宮。這種局面，也是到了永樂朝才有所改變。

除了給太監定崗定編，給予其相應的身分地位之外，太監的權力得到大幅提升，可以染指政治、軍事、經濟、外交等各個領域，並發揮了突出作用。由於朱棣的有意安排，太監不僅有機會接觸宮中要務，也會奉命出使；不僅擔負監軍的職責，還能領兵作戰；不僅搜集情報、監控臣民，還能參與抓捕和審判，並在相當程度上影響審判結果……

太監地位日隆、威勢淩人的另一個重要標誌，是他們通過司禮監掌控了東廠，又借助東廠對錦衣衛加以監視和控制，攫取包括司法權在內的更多政治權力。之所以會出現這種局面，多半也是因為朱棣。他在有意無意之中，忽視了父親處心積慮設立的種種規定，從而給了宦官步步為營、攫取權力的機會。

廠衛並立

東廠的成立時間，史學界尚有不少爭論。下面進行一番簡單梳理，介紹幾種代表性觀點。有學者認為，在洪武朝就已經有類似東廠這種機構出現——比如「繩頑司」這樣的宦官機構，擔負著搜集情報的職能。

從現有史料也能看到，朱元璋很早就使用太監搜集情報，監控官員。比如早在洪武元年（一三六八）他就曾派遣太監悄悄偵察浙江省參政郭景祥。在剷除胡惟庸的過程中，丞相謀反的情報，也是首先由宦官獲得。想必在朱元璋的安排之下，太監早早就盯上了胡惟庸，實施了最為嚴密的監控，所以才能奪得告發丞相的「首功」。朱元璋一貫重視情報，也曾利用各種手段搜集情報，使用太監從事情報工作也屬情理之中的事情。

雖說洪武朝存在著與東廠職能相似的宦官機構，但它最多只能說是東廠的前身，並不代表東廠就是朱元璋所創設。

商傳先生研究認為，東廠的初設時間固然是在永樂朝，但應不晚於永樂七年（一四〇九）。[3]也就是說，在永樂初年，朱棣就已經創設了東廠。

更多的學者則認為，東廠是在紀綱被殺之後，是朱棣為限制錦衣衛的權力而設，其初設時間為永樂十八年（一四二〇）。這也是《明史．成祖本紀》和《明通鑑》等史書中的說法，所以影響最大。

在《明史》中，除〈成祖本紀〉之外，〈刑法志〉也記載了東廠成立之事，卻沒有確定初設時間，而且措辭相當模糊：「故即位後專倚宦官，立東廠於東安門北，令嬖昵者提督之，緝訪謀逆妖言大奸惡等，與錦衣衛均權勢，蓋遷都後事也。然衛指揮紀綱、門達等大幸，更迭用事，廠權不能如。」[4]

「即位後」這三個字，只是給出了一個非常模糊的時間。一個「蓋」字，更是說明了作者的為難之情，亦即對初設時間的難以把握。另外，「東安門北」的選址，可說明東廠初設應該是在遷都之後，但是作者給出了因紀綱強勢而導致東廠權勢無法與錦衣衛相提並論的訊息，從中可以看出，東廠在紀綱的時代就已經存在，並不是在遷都之後才開始設立。

從《明史．刑法志》的這段記載中，我們很難找到東廠確定的創設時間，《明史．成祖本紀》在表述上雖然持非常肯定的語氣，卻很難讓人完全信服。上述史料的錯亂無序，足令人瞠目。東廠初設時間之所以無法確定，也便可以理解了。

我們懷疑，東廠的設立在當時就是一件祕密事件，其運行也始終處於非常保密的狀態，朱棣存心不讓別人知道，史官便也無從查證。

在以上三種主要觀點中，我們更傾向於認同商傳先生的研究結論：東廠的初設時間是在永樂朝初期，而且不晚於永樂七年（一四〇九）。也就是說，在永樂初期，廠衛便已經開始並立。只是這個時期，太監地位雖有很大提升，但東廠地位尚且低下，所以人們只知有衛，而不知有廠。

不管東廠成立於何時，其獲得重用應該是在紀綱案發之後。太監的地位變得越來越高，也與紀綱一案有直接關係。如前所述，紀綱竟然利用錦衣衛擴展權力，並圖謀不軌，因此迫切需要對其進行限制和監控。

從宦官告發紀綱圖謀不軌的這一細節出發，我們有足夠的理由懷疑，在朱棣的授權之下，東廠很可能早已對紀綱開始了偵察行動。

3 商傳，〈永樂十八年始設東廠說不確〉，載《中國史研究》，一九八三年第二期。
4《明史》卷九五，〈刑法志三〉。

在永樂朝，東廠也可能早早就擔負起搜集情報的職能。朱棣相信太監，也將監軍的任務交給太監，他派出鄭和遠下西洋，據說就是為了尋找建文帝的下落。包括尋找建文帝下落之事，朱棣也可能交給東廠。因為有學者研究指出：「設立東廠，也含有偵察建文帝下落的用意。」[5]

如前所述，東廠的職能為「緝訪謀逆妖言大奸惡等」，這與錦衣衛大致相當。既然工作性質接近，同樣富有偵察情報工作經驗，當紀綱坐實謀反之罪，錦衣衛變得不可信時，朱棣自然會改而重用東廠。

在紀綱被殺之後，他手下的一些重要黨羽，如莊敬、袁江、王謙、李春等人，並沒有全部受到株連。朱棣對他們的懲處明顯有所保留，而且錦衣衛中的不少力量都被充實到東廠。尤其是其中的骨幹分子，很快就找到了再就業的機會，只是單位變了、上班地點變了。

據《明史》記載，在紀綱被殺前後，東廠的權力範圍尚且「與錦衣衛均權勢」。但在不久之後，東廠的實際權勢就明顯地超越了錦衣衛，不僅分掉錦衣衛的威權和職能，也在一定程度上對其實施了監控。

總之，東廠和錦衣衛，這二者相輔相成，人們習慣將其並稱為「廠衛」。明代的情報職能由此開始變得更加發達，朱棣希望通過這種設置，既能取得某種疊加效應，同時也可以互相牽制，防止某一家機構獨大。此外，也可由此實現多渠道搜集情報，可以將各方所得情報互相印證，避免被假情報所誤。這正是孫子「五間俱起」所要達到的效果。

胡濙當初被朱棣派出去尋找建文帝，在他身後，始終有人悄悄地跟蹤和監視。胡濙的一舉一動，朱棣便可以全程掌握。一次，有一個少數民族的酋長希望用他的櫻桃和胡濙換書。胡濙爽快地將書送給酋長，卻沒有接受酋長的櫻桃。等胡濙回京彙報工作時，朱棣突然問道：「櫻桃是小東西，路上也可以解渴，你為什麼不接受呢？」胡濙立即明白，原來自己一直被全程監控，不由得暗暗心驚。

不僅是胡濙，朝廷中的大小官員也都受到嚴密監控。即便是出門搜集情報的錦衣衛，也會受到多方「關照」。「關照」他們的人，則是宦官。這就是朱棣的巧妙設計。在這種統治模式之下，每個人都是戰戰兢兢，惶惶不可終日。

在永樂朝，情報機構的基本局面是廠衛並立。但在紀綱死後，東廠實力更加雄厚，宦官完全把持著大局，錦衣衛所搜集的情報往往需要經過東廠才能報給皇帝，所以錦衣衛地位淪落，遠不如東廠強勢。

這種廠衛並立的精巧設計，尤其可以看出朱棣的匠心獨運。東廠的強勢，似乎不能用「後來者居上」來簡單比況。毫無疑問，東廠和錦衣衛都是強權部門，但這兩個部門由誰來主導也很有講究。朱棣的設計思路是，透過沒有軍權的東廠來監控擁有一定軍權的錦衣衛，而不是相反。這可以在一定程度上避免紀綱這樣的威權人物重新出現。另外，雖然是由東廠

---

5 溫功義，《明代宦官》，北京：紫禁城出版社，二〇一一，頁二九。

主導，但是東廠的隊伍中充斥著大量的錦衣衛，這也可以起到互相監督的作用。

所以，這已經是東廠獨大的局面，而不是真正意義上的「並立」。成功控制錦衣衛之後的東廠，很自然地成為新的威權部門，明朝的歷史也由此而打上了濃厚的宦官印記。

大權在握的廠公

在司禮監的內部，掌管司禮監印信的宦官被僚屬稱之為宗主，總領東廠的則稱廠公或督主。

東廠的屬官沒有專職人員，其中有不少都是從錦衣衛招來的。比如掌刑一般由一名錦衣衛千戶擔任，理刑則由一名百戶擔任。除了部分官員之外，還有大量差役都是來自錦衣衛。東廠和錦衣衛的關係，由此可見一斑。

當然，並非所有的錦衣衛都可以隨意進入東廠，而是要經過非常嚴格的選拔。選哪些人呢？東廠有個非常獨特的標準：只選那些狡黠和乖巧的士卒，堅決不要那些老實規矩之人。其中道理也很簡單：如果不夠狡黠，便沒辦法完成各種特殊任務；如果不夠乖巧，就不能充分領會太監的意圖。

其中，差役長也叫檔頭，專管偵伺。平常戴著一頂帽子，帽子的頂端尖銳，穿的則是青白色帶著旋褶的衣服，上面繫著小布條，腳下則穿著一雙白皮靴。

檔頭的手下，有幾個聽差的，叫番子。千萬不要小看這些番子，正是他們承擔了基本的偵察任務。京城的那些亡命之徒，騙財的、挾仇的，都視番子為窟穴。因為平常刺探情報都大量依靠他們，所以番子也可以稱為「准特務」。他們四處打探情況，每打探到人家一件隱私，就祕密地報告給檔頭，檔頭再根據事情的大小和情報的價值大小，付給他們相應的報酬。這就形成了一條灰色的產業鏈，很多無賴和土匪都賴以寄生，其中既有黑吃黑的情況，也捲進去不少無辜的臣民。無論是誰，一旦被捲進去，便墜入萬丈深淵。

番子執行任務時，都有一套「黑話」，外人完全聽不懂。比如，他們將每一個事件都叫「起數」，花錢則叫「買起數」。當探知有犯禁行為發生時，檔頭便率領番子趕到，在其門外左右派人把守，這叫做「打樁」。

當外圍安插完畢之後，其他番子就會迅速闖入室內，開始抓人，並當場進行審訊。這期間並不需要掌握充分的證據，也不需要出示符牒。如果當事人按照要求給足賄賂，番子和檔頭自然就會徑直離開。如果拿不出錢，或者不能讓番子和檔頭滿意，就會遭到嚴刑拷打。至於所用刑名，可稱「乾酒」，又叫「搬罾兒」，其痛楚比官家規定的刑罰要厲害十倍。

為了滿足私欲，番子有時候還會授意那些挨整者牽連出一些有錢的財主，再對這些財主進行敲詐，逼迫其行賄。如果能夠得到足夠的金錢，那就可以彼此相安無事。如果這些財主愛惜錢財捨不得行賄，或所給不多，滿足不了特務們的要求，就會被栽贓並立即報告皇帝，隨即就會被抓捕並關進鎮撫司監獄。接下來，財主的命運就完全由不得自己掌握了，在各種酷刑之下，他們隨時都會命喪獄中。

每月的第一天，幾百個廠役會圍在一個庭院中抽籤，然後各自受領任務，分別出發監視各級官員。其中，監視內府諸處、會審大案和北鎮撫司所審訊重犯的，叫「聽記」；到其他官府和各個城門搜訪的，叫「坐記」。某官做了某事，某城門發現某奸事，胥吏一條條地記下來，再告訴坐記，再由坐記報告廠公，這叫「打事件」。這其實是一個較為完整的情報工作流程。

即使是在深夜，有情報傳遞到了東華門，都可以從門縫中及時塞進去，再有人及時地報告給皇帝。所以，事情無論大小，天子都可以知曉。有時候，就連某些家庭柴米油鹽之類的瑣事，也會被皇帝知道，有的竟然在宮中被傳為笑料。

皇帝之所以會將這些芝麻蒜皮的小事抖露出來，倒不只是為了戲耍朝臣，而是希望起到某種震懾作用。朝臣的一舉一動都在皇帝的嚴密監控之下，隨時都被皇帝所掌握，他們因此而惴惴不安，都對特務充滿畏懼。

錦衣衛的情報工作流程也和東廠差不多，需要完成從搜集到傳遞這個過程，但是所得情報必須寫出疏條上奏，這樣才能讓天子知道。這麼一來，他們的情報傳遞就必須要通過廠公來完成，所以就會處於廠公的監控之下，錦衣衛的勢力因此而遠不及東廠。

不僅是錦衣衛受到東廠的監控和牽制，在朱棣朝興起的內閣，更是對東廠充滿忌憚。

在朱棣手裡，不僅僅是創設了東廠，同時也創設了內閣。他希望通過內閣替自己分擔一些政務，省去事必躬親的煩勞。這其實是對其父廢相的一種變通之法，在不違背祖制的同時，能更加高效地完成理政工作。至於內閣成員，選擇的都是資歷較淺、級別較低的官吏，所以只能起到祕書的作用，沒有辦法獲得更大的權力，也沒有能力對各級政府指手畫腳，所以朱棣完全不用擔心皇權由此而旁落。

內閣制確實是一個非常精巧的設計，所以能夠在有明一代一直得到延續。但是到了明朝中後期，內閣的權力慢慢變大，什麼事都可以插手，內閣首輔便成了丞相一樣的人物。像嚴嵩和張居正這樣的內閣大學士，更是權傾朝野。

內閣之所以權力逐漸變大，也是因為更靠近皇權，始終是皇帝的貼心助手。這樣的便利，太監其實也有。他們不僅非常靠近皇權，甚至吃住都在皇宮。後來，當司禮監取得參與批紅的權力後，更是不離皇權左右，成為皇帝的貼心助手。更何況，廠公還掌控著特務機構，可以通過操縱特務組織，全面介入政務，所以內閣首輔自然會對其畏懼三分。

事實上，明代的不少皇帝，尤其是朱棣，都更加信任太監，而不是閣臣，所以太監的權勢往往超過內閣大臣，更超過都察院等其他部門的官員。

總之，自從朱棣重用太監之後，太監專權的局面在明朝時有發生，司禮監地位日隆，成為不折不扣的權力部門。而且，這一現象幾乎延續了有明一代，尤其是明代中晚期，在大太監劉瑾專權之後，司禮監更加顯得強勢，因為東廠、西廠和錦衣衛等緝事廠衛，全部由其掌控。

趙翼曾對明代皇權之外的權力機構情況進行過總結：「明代首輔權雖重，而司禮監之權又在首輔上。」[6]首輔是類似於丞相的職位，但其權力仍然不如司禮監。司禮監在明代的權勢之大，已經大大超出了人們的意料。

不喜歡太監的仁者

朱棣是個很會折騰的皇帝。除了靖難、遷都和改制等幾件大事之外，光是北伐蒙古就進行了五次之多。但是，即便再能折騰的人，也終究會到頭。

永樂二十二年（一四二四）四月，天氣轉暖，陽光和煦，草長鶯飛，一意孤行的朱棣不顧眾人阻攔，執意開始了他的第五次北征。

朱棣是「馬背上得天下」，非常喜歡那種「車轔轔，馬蕭蕭」的感覺。每次北征都是場面浩大，勞師遠征，朱棣卻毫不在意。在他看來，無論北征有無戰果，都會對蒙古人形成一種威懾，至少讓他們不敢輕易南下。

第五次北征與以往的幾次相比，場面更加浩大，結果卻顯得非常難堪。只見幾十萬大軍在大漠中來回折騰，卻始終找不到交戰對手，反而把六十四歲的老皇帝朱棣折騰得夠嗆。此時，他已經不能騎馬，只能坐在車裡。既勞累又憋屈，再加上氣候不適，朱棣就此病倒，而且一病不起。就在這年的七月，朱棣還沒來得及班師回朝，就病死在塞北，從而在荒原之上留下一個巨大的遺憾。

朱棣在臨死之前，除了立下傳位於太子的遺詔之外，還說了一句話：「夏元吉愛我。」夏元吉是誰呢？他是一位以敢於直言著稱的名臣，卻因為反對朱棣北征而被關進大獄。朱棣臨死之前冒出這麼一句話，想必內心充滿悔意。

這一突然變故，讓很多人都感到措手不及。為了防止漢王朱高煦藉機謀反，英國公張輔、閣臣楊榮決定嚴密封鎖消息，祕不發喪。他們將朱棣的遺體裝入棺材之中，但每日還是按照常例進餐和請安，並保持軍中一切行動都如常進行。與此同時，楊榮與宦官海壽祕密進京，密報太子朱高熾，悄悄地為登基做各種準備。在一番精心安排之下，總算沒有發生什麼亂子，政權也得以平穩過渡。

久經考驗的朱高熾，總算當上了皇帝。他於永樂二十二年（一四二四）八月登基，次年改元「洪熙」。朱高熾的性格和朱允炆很有些相似，廟號為「仁宗」，也非常貼切。

朱高熾對永樂朝的酷刑一直心有餘悸，他即位後不久，立即下令裁撤錦衣衛的各種酷刑。他宣布，今後犯了死罪的，如果是按律凌遲，只要處死即可。他主張用法尚寬，除了謀

6　趙翼，《廿二史箚記》卷三三，〈明內閣首輔之權最重〉。

反這樣的大逆不道之罪，盡量不要株連。他不許法外用刑，不許恣肆使用暴刑酷刑，尤其不能隨意施以宮刑。

在洪熙朝，想必言論自由是可以得到保證的，因為仁宗連誹謗罪都可以不治。在他看來，「古之盛時，恒采民言，用資戒警」。[7]不就是說話說錯了嗎，沒有多大關係啊。即使是有誹謗嫌疑的，也應該做寬大處理。

連誹謗都可以得到寬恕，這必然會帶來負面效應。仁宗終於流露出宋襄公那樣的迂腐氣。當然，在距今幾百年前的明朝，在封建專制走向頂峰的時代，一個君臨天下的皇帝能有如此善意之舉，實屬難得。從一些小事上，我們也可以充分看出仁宗之「仁」。

永樂二十二年（一四二四）八月，錦衣衛指揮王節等人奏報，說是很多錦衣衛校尉在值班過程中經常發生丟失所懸銅牌的現象，希望皇帝下令予以懲處。要知道，這銅牌是錦衣衛出入關防的重要憑證，如果落入不法分子之手，肯定會留下安全隱患。所以，請求對其進行懲罰，也不為過。結果，朱高熾不僅當場否決了王節的提議，反倒隨即下詔，「赦有罪」。[8]

朱高熾此舉也可以收買錦衣衛的人心，好讓他們有更大的熱情來為自己賣命。他本是在錦衣衛的護持之下登上大位的。錦衣衛一直護駕有功，而且日後治理江山也需要仰仗這支力量，眼下只是犯點小事，這當然需要通融一下，不能真的做出懲處。何況父親剛剛去世，他需要按照慣例，通過大赦天下來安撫人心。對王節的提議不理不睬，不排除包含收買人心之意，但也是以仁為本的情懷使然。

在這之後，朱高熾諭旨三法司：「令信則民從，不信則民貳。」[9]在這道諭旨中，他不僅希望建立一個以誠信為本的社會，不再以威權和酷刑逼人，而且希望各級部門嚴格遵守，不要使自己成為食言之君，喪失人心。

朱高熾不僅不許手下官員使用威權逼人，也不讓錦衣衛的各種酷刑在監獄中延續，而且該釋放的就馬上釋放。京城內外，政治空氣立即變得溫暖而又清爽。不少多年關押在詔獄的官員被釋放，也有官員勇於站出來批評錦衣衛的失當行為。

與酷刑告別的仁宗，有不少舉動都是對父親施政的匡正。不僅是施政理念與父親不同，包括選擇官員的標準，尤其是對太監的態度，他也完全不走父親的老路，顯得更加耐人尋味。

有個錦衣衛千戶叫李得，在分理錦衣衛獄時，由於心腸太狠，導致錦衣衛治獄有很多失當行為，而且此人為人非常苛刻。他報告一條情報說，在長沙府民中，有人通過自宮的方式來尋求擔任內侍的機會，通政使司也知道此事。朱高熾說：「這些都是好吃懶做的不孝之人，自絕於父母的事情都能做得出，哪能讓他們待在我左右！」結果，這些自宮之人不僅沒

7《明仁宗實錄》卷一三。
8《明仁宗實錄》卷二。
9《明仁宗實錄》卷二。

有得到任用，反而被打發到偏僻地區戍邊。

春秋時期，管仲臥在病榻之上，齊桓公詢問哪些人可以接替他的位置，管仲先後否定了很多人選。對於易牙，管仲罵他沒有人性，為討好國君，不惜烹了自己的兒子；對於開方，管仲罵他不顧父子之情，不可能真心忠君；對於豎刁，管仲更是排斥：不愛惜自己身體的人，是違反人情的，這樣的人不可能有忠心。管仲的分析非常在理，遺憾的是，齊桓公沒有聽進這些勸告，重用並親近這幾個小人，齊國的霸業也就此宣告結束。

齊桓公聽不進去的話，朱高熾倒是聽進去了。他認為，自宮行為屬於自絕於父母的不孝之舉，而且對自己顯得太過殘忍。這樣的人，一定不可相信，不可委以重任。他的這段話，和管仲完全是一樣的邏輯。因為有這樣的邏輯，朱高熾下令不能隨意施以宮刑。只要發現有自宮者，「以不孝論」。[10]

既然秉持著這樣的邏輯，朱高熾對太監的態度便可以想像。所以，在仁宗時代，東廠的作用幾乎可以忽略不計。他不太喜歡這一套。

中國有句古話說：仁者壽。意思是說，懷有仁愛之心的人，胸懷更加寬廣，所以能得高壽。這句話說得很有道理，但如果放在朱高熾身上，就不很貼切。朱高熾確實仁慈而睿智，也對得起「仁宗」這一廟號，可惜他並不長壽，只活了四十七歲。久經考驗才修得正果，卻只在皇位上待了不到一年便意外歸天。這除了怪他的命不好，也與他長期耽於酒色有關。

想當初，朱棣只是將朱高熾視為一個過渡性人物，他的重點培養目標顯然是皇孫朱瞻基。如今，從執政時間上看，仁宗果真成了一個短暫的過渡，朱瞻基則如朱棣所願，順利地登上了大位。

作風整頓

明宣宗朱瞻基算是一位太平天子，除了和他父親一樣好色之外，還喜歡美食和鬥蟋蟀，而且繪畫水準也很高。這是一位具有藝術家氣質的皇帝，卻並非沒有心機。事實上，他倒是城府很深，很有謀略。

朱瞻基即位之後，他的叔叔朱高煦一直心有不甘，存心謀反，想模仿朱棣，再玩一次「靖難」的把戲，結果沒玩上幾天就宣告失敗，最終被朱瞻基活捉，後被架火燒成了焦炭。

朱瞻基在位期間有「三楊」（楊士奇、楊榮、楊溥）和蹇義、夏元吉等文臣輔助，政治相對清明，百姓安居樂業。人們把他與其父的統治時期合稱為「仁宣之治」，據說可以媲美「文景之治」，不知是否為誇飾之辭。

朱瞻基看到錦衣衛紀律鬆弛，便利用紀綱一案對錦衣衛進行作風紀律整頓。他召集行在

10《明仁宗實錄》卷一三。

錦衣衛指揮鎮撫及千百戶等人，敕諭道：

朝廷視爾等為心腹，一切機密事務、獄情輕重，都必須謹慎嚴密，纖毫毋洩，這是你們的職分所在，職責所在。如果洩漏機務，走漏獄情，甚至違法與外人勾連，那就是違法之舉。你們都能看到最近紀綱等人不遵國法的違法行為。他們經常詐傳敕旨，擅作威福，顛倒是非，並且洩露機密重事，暗自勾結，結果案發之後便招致殺身亡家的大禍，這都是爾等親眼所見。你們之中如果有誰膽敢效仿他的所作所為，就不怕惹禍並且丟掉身家性命嗎？

打一巴掌之後，再給個甜棗。為了顯示自己的寬仁之心，朱瞻基當場宣布：「已往之愆，姑置不問。」但是今後如果再有違法之舉，一定會依照法律予以嚴懲，所以希望錦衣衛全體人員，必須從此「常加警省，無負朝廷，以保祿位」。[11]

情報具有非常強的時效性，所以情報的上傳下達始終是一件頭等大事。對於緊急情報的怠慢行為，他尤其感到憤怒，所以迅速出手予以打擊。有一次，北安門守衛百戶楊清奏報說，在昨夜一更時分，本臣接到一條重要情報，但是在遞至北中門時，守衛官竟然不肯傳達。朱瞻基立即對相關人員進行治罪，並諭令錦衣衛指揮王節等人說：按照祖宗成法，如果「有事急奏者，不問晨夜」。[12]他繼續強調，守門官員本來就以傳遞情報為本分，這樣才能保證緊急情報的及時傳遞，不至於發生壅蔽的情況，今後如果有誰膽敢再犯，也會移交法司治罪。

想必類似的整頓，在錦衣衛中經常展開，但是由皇帝帶頭並發布長篇諭旨，畢竟還是不多。這說明朱瞻基非常重視情偵隊伍的建設，非常看重錦衣衛和東廠對於維護政權穩定的作用。

但是，從總體上來看，在宣德朝沒有留下多少東廠和錦衣衛的事功，尤其難見東廠活動軌跡，錦衣衛大抵也只是履行日常職責。如果按照「沒有新聞便是好新聞」的標準，這個時期確實能夠稱得上是一段「治世」。

之所以會出現這種情況，除了皇帝通達、有意對前朝苛政進行修正之外，朝臣也在進行集體反思，積極獻策。所以，他們執意要告別朱棣時期的嚴酷和殘忍。

宣宗對待酷刑，包括錦衣衛獄的態度，幾乎可說是忠實繼承仁宗。為此，他不惜違背祖制，在執行《大明律》時也適當加以變通。

有個軍士偷了官倉六升黃豆，按照《大明律》，應該杖九十並斬首，而且全家發配邊遠地區戍邊。這件事被宣宗知道，他非常驚訝：「一條人命難道只值六升豆子嗎？」於是下令免於追責。

類似的例子還有許多，我們一方面可以想像《大明律》的嚴酷，一方面也可以看出宣宗

11 《明宣宗實錄》卷五七。
12 《明宣宗實錄》卷五五。

有意清理整頓刑獄，並且在不違背祖制的情況下，努力地對洪武朝就開始氾濫的重刑予以矯正。

對諸如連坐之類的酷刑，宣宗也努力予以取締，和他父親的做法幾乎一致：「皇考常詔天下，非謀反大逆，父子毋連坐。」[13]在宣德朝，雖然錦衣衛獄的各種刑具都還保留，而且朱瞻基也主張輕重各有相宜，但就總體而言，還是基本保持了仁宗「寬刑慎罰」的原則。

宣宗在很多方面都和其父保持一致，但在對待誹謗問題上，宣宗的認識與仁宗有所不同。

在仁宗時期，由於不分青紅皂白地赦免誹謗，不可避免地帶來誣告成風之類的問題。在洪武朝、永樂朝，皇帝鼓勵互相告密，就此形成了可怕的特務文化，所以朝廷內外誣告成風，人們甚至視誹謗為時尚。這個問題在宣德朝也很突出，宣宗不得不出手予以打擊。所以他改變了其父的政策，開始對誣告和誹謗進行懲處。

太監學堂

還有一點，朱瞻基和其父的認識也不相同，那就是對待宦官的態度。在宣宗時期，宦官的地位得到了大幅度提升。

俗話說，伴君如伴虎。宦官的凶險都是因為太靠近皇室，太接近皇權。辦好一千件事的功勞，會因辨錯一件事而被輕易地抹掉。

但是，即便處處充滿凶險，宦官也會選擇依附皇權，緊貼不放。這是一種寄生關係。依靠這種關係，他們可以得到一種延伸和異化的皇權，除了高高在上的地位，還有無盡的榮華富貴。在永樂朝，由於朱棣的放任，宦官的權力急劇膨脹，提督東廠是其重要標誌。在宣德時期，宦官的地位進一步提升，除了出使、採辦、監軍等權力之外，還可以領軍守邊，甚至取得了批紅權，開始染指核心政務。

所謂批紅，也叫批朱。在明朝，內閣大臣呈遞奏章，會提操辦建議，這些建議通常是寫在一張紙上，貼在奏章上面，這叫做「票擬」。皇帝看了之後，會用紅字進行批示，這稱為「批紅」，也稱「批朱」。

那麼問題來了，這批紅權是皇帝的，怎麼就交給太監了？

很簡單，因為皇帝忙不過來。

忙不過來，也不一定要交給太監啊？

信任誰就交給誰。這個時候，皇帝最信任的人是太監。

可是太監不認識字啊？

不要緊，可以教。

13《明宣宗實錄》卷七五。

可是太祖皇帝曾有規定：「內監不得識字。」祖制是死的，人是活的。

應該就是這樣一個邏輯，朱瞻基硬是把太祖皇帝定下的「內監不得識字」的禁令推翻了。不死守祖制，在這一點上，朱瞻基也是在向爺爺朱棣學習。

當初，英國公張輔征伐安南歸來，曾向朱棣獻上王瑾等幾位小太監。這幾位其實是他抓來的俘虜，經過淨身之後成為太監。因為長相俊美，而且聰明伶俐，很討人喜歡。朱棣便命人教他們識字，除了賞賜幾人給朱高熾之外，也把王瑾賜給了朱瞻基。一段時間之後，宣宗也發現，有文化的太監，還真是不一樣。不僅聰明乖巧，而且很會辦事，彙報事情也可以口筆並用，節省時間。

朱瞻基除了重用王瑾之外，不由得心生感慨：太祖的有些規定看來也不合時宜，需要進行一些修改了。

不久之後，他在皇宮中開辦了一個文化補習班，名叫內書堂，專門挑選一些聰明伶俐的小太監補習文化，開始認字讀書。

朱瞻基是一位具有藝術天賦的皇帝，既會寫詩，也會作畫。他也有耽於女色的惡習，由於縱慾過度，所以比他父親還少活了十年。另外，他還喜歡鬥蛐蛐兒，可能為此耽誤了太多時間，否則他應該可以取得更高的藝術成就。

作為一位藝術家皇帝，他自然希望有人在周圍喝采，需要有一定數量的粉絲。如果周圍都是一些不認得字的太監，那豈不是太沒有成就感了？所以，他讓太監學習文化，讀書識字，起碼可以一起欣賞他的高雅藝術。

當然，更多的還是出於辦理公務的考慮。朱瞻基重用王瑾，希望所有的太監都能達到王瑾這樣的水準，所以他非常堅定地推動太監的文化普及工作。他的設想很好，但是否能夠如其所願，則是另外一回事。

蘇軾曾有詩云：「人生識字憂患始，姓名粗記可以休。」從人性的角度出發，太監也是人，理應和平常人一樣享有受教育權。但是，太監畢竟太靠近皇權，而且由於生理殘缺容易帶來性格扭曲，也許確實只需粗記姓名即可，否則就會插手政務，就會另外生出種種禍端。朱瞻基教會太監識字，雖然給自己理政帶來一些便利，但也自此埋下了一顆定時炸彈。潘朵拉的盒子就此打開，沒人能預料到有些「嫻於文墨」的太監，一旦掌握了東廠和錦衣衛，會給國家帶來什麼樣的災難。

〈明宣宗行樂圖〉（局部）

第六章

護國與誤國

全能衛隊

宣德十年（一四三五）正月，朱瞻基去世，年僅九歲的朱祁鎮登上皇位，年號正統。這是他的第一次登基，若干年後還會有第二次。因為在正統十四年（一四四九），朱祁鎮被瓦剌軍俘虜，朝臣一致擁戴朱祁鈺為帝，並改年號為景泰。然而還未等到朱祁鈺病死，朱祁鎮便又獲得了重新復出的機會，史稱「奪門之變」。這兄弟倆輪流坐莊，也成為歷史上的一道奇觀。

朱祁鎮以九歲兒郎的身分即大位，因未諳世事，根本無法理政，所以國家大事只能交給太皇太后張氏和「三楊」打理。所謂「三楊」，指的是楊士奇、楊榮和楊溥三位賢臣，都是仁宣時期的老臣。他們治國有道，而且齊心協力，所以能夠保證正統初年政治清明，四境安寧，延續了「仁宣之治」的良好態勢，呈現出一派欣欣向榮的景象。

正統初年之所以能保持國力上升，除了依靠賢臣輔政之外，也借助於國家機器積極發揮作用，需要它們在保持相對穩定的同時，也可以高效運轉，保持充分的活力。錦衣衛是明代國家機器的一個重要組成部分。自從永樂朝設立東廠之後，明代的情偵機構形成了廠、衛並立的模式。前面說過，這種並立，並不是地位完全對等的並立，而是以東廠為主導。錦衣衛的地位與明初相比，已明顯下降。當然，在這種廠、衛並立的模式之下，東廠也需要大量的錦衣衛來充實隊伍，所以錦衣衛的數量不降反升，規模繼續擴大。

雖說錦衣衛的地位暫時有所下降，但並不代表其所承擔的任務也會隨之下降。恰恰相反，通過《明實錄》，我們能看到錦衣衛在英宗執政期間明顯地活躍起來，其所承擔的任務一直呈現增加的趨勢。在正統和景泰時期，他們像一支全能型的保安隊伍，時刻護衛著這個國家。

此前我們曾據《明史》得知錦衣衛的基本職責是「掌直駕侍衛、巡察緝捕」，[1]「已經顯得四不像。隨著時間的推移，其職能又發生進一步變化，逐漸變成替人打理家務的「全職太太」。

我們不妨看看他們在平時都需要擔負哪些職能，與之前相比都發生了哪些變化。

首先仍然是「直駕侍衛」，即擔任皇帝的貼身護衛。這項任務，其實是從錦衣衛的前身儀鑾司開始就一直存在的，而且在有明一代始終得到保持。無論是在皇宮，還是在行宮，錦衣衛都要時刻保護皇帝，擔負警戒，預防不測。

在一些重大儀式中，比如新皇即位、皇室婚嫁、陵寢修建等，錦衣衛除了擔負安全保衛的職能之外，還需要參與和完成很多其他的相關任務，諸如會場布置、隱患排查、儀式設計等工作。包括儀式中一些非常瑣碎而具體的事務，如架設雲蓋、鳴放鞭炮之類，也需要出動

1《明史》卷八九，〈兵志一〉。

大量錦衣衛來完成。

從《明實錄》中我們可以看到，錦衣衛也擔負催繳物資、督辦工程，甚至領兵作戰等任務。比如從宣德十年（一四三五）的一份奏報中，可以看到兵部每年都會命令錦衣衛催辦和督促南京養象所需的蘆根和茭草。工部也曾奏請派出錦衣衛官員督促整治通州至山海關的橋梁道路。貴州發生叛亂時，錦衣衛指揮使李鑒被升為署都指揮僉事，趕往領兵殺賊……

有意思的是，在景泰年間，錦衣衛的護衛對象也有所擴大，不再只是擔任皇室的護衛任務，還會受領其他護衛任務，而且多半是臨時的急務。比如景泰元年（一四五〇），戶部的奏報就有相關請求。當時，直隸松江府運送折糧官銀十萬餘兩，因為大河上凍，非常擔心在赴京途中遇到盜賊，所以請求調集錦衣衛軍校擔任護送任務。

這一現象充分反映出錦衣衛職能的變化，標誌著錦衣衛已經由皇家衛隊逐漸變身為帝國衛隊，不僅不再由皇室專享，擔負任務也更加多樣化。錦衣衛已經逐漸變成全能型的護衛部隊，並在各個領域發揮出作用。

自從設立之後，錦衣衛便一直擔負著「巡察緝捕」的職能。在偵察巡視的同時，可以隨意展開抓捕活動。上至達官貴人，下至黎民百姓，都對錦衣衛畏懼三分。除此之外，他們還擔任著一定的司法職能，在大多數情況下，可以繞開刑部和大理寺。在正統、景泰年間，這些職能也得到了延續。

值得注意的是，在東廠設立之後，錦衣衛仍舊有獨立緝捕和獨立行使司法權的機會，但偵辦大案、要案往往是和東廠一起行動，而且明顯受到東廠的監督。錦衣衛有時會奉命與都察院一起執行任務，御史大夫也在其中起到監督作用。

探情尖兵

搜集軍事情報一直是錦衣衛的職能之一，但是史書中相關記載並不多見。也許是出於保密需要，其事祕而不宣，缺少記載也屬情有可原。有幸的是，在《明英宗實錄》中看到不少相關記載，其中主要是搜集瓦剌方面的情報，應該與當時北方邊患凸顯有著直接關係。

正統十四年（一四四九），有一條情報顯示也先有發兵南下的念頭，他在得知北京已立新皇、再無講和的可能之後，便準備率兵南下，攻打北京。為了對這一情報的真實性進行核實，錦衣衛奉命北上打探虛實，專門搜集有關也先動向的情報。長期以來，錦衣衛嚴密關注瓦剌的一舉一動，他們所搜集到的情報也備受朝廷重視。

接到任務之後，錦衣衛迅速出動，很快便有戰果傳來。錦衣衛指揮僉事呂貴奏報，說臨洮一帶虜寇已經逃遁，人民安居樂業，可以對守備力量進行適當調整。兵部在經過反復斟酌之後，表示同意並奏請皇帝定奪，相關方案也得到了最終認可。

錦衣衛小旗[2]陳喜同曾被派往瓦剌搜集情報，經過一番努力後，他得到了蒙古高層動向方面的情報，情報顯示脫脫不花欲與也先及阿剌知院相約攻打北京。這一情報很具價值，已將脫脫不花的完整動向摸得清清楚楚，所以陳喜同得到了獎勵，被升為百戶。

不僅是小旗，中高層軍官也會被派出境外搜集情報，比如錦衣衛帶俸都指揮僉事陳友充游擊將軍，前往寧夏一帶，出境巡哨。

天順二年（一四五八），朱祁鎮決心整飭北部防線，命令錦衣衛兵分兩路，偵察地形，搜集情報。其中一路由監察御史孫珂和錦衣衛千戶吳賢率領，主要巡視從居庸關到山海關一帶的重要關隘；另外一路則由監察御史焦顯和錦衣衛千戶侯爵率領，主要巡視紫荊關、倒馬關、雁門關、偏頭關一帶的關隘。

朱祁鎮高度重視此次偵察行動，在隊伍出發之前還進行了專門的動員工作。他敕諭道：

> 今天命令爾等前往各處關隘，必須要逐一點視，不分大小，不分遠近，不分偏僻不分險峻，務必躬親遍歷。如果看到有牆垣坍塌、壕塹淤塞以及山坡淺狹平漫可通人馬之處，爾等需要立即督令各處官軍設法進行修理，務必構築堅固防線抵禦賊寇。如果遇到官軍頭奸懶而不服調度的，或者是占用私役等惡行，一定不許因循姑息，縱容欺隱。

英宗還強調，如果各級校尉因為瀆職而造成「關隘不固，守備不嚴，因而失機誤事」[3]等現象，將會受到嚴懲。

反間，今人稱之為「反情報」，也一直是錦衣衛的重要職能。情報與反情報須臾不可分離。錦衣衛既然擔負搜集情報的任務，同樣也應該擔負反間的職責。無論是在軍隊，還是在地方，如果發現藏匿的奸細和危險分子，錦衣衛都有偵察抓捕的權力。不管是平時，還是戰時，錦衣衛都可以在各個來往道路上臨時設置關卡，對過往行人進行盤查和詢問，一旦發現奸細，可以隨時抓捕。

景泰二年（一四五一），僧錄司奏報說，京城的各座寺廟經常受到各種無緣無故的騷擾。究竟是誰在打擾他們呢？原來，正是錦衣衛校尉在不停地折騰他們。為了做好反間，御史和錦衣衛等官員會對各處寺廟往返巡查。如果查到個別僧侶因為赴齋會而不在位，就會對其進行笞辱，以致眾僧侶都為此而驚怖不安。

得到僧人的奏報之後，朱祁鈺立即對此做出批示，他下令僧錄司對各個寺廟自行加強約束，不得藏匿軍囚和奸細，那些在寺廟中巡視的御史、給事中和錦衣衛隨即撤出。

對寺廟的監控尚且如此嚴格，對朝臣更是如此，只此便可以想像當時錦衣衛曾擔負了多少反間的任務。

在正統、景泰年間，錦衣衛經常奉命出使，主要對象也是瓦剌，可能是擔負談判的任

2　錦衣衛官職，為從七品。
3　《明英宗實錄》卷二九一。

務，也可能是為了搜集軍事情報。金吾右衛都指揮僉事季鐸被提拔為都指揮同知，錦衣衛千戶梁泰被提拔為指揮僉事，錦衣衛指揮同知岳謙升為都指揮僉事，千戶梁貴升為指揮僉事，錦衣衛帶俸指揮使馬顯升為都指揮僉事，都是因為順利完成了出使瓦剌的任務。

由於瓦剌是敵對國，出使途中往往充滿危險，只有那些富有經驗的錦衣衛才能擔負這項任務。他們在受領任務時就會得到朝廷的賞賜，在任務完成之後還能得到更進一步的封賞，或為榮譽，或為財物，或為官階。

宣德十年（一四三五），禮部尚書胡濙等人奏報，上一年派遣出使瓦剌的是錦衣衛指揮僉事康能和神策衛達官千戶阿老丁，但他們中途遇賊，只得臨時折返，所以只得重新再派。他建議賜賚如舊，但由於阿老丁舊病纏身，難以擔負這項任務，所以改派驍騎右衛千戶陳友頂替出使。在他看來，陳友諳曉夷情，一定可以完成出使任務，至於當初賜給阿老丁的白金衣服應當追奪，改贈陳友。

胡濙等人的請求，雖然合理，卻不合情，年幼的朱祁鎮不知道在誰的建議下，只是部分予以採納。他同意改派陳友出使，並按照慣例給予賞賜，至於當初賜給阿老丁的白金衣服，則不必追回。

陳友祖籍西域，非常熟悉西域的風土人情和地理情況，所以如胡濙所願，他順利完成了出使任務。此後，他還多次奉命擔負出使任務，職務不斷得到提升，由千戶升為指揮僉事，再升為指揮同知。到了正統五年（一四四〇），陳友已經升任都指揮僉事。除了官職不斷得到提升之外，陳友每次完成任務歸來，還會得到朝廷其他賞賜，比如白金二十兩，金織衣一襲，還有糧食、布匹等。

正統二年（一四三七），陳友奉命出使瓦剌順寧王脫歡處。因為擔心費用不足，他另外申請淮鹽一千六百餘引。[4]戶部接到申請之後，認為陳友的出使費已有餘裕，不用追加。英宗朱祁鎮對戶部的意見表示認同，同時也命令他們依據陳友出使的進展情況給予相應資助，即「循次關給」。[5]

陳友究竟有沒有通過申請得到追加的經費，我們不得而知。從戶部的答覆中，我們可以猜想當時對於出使經費的使用，已經有一套非常完整的規定。而且，從朱祁鎮的批覆中，可以看出其背後也有高人指點，故此小皇帝才能根據陳友及財務情況做出相對合理的批示。

層層盤剝

在《明史》中，我們經常可以看到皇帝將錦衣衛籍作為一種賞賜，授予那些有功之人。

---

4 引，明清時期的重量單位，以鹽或茶若干斤為一引。

5 《明英宗實錄》卷三六。

就連鄭和下西洋所帶回的那些立有軍功的外籍人士，也會被收編成為錦衣衛。這種情況說明，明代的錦衣衛除了可以身著飛魚服、腰繫繡春刀之外，還可以享有相對優渥的待遇。

但是，優酬未必能夠養廉。可能還是因為錦衣衛所擁有的各種權力，他們的腐敗行為在明代史料中時常可見。永樂之後，朝廷設立東廠對其加以監督——雖說不是專為監督其腐敗，卻不幸淪為「賊喊捉賊」，仍舊是監守自盜的尷尬局面，錦衣衛的腐敗行為仍然是蔓草難除。

下面，我們僅對正統元年（一四三六）前後進行一番考察，看看那些東窗事發、已經見諸紙面的貪腐行為，以便對錦衣衛留下更為全面的印象。

正統元年，朱祁鎮將浙江都指揮徐政降級處分，原因是他在擔任錦衣衛指揮僉事時因為畏懼邊警，所以棄其所守，並假托奏事之名跑回京城。監察御史楊仕敏等人對其進行參劾，一開始針對的只是他的膽小怕事和瀆職行為，沒想到在調查中很快發現他在署事錦衣衛之時的種種劣跡。除了盤剝下級而不當獲利之外，他還經常指揮手下軍士四處詐取財物，因此留下了劣跡斑斑。

指揮僉事，秩正四品。這樣的級別，想必薪俸不菲，但他在貪財獲利的這條道上已經行走得太遠，欲壑難填，已經剎不住車了。

上層軍官如此，中下級軍官也好不到哪裡去，正所謂羊狠狼貪。

千戶是百戶的上級領導，一般是一所之長官，手下統領千人，他也會在盤剝下級之餘，四處搶奪民產。

有一天，朱祁鎮忽然接到一個民婦一封莫名其妙的訴狀，說是自家的莊稼地裡忽然被別人種上了莊稼。根據民婦的訴狀，他家的田產是世代相傳，在丈夫去世之後，家中已經一貧如洗，只能指望著這份田地勉強度日，沒想到卻被別人霸占。朱祁鎮立即下令戶部進行調查，調查結果非常出乎皇帝的意料，因為霸占民婦田產的，正是行在錦衣衛指揮千戶朱喜。

連老百姓的莊稼地都可以搶種上自家的莊稼，而且是出自錦衣衛千戶之手，這在古今中外都堪稱奇談。恐怕也只有這種做法，才能叫做「刮地皮」式的搜刮吧。

千戶之下是百戶。百戶確實只是個小官。不過，雖是下級軍官，卻已具有一定權力，所以同樣可以徇私枉法。

起初，行在戶部郎中蔡毬在廣東執行公務期間公然索取財物，結果被巡按御史金敬發現並揭發。不久之後，錦衣衛百戶王興奉命前往捉拿蔡毬。沒想到王興接受了蔡毬的賄賂，一直拖延不辦，公然違抗命令。朱祁鎮認定蔡毬罪行嚴重，下令斬首示眾。至於王興，更是大逆不道，不僅收取賄賂，更有蔑視朝廷之罪，也被當即斬首。

不只是下級軍官，就連錦衣衛的普通士兵也有索賄的惡習。

當時有個叫皇甫經的士卒，冒充校尉四處索取財物，在狠撈一把之後，最終被人察覺，抓捕入獄。在審訊過程中，皇甫經扛不住各種酷刑，供出一大批上級領導。兵部侍郎李郁、陝西參政李約、備邊都指揮徐政雲等人都受到牽連，就此揭開錦衣衛的另一道驚人黑幕。

原來，李約在擔任兵部郎中期間，曾經接受皇甫經的賄賂，由此而將其吸收進錦衣衛。至於李郁，是皇甫經的同鄉，在擔任其上級期間，利用這一層關係私自派遣其四處抓人。

從這個案件中我們看到的不只是錦衣衛士卒的貪腐妄為，也可以看到當時錦衣衛層層盤剝的黑幕，包括在徵兵過程中的各種亂象。皇甫經既然是通過行賄才能進入錦衣衛，那麼他在進入這個體系之後，自然也會通過索賄和盤剝他人，尋求相應的補償。在平時，他必須聽從上級命令，按照上司的要求抓人，幫助他們斂財。這或許也被視為「本職工作」。在完成這些「本職工作」之外，只要找到可乘之機，他就一定會藉機徇私。

俗云，大魚吃小魚，小魚吃蝦米，蝦米吃泥巴。按照錦衣衛這種一層吃一層的模式，可以想見最底層的平頭百姓平日是怎樣的艱難。

官官相護

既然有層層盤剝式的貪贓枉法，也一定會有朋比為奸式的官官相護。在處理太監僧保、金英的案件中，尤其可以看出這一點。

因為有皇權的庇護，太監僧保、金英等人開始下海經商，他們「恃勢私創塌店」，而且不知不覺之間就有了多達十一處連鎖店。這些店鋪並非合法經營，連一張營業執照都沒有，而且悉數交由無賴子弟料理。這也並不奇怪，東廠的特務們和錦衣衛一樣，都有發展流氓無賴作為眼線的嗜好。長期以來，他們早已習慣了沆瀣一氣、互相勾結。

有了大太監撐腰，這些無賴子弟更加有恃無恐地欺行霸市，他們「霸集商貨，甚為時害」，[6]嚴重擾亂了市場秩序，工商稅務等部門也對他們無可奈何，避之猶恐不及。正統二年（一四三七），僧保、金英等人的違法之舉被很多人舉報，小皇帝朱祁鎮命令錦衣衛協同監察御史進行調查。

調查結果顯示，太監僧保、金英等人確有違法行為，而且證據確鑿。御史孫睿和千戶李得隨即奏報一套處理方案。在方案中，他們建議將那些霸占別人的貨物全部歸還失主，其餘賒帳則交給錦衣衛繼續追繳。

這個建議得到了朱祁鎮的支持，卻惹惱了錦衣衛指揮馬順等人。當孫睿將相關處理方案交給馬順時，馬順立即以「其事冗累」為由加以推托。馬順此時也許並不清楚方案已得到皇帝首肯，也許是故意與御史作對，總之非常明確地表態，不願意與其配合。

在孫睿看來，馬順既然不予配合，那就是公然違抗聖意。在平時，他一貫看馬順不順眼，到了此時正好可以順勢而為，給馬順一個下馬威。他當面怒斥馬順膽大包天，抗旨不遵。馬順當然不甘屈服，二人隨即展開一番理論。沒想到就在他們理論之時，錦衣衛指揮徐

6《明英宗實錄》卷二九。

恭等人也加入進來。幾位錦衣衛指揮組團與御史孫睿展開辯論，大堂內外頓時一派喧鬧。

徐恭他們為什麼突然殺出來為馬順幫腔？原因其實非常簡單：他們是同盟。太監受司禮監管制，屬東廠的人，不僅不能得罪，還可算作同盟。東廠和錦衣衛，畢竟是一條線上的螞蚱。東廠的稽查人員，一直大量由錦衣衛充任，不能不由此而產生共同的利益鏈。他們的互相監督流於形式，而在這一過程中也會生出無窮的利益交換。

還有一層原因，不能拿到檯面上來講，卻直接影響徐恭的心態。就是那些街頭無賴，一直都是錦衣衛的眼線，也是錦衣衛的搖錢樹，徐恭和馬順，誰都不願意得罪。如果任由孫睿追查下去，天知道會不會把錦衣衛掀個底朝天。

據《明實錄》所載，徐恭的性格特點是，「小心謙謹，行事安靜」，[7]但到了此時，徐恭本能地爆發。雖然他深知孫睿挾新皇聲威，風頭正勁，所謂得理得勢，但到了這種緊要關頭，不能不和馬順等人抱團硬扛。

這時候的小皇帝雖說還是兒郎，但多少也見過一些場面。他繼續支持御史孫睿，而且宣布當場杖責徐恭二十，並將馬順和徐恭下獄，只有劉源得到特赦。此時，都察院乘勢而上，奏稱馬順、徐恭公然擾亂朝政，按律當斬。馬順、徐恭則各訴冤情。朱祁鎮見狀，只得命令他們當場進行辯論，由他自己來判斷是非。

雙方的罵戰由此再次升級，情緒高漲，血脈賁張，為了互揭老底，甚至不惜栽贓。御史張谷等人也受到感染，變得非常亢奮，他向皇帝建議各打五十大板，斬了馬順，流放徐恭，關起孫睿。

看著雙方火星撞地球式的火拚，小皇帝的內心忽然湧出一絲不安。想必是被雙方激烈撞擊所迸出來的火花嚇著了，或者是突然之間有所頓悟，他做出了個息事寧人的決定。他並沒有聽從張谷等人的建議，只是下令將吵架的各大員一併捆綁關押，等過些時候再行處理。

不就是身邊大太監賺了點錢嗎？這才多大的事？誰賺不是賺呢？也不至於大動干戈，何況平時還要仰仗他們為朝廷辦事！不如就此息事寧人，做個和事佬吧！朱祁鎮算是想明白了。

因為朱祁鎮的寬容，太監僧保和金英等人的違法行為，沒有再繼續追究下去。所以，這些大員很快就被釋放，大家重新相安無事。當然，這只是暫時現象，巨大的危機被埋藏起來，隨時都有重新爆發的危險。

朝臣之中也有睿智之人對這些情況看得非常清楚，對黑吃黑、狗咬狗的內幕非常清楚，於是斗膽上書皇帝，直陳時弊：

都察院喪失督察職能，此後必不能嚴於糾察，並使得臣僚喪失忌憚之心；大理寺作為主持司法的機構，不能精於審錄，會產生輕重之失；通政司以及六科，都是朝廷的喉

7《明英宗實錄》卷三五八。

舌，他們參劾不一定能保持公允，陳言也會出於私情。錦衣衛以及其他各衛，都是朝廷之牙爪，但在體察事務、巡捕盜賊的過程中，也會肆意妄為，由此導致「冤濫於無辜」。[8]

這些話幾乎是對國之重器的全盤否定，雖然說得有些難聽，但絕非危言聳聽。此時的大明帝國，就像一艘折斷桅杆的帆船，充滿各種危機。或者說，它已經航行太久，顯得太過疲憊。從船長到船夫，都是昏昏欲睡，不翻船才怪。

恰在這時，有一個叫王振的太監浮出水面，開始興風作浪。船行險灘，最怕的就是大風大浪。

當太監有了文化

王振，山西大同人，明代最為著名的太監之一。他生性狡黠，善察人意，當初宣宗對其喜愛有加，便命他服侍皇太子。王振知道朱祁鎮貪玩，便投其所好，變著法子陪他玩耍，就此討得太子的歡心。兒郎皇帝甫一即位便投桃報李，安排王振掌管司禮監，從而給了他亂政的機會。

也許是得益於宣宗所開辦的內書堂，王振粗通文墨，算是個稍有文化的太監。至少在朱祁鎮眼中，他很有文化，每次看到他，都呼「先生」。

正統初年，太皇太后張氏和「三楊」主持大局。王振沒有膽量挑戰前朝元老，不敢太過放肆。在「三楊」面前，王振畢恭畢敬、虛與委蛇，極盡諂媚之能事，極力博得他們的好感。「三楊」果真被他所蒙蔽，誤以為王振是個憂國憂民的忠臣。

太皇太后看到王振有攬政的跡象，一面提醒英宗嚴防宦官，一面對王振加以懲戒。有一天，太皇太后把「三楊」連同英國公張輔及禮部尚書胡濙等都召到偏殿，對英宗說：「這五位大臣是前朝元老，受先皇之命輔佐你治國，有什麼事情，都可與他們商量。他們不同意的事情，你就不能做。」

接下來，太皇太后又宣召王振。看到這個架勢，王振心存畏懼，跪伏地上，連大氣都不敢出。看到這個大太監，太皇太后頓時換了一副面孔，她厲聲呵斥道：「自從你侍奉皇帝之後，皇帝的起居就很不規律，今天理當賜你死罪！」太皇太后話音剛落，左右宮女就把刀架在了王振的脖子上。

看到這個陣勢，不僅王振被嚇得直哆嗦，就連小皇帝朱祁鎮也被嚇了一跳。朱祁鎮立即跪在太皇太后面前求情，旁邊的大臣也都順勢跪下求情。太皇太后的面色稍稍有所緩和，她

8《明英宗實錄》卷一九一。

對王振說：「皇帝年少，豈容此輩禍害家國！今天姑且饒了你，日後膽敢再犯，定斬不饒！」

聽了這番話，汗流浹背的王振知道自己躲過了這場大難，立即磕頭如搗蒜，表示謝恩。受此教訓後，王振變得老老實實，辦事都小心謹慎，不敢逾矩。他的攬權策略也有所改變，由當初的激烈推進變為穩步推進，而且是由內而外，先在宮中慢慢積攢人氣，再向朝廷伸手攬權。

等到太皇太后去世，王振放棄了這種策略。他立即變得無所畏懼，開始在政壇不斷發力。王振是個有文化的太監，而太監有文化，變得更可怕。

以往太監因為不識字，只能機械式地完成文件的傳遞任務。他們不知道文件的具體內容，所以沒有辦法干預政務。有了文化的太監，可以清楚地看到文件上所寫內容，使得公文失去了應有的保密規定，也便有了機會插手公務的處理。

王振距離皇權本來就非常近，因為能夠讀書識字，他不僅可以通過察言觀色掌握皇帝的心思，更可以借助批閱文件的機會，染指國家大事。隨著太皇太后病逝，楊榮病歿，楊士奇因兒子殺人而自顧不暇，楊溥老病纏身，阻止王振擅權的障礙一個個消失了。王振終於有了操縱幼主的機會。

時機成熟之後，王振開始施展手段樹立權威，操持朝政。他一方面通過掌握批紅權，把自己打扮成皇帝的代言人；另一方面則通過司禮監控制東廠，再由東廠控制錦衣衛，對異己實施殘酷打壓。為了扶植更多親信，王振把自己的兩個侄子分別提拔為錦衣衛指揮同知和指揮僉事，並對死心塌地依附自己的馬順等人加以重用。

當初太祖朱元璋為了防止宦官作亂，特地在宮門前設有三尺鐵碑，上書「內臣不得干預政事」。這塊碑在王振看來是攬權的巨大障礙，怎麼看怎麼不順眼，所以就命人搬走了。朱元璋泉下有知，不知會做何感想。

由於王振控制了特務機構，培植了大量親信，所以消息靈通、八面玲瓏。朝廷中哪些人對自己有意見，他都可以很快得知，然後便展開雷霆行動，進行殘酷的打擊報復。有時候，他利用自己所掌握的情報，在小皇帝面前展示預測和分析能力，令不明就裡的朱祁鎮仰慕不已，不斷稱奇。他還教給小皇帝使用重典威嚇朝臣的方法，致使文武重臣紛紛被抓。

朝廷內外都知道王振的強勢，有人冒充他的名頭違法亂紀，居然也可以相安無事。比如太醫院的醫士王敬，就曾多次打著王振的名號騙人錢財，屢屢得手，直到很久之後才被告發。

對於那些順從自己的同黨分子，王振則想方設法加以保護，並尋找機會提攜。有一次，兵科給事中王永和參劾錦衣衛指揮使馬順，揭發其怙寵驕恣、欺罔不法。王振看到這條訴狀，立即按下不報。

王振尤其善於使用錦衣衛獄打擊異己分子。有一種叫「荷校」的酷刑，在他手裡復活，並經常使用。所謂「荷校」，就是讓犯人一直扛著重枷，直至累垮、累死。戶部尚書劉中敷就是在被枷十餘天後幾乎喪命。

正統八年（一四四三）的某天，天空中忽然一聲炸雷，擊毀了奉天殿的一角。天災降臨，大家都感到非常害怕。英宗依照慣例下詔求言，給群臣批評朝政的機會。翰林侍講劉球上書，建議皇帝親自處理政務，不可使權力旁落。這個建議明顯是直指王振。

看到劉球如此含沙射影地參劾自己，王振心生怒火。不久之後，他藉機逮捕劉球，關進詔獄，並特地交代錦衣衛指揮馬順「多多關照」。在遭受各種酷刑之後，劉球仍然沒有屈服。王振只得下令處死劉球，並將他的屍體肢解，草草掩埋。

劉球暴斃獄中，令朝野眾臣吃驚不小。從此之後，他們輕易不敢上書言事，更不敢得罪大太監王振。蠅營狗苟之徒，對王振敬而遠之。趨炎附勢之人，甚至拜王振為乾爹。

黑暗中的微光

黑暗之中，也會有光。面對氣焰囂張的王振，不斷有人站出來高聲說不。

正統八年（一四四三），王振陷害大理寺少卿薛瑄，並且將其下錦衣衛獄，準備治以死罪。薛瑄之所以會遭此一劫，就是因為他平時不買王振的帳，得罪了王振。

薛瑄對東廠和錦衣衛的辦案風格非常清楚。任職大理寺之後，他盡心盡職為受害者昭雪平反，同時也對王振張揚跋扈、指鹿為馬的作風有了更深體會，更加深惡痛絕。

當時，錦衣衛有個軍官去世，家中留下一個小妾風流美貌，與王振的侄子王山私通，並且希望馬上成親。軍官的大老婆對此並不認可，同時以守孝期未滿為由，從中阻攔。結果，軍官的小妾便誣告其毒害親夫。因為王山的關係，這次誣告幾乎成功，軍官的大老婆當時已被判成死罪。

薛瑄發現其中冤屈，立即加以阻攔，並要求辦案人員複審，這自然得罪了王振和王山。王振一直對其懷恨在心，找到機會就瘋狂報復。都御史王文受王振的唆使，對薛瑄進行彈劾。薛瑄由此被關進錦衣衛獄，隨即就被定為死罪。

得知薛瑄入獄後，很多百姓紛紛前往看望，只見薛瑄泰然自若，一副滿不在乎的樣子。他一直手捧《周易》，專心致志誦讀，神情自若地說：「因為辨冤而獲咎，即便難免一死，又有什麼愧疚呢？」

將要行刑之時，王振的老僕人忽然痛哭不已。王振感到非常奇怪，上前詢問原因。

老僕人答道：「薛少卿的死罪不免，所以痛哭。」

王振問：「你怎麼會知道他？」

老僕人答道：「鄉人也。」老僕人隨即將鄉閭關於薛瑄的種種傳說都說給王振聽。

料想王振的內心受到了某種觸動，連自己的身邊人都誇讚薛瑄，殺薛瑄一定是給自己找麻煩。

此時，又有侍郎王偉等人申訴救人，薛瑄的死罪得到赦免，但還是被削職為民，放回故里。一直到正統十四年（一四四九），他才最終得到平反。

南京國子監祭酒陳敬宗來京城考核官吏，王振素慕其名，想招至門下。他知道巡撫周忱與陳敬宗同年，希望他能代為轉達此意。周忱拜見陳敬宗，轉達了王振的意思，沒想到被陳敬宗滿口回絕：「為人師表而求謁中官，可乎？」[9] 祭酒陳敬宗從此得罪了王振，也因此而在官場上保持原地踏步的狀態，再也得不到提升。

另一位國子監祭酒李時勉也是正直之人，因為從不向王振獻媚而引起王振的不滿。但這位祭酒一向清正廉潔，實在沒有什麼小辮子可抓，王振想來想去，只好找到他擅自砍掉國子監前古樹樹枝的「犯罪」紀錄，以此作為藉口懲罰李祭酒。面對歹毒的王振，李時勉堅決不肯屈服，卻也只能背著重枷受罰。

當時正是酷暑天氣，李時勉頂著烈日，堅持了三天，不堪其苦。他的學生聯名上書，請求放人，並且表示願意代替老師受刑。這事終於被太皇太后和英宗知道，王振感受到巨大的壓力，最終只得同意放人。

正統八年（一四四三），內使張環、顧忠因為寫匿名信，被錦衣衛發現並抓捕。在經過一番審訊之後，張環、顧忠的罪名坐實，都遭受磔刑。雖然處罰非常殘酷，但王振執意要求大小太監現場觀摩處決犯人的場景。眾人心裡都明白，張環他們所要告發之人正是王振，是因為揭發王振的醜惡罪行才遭到殘忍迫害。

這年十月，監察御史李儼被抓捕關進錦衣衛獄。當時李儼監管沒收光祿寺祭物，正好遇到了王振。在王振看來，李儼理應給他下跪，沒想到這位監察御史就是不給面子，因此得罪了王振。

不只是官員敢於抵抗王振的邪惡，就連錦衣衛的士卒也加入進來。

正統十年（一四四五）春天，一名叫王永的錦衣衛士卒偷偷地寫了一封書信，揭發王振之罪。書信寫好之後，他有意將其置於人來人往的大街上，希望能引起別人的關注，沒想到卻被巡邏的校尉發現。雖說書信是匿名寫就，但在經過一番偵察和比對筆跡之後，王永被鎖定為嫌犯，隨後便被抓捕。勇士王永在遭受磔刑之後，抱憾辭世。

一名普通士卒，敢於挑戰一人之下萬人之上的王振，並且不惜付出性命，需要極大的勇氣。這既說明王振所為不得人心，也說明長期從事偵察和暗殺等特殊任務的錦衣衛隊伍中，還有一些明曉事理的正直之人。

正統十一年（一四四六）三月，時任兵部侍郎的于謙忽然被降職為大理寺左少卿。

于謙為什麼忽然遭到降職？也是因為得罪了王振。于謙擔任河南、山西巡撫十餘年，深知王振如日中天，但他每次入京都繞道而行，從不曾攜帶禮品拜見。這當然讓王振從內心深處感到非常不悅。當時，正好還有一名和于謙姓名相近的御史經常惹王振不開心，令王振誤以為這就是于謙，於是安排言官參劾，隨即將于謙罷黜為大理寺左少卿。

9 谷應泰，《明史紀事本末》卷二九，〈王振用事〉。

得知于謙遭到罷黜的消息後，山西、河南兩省的百姓攔住道路，請求手下留情，就連皇家宗室之中也有人站出來替其求情，于謙這才被重新任命為巡撫。

雖被降職處分，但于謙畢竟逃過了王振的窮追猛打，這應該算是不幸中的萬幸。

于謙必須活下去，因為還有一個爛攤子等著他去收拾。由於王振和明英宗不停地瞎折騰，最終惹來了瓦剌的進犯，英宗成了瓦剌的俘虜。于謙只得匆匆出面，成為挽救危局的英雄。

第七章 皇帝忽成階下囚

當戰爭成為兒戲

元朝滅亡之後，蒙古人退回草原故地，並就此分裂為韃靼、瓦剌和兀良哈三部。其中，瓦剌居於西部，實力最為強大。到了正統年間，他們已經控制了韃靼和兀良哈，基本統一了蒙古三部。

正統四年（一四三九），貪婪狠毒的也先繼承了汗位。瓦剌在他的帶領下，開始與明廷叫板。他們不時南下，擄掠邊民、搶劫財物。

當時，瓦剌以朝貢的名義，用劣等馬匹從明朝換取財物，而且有意將貢使越派越多，以便爭取更多的賞賜。此外，他們以派遣貢使為名，悄悄地輸送間諜，竊取情報，對明朝的安全構成了嚴重威脅。

王振對瓦剌逐步增加貢使的做法，最初保持默許，甚至也會額外給予賞賜，希望通過花錢買到平安。但是，這一做法顯然不妥，導致也先的胃口越來越大，瓦剌此後派出的貢使越來越多。明廷不堪其苦，開始給予警告，但也先置若罔聞。正統十四年（一四四九），也先派遣的貢使竟然多達兩千餘人，這終於讓明廷和王振都有些坐不住了。

俗話說，肥水不流外人田。王振雖說自己非常貪婪，但他看不慣也先的貪婪，不肯多給瓦剌賞賜。他一方面命令禮部核實貢使和馬匹數量，另一方面下令適當壓低馬價，總之就是不想讓這夥人多拿多占。

眼看自己的要求沒有得到滿足，也先當然不會善罷甘休。他隨即在邊境製造事端，企圖以武力相威脅。當年七月，他統率瓦剌各部，兵分三路，大舉南下。東路，由脫脫不花連同兀良哈部，進攻遼東；西路，由阿剌知院統率，直指宣府，圍攻赤城，並分兵進攻甘州；中路則由也先親率，直逼大同，為主攻方向。

瓦剌大軍來勢凶猛，迅速向南推進。明朝守邊將士奮勇抵抗，但幾次交鋒都慘遭失利，傷亡慘重，只得請求朝廷出兵援助。

面對險境，王振非但不感到緊張，反而非常開心。他認為這是一個展示軍事才華的絕好機會，打敗瓦剌可以進一步在朝廷內外樹立權威。

善於弄權的王振根本不懂軍事，對瓦剌的戰鬥力也絲毫不了解，以為他們是軟柿子，可以隨意拿捏。王振明白，要想獲得出兵的機會，必須要忽悠英宗，勸說英宗御駕親征。在他看來，只要皇帝一出動，想要多少兵馬就有多少兵馬。在王振的眼裡，戰爭是個簡單的數學問題——人多的一方贏。

懷著這樣的心理，王振極力慫恿英宗親征，希望他效仿太祖、成祖，取得赫赫武功，青史留名。

朱祁鎮也一直認為打仗是個好玩的事情，如同小孩子玩遊戲那般熱鬧。在平時，他聽說過明成祖北征的故事，也曾幻想著像曾祖父那樣北征大漠，建立不朽的功勛。而且，他一向對王振言聽計從，受其鼓動之後，認定這是個大顯身手的好機會，所以他很快就做出御駕親征的決定，甚至宣布兩天後就發兵。

英宗的決定令朝臣大吃一驚。吏部尚書王直、兵部尚書鄺埜以及兵部侍郎于謙等人力諫，坦言準備不足，不宜立即出兵，尤其是皇帝不能親征。但是英宗此時已經打定主意，非但聽不進眾位大臣的勸阻，更下令兵部迅速調集五十萬大軍，同時下令英國公張輔、兵部尚書鄺埜、戶部尚書王佐以及內閣大學士曹鼐等文武官員保駕出征。文武重臣很多，但英宗不讓他們參與軍政事務，一切交由王振專斷。

兩天之內，王振和英宗湊齊了二十萬大軍，號稱五十萬，武器裝備都來不及拼湊完備，糧草物資也沒有配給到位，就匆匆忙忙地出發了。

北征的隊伍中，六部尚書全都到齊了，隊伍足夠壯觀，場面足夠熱鬧。英宗帶出去的重臣之多，已經超過曾祖父朱棣。

明軍此次出征，不僅準備倉促，組織不當，而且不遇其時。大軍出發不久，就遇到了連綿陰雨。隨行所帶糧草，沒幾天就吃完了。軍中缺糧，道路難行，連日風雨，士氣低沉，不少隨駕官員已經預感到不祥，再次集體請求英宗打道回府。

王振看到這一場景，不由得大怒。為了逼迫大軍繼續前行，他祭出殺一儆百的殺招，懲罰那些諫阻最力的官員，甚至命令兵部尚書鄺埜和戶部尚書王佐長跪於草地之中。兩位老人並排跪地的模樣，非常扎眼而且刺激，終於再沒人敢站出來勸阻了，而王振從中體會到別樣的威武霸氣，不免洋洋自得。

就在這個時候，前方有情報傳來，說也先在得知英宗御駕親征的消息後，嚇得膽戰心驚，已經組織大軍撤退。英宗和王振都受到極大鼓舞，催促大軍加速前進。他們完全不知道，巨大的凶險就在不遠的前方等待著他們。

也先果真撤退了嗎？是的，的確撤退了，只不過他的撤退是佯裝。他聽說英宗率領大軍御駕親征後，不僅沒有害怕，反而非常興奮，所以立即佯裝退卻，引誘明軍進入大同一帶，伺機伏擊。

不作不死

八月初一，王振和英宗率領大軍進入大同。到了這裡，就等於到達前沿陣地。當初，大同守軍與瓦剌軍一番激戰之後，有不少傷亡，隨處可看到屍橫荒野、斷頭破腹的慘景。看到這種觸目驚心的戰場景象，王振立即失去了當初的豪邁，漸漸露出了懦弱的本色。明軍上下則軍心動搖，士氣低落。

此前，明軍在前行途中未曾見到瓦剌的一兵一卒，這已經讓鄺埜等人深感不妙。當看到這番破敗景象之後，他們憑直覺判斷這不是什麼好兆頭，於是再次提醒王振不要中了瓦剌的埋伏，必須及時撤軍。

就在這時，此前曾參與防守大同的郭敬，把前些天明軍慘敗的前後經過密報王振。這個郭敬也是一名宦官，屬王振的同黨，是王振龐大特務系統中的一員，所以被派到前線擔負監軍的任務。王振對別人說什麼都滿不在乎，但對郭敬所報告的情報倒是非常信任。在聽了郭敬的勸阻之後，他的內心更加害怕，終於有了撤軍的打算。

英宗一路顛簸，發現打仗根本不如想像中那麼好玩，反倒異常辛苦，在聽說王振也有撤軍的主意之後，急忙下令撤軍，立即撤出大同。

亡羊補牢，為時不晚。英宗發覺情勢不妙，及時組織撤軍，不失為一個明智的選擇。沒想到的是，就在撤軍的過程中，王振還不忘瞎折騰一番，終於把明軍集體送上了絕路。

王振最初想的也是立即撤回北京，可沒想到這位王大人的虛榮心忽然升騰，為了可以途經他的家鄉蔚州，他下令大軍繞道紫荊關（今河北易縣西北）。這樣便可以讓他的家鄉父老在一睹皇帝尊容的同時，更能領略到他這位大人先生的榮耀和富貴。

明軍在經過長途跋涉之後又這樣倉皇退兵，士氣變得更加低落，加上糧草未濟，從士卒到軍官都是一片怨聲載道，也由此引發了軍紀頹壞。大軍所過之處，莊稼損毀嚴重。走著走著，王振就心生悔意：如果這大隊人馬經過蔚州，那一定會損壞他家鄉的田園莊稼，反倒禍害了家鄉百姓，就此留下罵名。於是，他再一次改變主意，下令大軍改道東行，向宣府（今河北宣化）方向前進。

也先設計好伏擊圈，只等與明軍決戰，不料明軍不戰而逃，心中略感失望。他深知這樣的明軍一定沒有任何戰鬥力，這正是他建功立業的好機會。所以，他下令大軍火速追趕，尋求與明軍展開決戰的機會。恰好明軍來回變更撤軍路線，給了瓦剌軍足夠的追擊時間。

王振為了私欲來回改道，折騰得明軍苦不堪言，來回奔波，走了很多冤枉路，直到八月十日才趕到宣府。這時，瓦剌大軍已經尾隨而至。

見勢不妙，王振急忙派出吳克忠、吳克勤兩兄弟率兵攔截，掩護英宗和大軍撤退。結果，這兩人很快就戰死沙場。此後，成國公朱勇等人奉命率領三萬騎兵再次進行阻擊，同樣在鷂兒嶺陷入重圍，不久便全軍覆沒。

接二連三的壞消息傳來，明軍已經成為驚弓之鳥，只能倉皇撤退。但是，由於明軍規模過於龐大，行動太過滯重，費了很大力氣才退到土木堡（今河北懷來東南一帶）。

土木堡距離懷來城僅二十里路，文武官員大都主張進城宿營。王振看到千餘輛輜重車沒能到達，擔心自己辛苦搜刮的寶貝就此受損，所以想再等等，於是下令大軍就在土木堡宿營。在這萬分火急之時，隊伍再次停下前進的腳步，無異於自尋死路。正是這關鍵時候的一個停頓，令明軍陷入萬劫不復的深淵。

兵部尚書鄺埜見形勢不妙，一再請求選派精銳之卒護送英宗先行撤退，結果遭到王振的再次拒絕。只見他盛氣凌人地指著鄺埜大罵：「你就是個腐儒，怎麼知道用兵之事，再敢胡說八道，就地斬首！」鄺埜毫不畏懼：「我為社稷生靈言，何懼？」[1]但是，他的話音剛落，就被強行拖了出去。

第二天，等到他們再想前行時，發現一切都為時已晚，瓦剌軍隊已經將土木堡包圍得水洩不通。

在包圍土木堡之後，瓦剌大軍開始變得氣定神閒。他們按兵不動，等待合適時機發起總攻。瓦剌知道明軍糧草不足，甚至連飲水都成困難，很快就會潰敗，不用他們費勁就會不攻自亂。

但是也先還是設計出一個假和談的把戲，以此蒙蔽明軍，以便發起最後的攻擊。為了迷惑明軍，也先一方面布置和談事項，一方面下令大軍向後撤退，故意將土木堡南面一條河道讓出，並暗中在岸邊布置重兵，只等明軍飲水之時，出兵攻擊。

飢渴難忍的明軍將士，果然如也先所料，紛紛湧向河邊找水喝，場面頓時混亂不堪。在岸邊埋伏多時的瓦剌兵洶湧衝殺過來，給了明軍致命一擊。明軍本來就是東拼西湊，毫無戰鬥力可言，在瓦剌軍的凶猛攻擊之下，紛紛成為瓦剌的刀下之鬼，也有不少人成為俘虜。

混亂之中，王振被護衛將軍樊忠憤怒打死，也有說是被瓦剌軍殺死，而英宗不幸被俘，成了最大牌的俘虜。隨行重要官員中，鄺埜等人戰死沙場，還有很多人陪同英宗成了俘虜。這一驚人戰果，令也先喜出望外。

土木堡之變是明代邊防轉衰的一個標誌性事件。在此之前，明軍對於北邊的策略是以攻為守，相對處於主動。但是在此之後，明軍開始遭受北方威脅，基本處於被動防禦狀態，就此喪失了主動權。

從結果上看，它是王振專權之後導致的一起偶然事件，但其實是帝國深層危機的集中爆發。王振的強勢，不僅是因為英宗專寵，更反映出體制的癥結。在王振專權的模式下，文武官員集體失聲，遇到大風大浪便只能翻船。

當初，朱棣因為擔心錦衣衛過於強大，所以生出這麼一個東廠，並且由東廠來監控錦衣衛，主導情偵系統，希望達成東廠和錦衣衛互相牽制、互相監督的模式。但通過王振的例子，可以看出這種設計並沒有發揮出應有的作用，甚至是失大於得。

在東廠主導、錦衣衛附庸的模式下，錦衣衛只能幹一些類似偵察緝捕的髒活、累活，或者是充當帶刀侍衛，無法靠近權力核心，再難有機會像紀綱那樣逞強耍狠。很顯然，這就是其成功之處。但是，這種模式的缺失也很大。因為它固然可以防住錦衣衛，卻沒能防住宦官，很容易出現王振這樣的權閹。

所以，王振絕對不會是最後一個。更狠的角色，還要再等些時候才會浮出水面。

1《明史》卷一六七，〈鄺埜傳〉。

天子蒙塵

由於輕信「王先生」，朱祁鎮成了瓦剌的俘虜。他還將在不久之後丟掉皇位，失去曾經擁有的一切。只是因為一場戰爭，就讓他輸掉了全部。他唯一的收穫，就是有了一回囚徒的經歷。

古人說：「兵不可玩，玩則無威。」[2]朱祁鎮當初覺得戰爭好玩，貿然決定親征，又將指揮權交給不諳軍事的王振，所以才會遭此一劫。喪失了至高無上的地位，而且很可能要遭受各種凌辱，飽嘗各種辛酸，想必他的內心深處充滿了懊悔。

但是，這世界上沒有後悔藥可吃。所有的苦果，英宗必須全部吞下。從此之後，他將在遠離故土的漠北，獨自品味囚徒生活。沒有了前呼後擁，沒有了後宮佳麗。唯一始終陪伴他的是一個叫袁彬的男人。

袁彬，字文質，江西新昌人，錦衣衛中非常普通的一名校尉。當英宗做出御駕親征的決定之後，朝廷內外頓時炸開了鍋。這一切喧囂都與袁彬沒有絲毫關係。作為一名下級校尉，袁彬無權問政，也不懂得其中利害。他的任務就是護衛皇帝，只能以服從為天職，皇帝到了哪裡，他就需要跟到哪裡。接到出征的命令之後，他立即收拾行裝，隨同大軍踏上了北征的道路。

和朱祁鎮一樣，袁彬也沒有做好失敗的準備，更不會料到竟然會如此慘敗。經過土木堡一役，袁彬徹底明白了戰爭的殘酷。就那麼一天的工夫，幾十萬大軍瞬間灰飛煙滅，甚至皇帝也成了俘虜。一直在皇帝左右成排站立、威風凜凜的錦衣衛，到了瓦剌鐵騎面前，頓時變得不堪一擊。

皇帝周圍已經沒有了別人，貼身護衛中只剩下他自己。除了他，剩下的都是毫無戰鬥力的侍從，其中包括一名叫喜寧的太監。這對於袁彬而言，意味著更大的責任和更為嚴峻的使命。保護皇帝的任務，從此就要由他一個人來扛。

英宗的命運發生了天翻地覆的變化，皇朝天子一下子成了囚徒。此時的朱祁鎮已是二十多歲的成年人，但這種陣勢他從來未曾遇到過。不僅所有的權勢富貴都已化為烏有，就連他本人的生存也成了大問題。一直替他出主意的「王先生」，不知是不是已經變身黃鶴，一去不復返了。失去了主心骨的朱祁鎮，變得茫然無所適從，甚至擔心自己隨時會被瓦剌人殺死。

不久之後，朱祁鎮冷靜下來。他想起來明廷多年與瓦剌打交道的經歷，本能地做出賄賂也先的決定。

他問袁彬：「能識字否？」

袁彬回答道：「能。」

2 劉向，《說苑》卷一五，〈指武〉。

「那就好。」他隨即命令左右拿出紙筆，命袁彬修書一封，交給千戶梁貴，命其回京取織金九龍綢緞以及大批珍珠寶物賜給也先。

雖說抓到了一條大魚，也先倒沒有殺掉朱祁鎮的意思。在他看來，朱祁鎮身上還有巨大的利用價值。比如，可以用作令牌，盜取各處關隘，然後舉兵南下，重新拾起大元統一天下的舊夢；可以用作擋箭牌，當明軍發兵攻打之時，用他的肉身攔截明軍前進的道路；可以用作人質，向明廷索取財物，大撈一票……每想到這些，也先的腳步就變得輕盈起來，華麗的夢想也隨風飛揚到萬里高空。

當然，這個高級囚徒到底有多大價值，需要交給時間來檢驗。不久之後，也先挾持朱祁鎮來到大同，希望藉著英宗的令牌來敲開城門。

守城明將郭登此時還不知道土木堡兵敗的消息，聽說皇帝大駕光臨，更是不敢相信自己的耳朵，死活不肯打開城門。雙方僵持一番之後，也先委託英宗派遣袁彬入城交涉。進城之後，袁彬將土木堡兵敗之事一一向郭登做了介紹。雖說袁彬手持令牌，但郭登還是不敢相信，於是派出廣寧伯劉安出城驗證。

朱祁鎮當然知道劉安此行目的，他鎮定地對劉安說：「你們不要再懷疑了，朕就是你們的君主。」劉安頓時明白，眼前的這位囚徒正是當今皇上，立即撲倒在地，放聲痛哭。

朱祁鎮對劉安說：「不要再哭哭啼啼了，下次再來，你需要再帶一名翻譯過來。」劉安回城之後立即找到一名翻譯，並連同袁彬一起出城來。當時看押英宗的所謂「隨侍」有二十餘人，因為沒有翻譯，交流不便。眼下，言語已經可通，蒙古人立即索求各種賞賜。都督僉事郭登只得出城拜見英宗。

朱祁鎮問道：「大同庫內還有多少錢物？」

郭登回答說：「還有銀兩十四萬。」

朱祁鎮說：「那就先取出二萬二千兩，賞賜也先五千，賞賜伯顏帖木兒等三人五千，其餘的都分給這些隨從吧。」

整個過程中，朱祁鎮談笑自若，神采毅然。看到皇帝這副模樣，郭登等人稍顯寬慰：「聖主雖然身處困境，但仍然還是非常通達啊！」

朱祁鎮隨即再命袁彬進入大同城，將答應賞賜也先等人的禮物取出。武進伯朱冕、西寧侯宋瑛、內官郭敬等看到這個架勢，紛紛將自己的積蓄以及蟒龍衣等取出，一併賜給也先等人。此外，還提供了一堆美酒，犒勞朱祁鎮的隨從人員。他們只是希望皇帝能過一個相對體面的囚徒生活，所以不遺餘力地向也先行賄。

當然，要錢要糧可以，要城池則萬萬不能給。郭登明白這個道理，朱祁鎮也明白。此後，郭登和守城將士雖然一再賜予也先財物，卻從不肯讓出半寸土地。朱祁鎮非常清楚也先想利用自己詐取城池的險惡用心，於是通過袁彬曉諭郭登，必須固守城池，如果遇到各方傳報，必須要認真考察真假，一定不能輕易相信別人。

這個時候的朱祁鎮畢竟還是大明天子，他所派發的指令多少還能發生作用。與此同時，因為所有人都對也先充滿戒懼之心，朱祁鎮一定不會如也先所盼，在南下過程中發揮出特殊作用。

也先卻沒有這麼悲觀。面對大同守軍送來的各種賞賜，也先發現朱祁鎮身上確有相當大的利用價值。他決定要好好利用這個高級囚徒，撈取錢財，甚至奪占北京，奪占中原……

患難見真情

只要也先懷揣著南下的夢想，朱祁鎮就不會有性命之虞，而且會過得較為舒坦。因為想利用朱祁鎮，也先除了默許袁彬繼續充當貼身保鏢之外，還為他配備了固定的帳篷。不僅如此，為了方便朱祁鎮出行，也先還為其配備了一車一馬。所以，朱祁鎮平時的出行不必擔心，或坐暖車，或乘高馬，保持著基本的排場。途中居民見了英宗，都會立即對其叩頭致敬，並熱情地進貢各種野味。

此後，也先每隔兩天就送來一隻肥羊，至於牛乳、馬乳等，則是每日提供。每隔五到七天，也先還會專門設宴款待這位大明天子。宴席之上，也先恭敬地奉上美酒，然後便自彈自唱，眾人則齊聲相和：遇到一位明朝的天子，真是依賴天緣所賜之幸會啊！

或許是因為也先的優待，朱祁鎮逐漸變得樂觀起來，開始對南歸充滿信心。

有一天夜晚，朱祁鎮走出帳篷。在仰望星空之後，他自信地對袁彬說：「天意有在，朕當終歸。」[3]

也先發現他與朱祁鎮之間的交流始終存在障礙，於是又給他增派了一名精通蒙古語的翻譯。翻譯官名叫哈銘，蒙古族人。他出生在一個翻譯世家，自幼就跟隨父親學習翻譯，尤其精通蒙、漢兩種語言。有了哈銘之後，朱祁鎮的身邊又多了一位夥伴，他與也先之間的交流也變得更加順暢起來。

雖說又多了一個朋友，但朱祁鎮還是顯得非常孤獨。他不敢獨坐氈廬之內，因為隨時就會陷入哀傷之中。他不敢思考未來和人生，因為總會留戀逝去的種種美好。他不敢南望故土，因為思鄉之情會令他發狂。

每當看到這種情形，袁彬、哈銘便想方設法說笑逗樂，使出各種花樣安慰朱祁鎮，直到他面色舒緩，愁容散盡。

當然，要說貼心，還要數袁彬。患難之中見真情，朱祁鎮和袁彬就是這樣。

作為一名普通校尉，如果沒有特別的機會，他甚至連和朱祁鎮說句話的可能都沒有，但自此之後，他將長期和天子患難與共，同甘共苦。

很顯然，也先給予各種優待也是有條件的。一旦他發現朱祁鎮的利用價值變得不大時，

3《明英宗實錄》卷一八五。

英宗的待遇自然也就隨之降低了。隨著天氣轉冷，也先的臉色也逐漸變冷。他發現明廷似乎已經忘記了自己的皇帝，甚至完全不理會皇帝發出的任何旨意。既然俘虜的利用價值所剩無幾，那麼他也就沒有必要這麼優待他了。於是，朱祁鎮立即感覺到了漠北的寒冷。

養尊處優的朱祁鎮，突然換成這種囚徒式的生活，非常不適應，幸虧有袁彬分憂陪伴。每到夜晚，袁彬都會與英宗同寢，遇到天氣寒冷，便將自己的胸部借給朱祁鎮當作熱水袋之用，希望用自己的體溫來幫皇帝暖暖腳。他始終盡職盡責保護著這位蒙塵天子，從未生出違忤之色。

宦官喜寧一路跟隨朱祁鎮北征，但在被俘之後立即搖身一變，成了也先的心腹。他利用自己對於明廷的了解，幫助也先出謀劃策。只是他的行動計畫往往被袁彬先期發覺，所以喜寧對袁彬最為忌恨，總想除之而後快。

也先的內心深處，非常希望明廷盡快派出使者前來談判，這樣他才好漫天要價，索取財物。於是他對朱祁鎮說：「明朝如果派出使者與我們談判，那麼你就可以回去了。」此時的朱祁鎮知道朝廷不會輕易派出使者，只好勉強回答說：「你直接把我送回去就是。如果是朝廷派出使者過來，怕是只能多跑一些冤枉路罷了。」喜寧聽到這些話，知道明朝使者怕是難見到，便栽贓給袁彬。他對也先說：「急著回去的是袁彬，必須立即殺了他。」也先曾經幾次對袁彬起殺心，這些都是喜寧暗自搗鬼的結果。

喜寧力勸也先出兵寧夏，搶掠馬匹，然後直趨江表，把皇帝安頓在南京。對此，袁彬和哈銘立即對朱祁鎮說：「天寒路遠，陛下又不能騎馬，長途跋涉，怕是只能受凍挨餓。而且，即便是到了那裡之後，如果還是不被接納，那該怎麼辦呢？」朱祁鎮就此制止了喜寧的計畫。

喜寧由此更加痛恨袁彬和哈銘，總想找機會殺了他們，幸虧有朱祁鎮從中及時化解。也先打算將妹妹嫁給朱祁鎮，希望兩家自此結為親家，攫取更多利益。朱祁鎮雖然排斥，卻不知如何拒絕。袁彬給出了很好的建議：可以等回到朝廷之後再來聘娶。朱祁鎮聽從了這一建議，在不得罪也先的情況下，巧妙避開了這門親事。

也先的設想總是落空，不免有些喪氣。他很清楚是袁彬和哈銘在幫助朱祁鎮出主意，於是設計套路陷害他們二人。有一天，他避開了朱祁鎮，忽然把袁彬綁起來丟棄在曠野之中，就在他舉刀殺人之時，朱祁鎮趕來了。朱祁鎮深知，如果殺了袁彬，自己就等於失去了左右手，所以拚死相救。他用身體勇敢地護住袁彬，厲聲對也先說：如果要殺袁彬，不如先殺了我。也先見到英宗如此堅決，只得就此作罷。

橘生淮南則為橘，生淮北則為枳。在特殊的環境之下，朱祁鎮似乎完全變了一個人。

就連袁彬生病，都會讓朱祁鎮焦急萬分。有一次，袁彬染上疾病，渾身發寒。朱祁鎮先是手足無措，忽然想起來一個笨方法。他用自己的身體壓在袁彬的後背上，嘗試用自己的體溫來幫助袁彬驅寒，結果袁彬果真出了一身汗，就此痊癒。

一個是蒙塵天子，一個是普通校尉，他們在漠北被困將近一年。特殊的境遇之下，他們情同手足，抱團取暖。

突如其來的群毆事件

土木堡慘敗的消息傳到京師之後，朝廷上下無不大驚失色。文武百官聚集朝廷之上，先是面面相覷，接著便是號啕痛哭。膽小怕事的官員，如翰林院侍講徐珵等人，則是主張遷都南遁。

情況緊急，皇太后只得讓英宗朱祁鎮的弟弟郕王朱祁鈺臨時監國，以穩定局面。由於重要官員幾乎都已在土木堡犧牲，朱祁鈺手下可用之人已經不多，兵部侍郎于謙有機會主持大局，就此成為抗擊瓦剌的中流砥柱。

于謙，字廷益，號節庵，浙江錢塘人。他在青少年時就非常仰慕南宋名臣文天祥，欽佩他那種捨生取義的愛國精神。看到國家遇到危機，他毅然決然地擔負起挽救危局的重任。

為了穩定軍心，于謙堅決反對遷都。面對部分主張逃跑的官員，他厲聲宣布：「言南遷者，可斬也！」[4]他的這一主張得到皇太后、朱祁鈺以及大多數朝臣的支持。此後，于謙奉命將河南、山東、南京等地軍隊，陸續調往北京，同時大量招募壯士，突擊訓練，補充隊伍。針對當時不少怯懦之臣不願意承擔防禦重任的情況，于謙及時進行調整和更換，大量提拔任用富有才幹的青年官員。

為了進一步激勵士氣，在廣大官員的強烈要求之下，王振被抄家滅族。包括錦衣衛指揮馬順在內的三個爪牙，則被憤怒的官員當廷打死。

馬順當初一直巴結王振，被其視為心腹。王振只要有想要陷害之人，都會交給馬順祕密操辦。心狠手辣的馬順則仗勢欺人，變得更加凶殘，成為殺人不眨眼的魔王。

土木堡兵敗的消息傳來，群臣對王振的憤恨之情沸騰到了極點，馬順不得不變得乖巧起來。無論別人怎麼唾罵王振，他都充耳不聞，不敢出面爭論，害怕就此惹禍上身。

然而，是禍躲不過，馬順最終還是沒能躲過這一劫。

有一天，碰巧有人上書論及王振，朝臣再次想起這位巨奸，紛紛主張剷除王振餘黨，以平民憤。朱祁鈺擔心株連太多，一時不知所措，只得揮手示意大家退下。正在大殿值班的馬順，藉勢驅趕群臣。他在內心深處非常害怕這些議論，在看到朱祁鈺的手勢之後，他以為得到了一把尚方寶劍，於是立即呵斥群臣，希望將他們趕出去。

朝臣的憤怒情緒已經達到頂點，馬順此舉無異於火上澆油。看到馬順仍是一副盛氣凌人的嘴臉，大家不由得怒從心頭起，惡向膽邊生。戶科給事中王竑一向脾氣急躁，性格耿直，早就看王振一黨不順眼，此時立即衝上前去，揪住馬順的頭髮，一邊用手中的朝笏劈頭蓋臉

4《明史》卷一七〇，〈于謙傳〉。

地朝馬順打去，一邊痛罵道：「奸賊，你早就該死！」越罵越氣，越打越氣，他在憤怒之下竟然用嘴咬掉馬順的一隻耳朵。

王竑的舉動帶來了連鎖效應。只見大臣們就此蜂擁而上，圍住馬順，對著他好一番拳打腳踢。轉眼之間，馬順已經遍體鱗傷，血肉模糊。見此情形，群臣更加亢奮，絲毫不肯收手，馬順竟然被活活打死。

看著這些瘋狂的大臣，目睹這個血肉橫飛的場景，朱祁鈺也變得目瞪口呆。他首先想到的是逃走，他要逃離現場，逃回後宮。不料，就在此時，于謙忽然攔住了他。

攔住朱祁鈺，于謙當然不是要打人。他只是為了討要一個說法，求一個免責的承諾。朝臣參與群毆事件，而且已經打死人了，但都是正義之舉，不能就此被處分。于謙高聲對朱祁鈺說道：「馬順是王振餘黨，其罪該死，所以請宣布百官無罪！」

與陷入亢奮的群臣相比，于謙顯得非常冷靜，所以才會有此一請。他一方面不希望讓朱祁鈺由此而喪失權威，另一方面也希望群臣能在日後免於追責。

于謙的話令朱祁鈺變得清醒。他迅速從其所請，依照于謙的意思下達了免責的命令。

沒想到群臣依舊不依不饒，繼續要求懲處太監毛貴、王長隨，因為這二人也是王振的主要同黨。朱祁鈺見狀，只得下令將他們二人捆綁起來，交給眾位大臣處置，結果他們也很快被活活打死。

這些大臣平時從不打架，但群毆惡霸令他們感到興奮，就此打上了癮，於是繼續尋找王

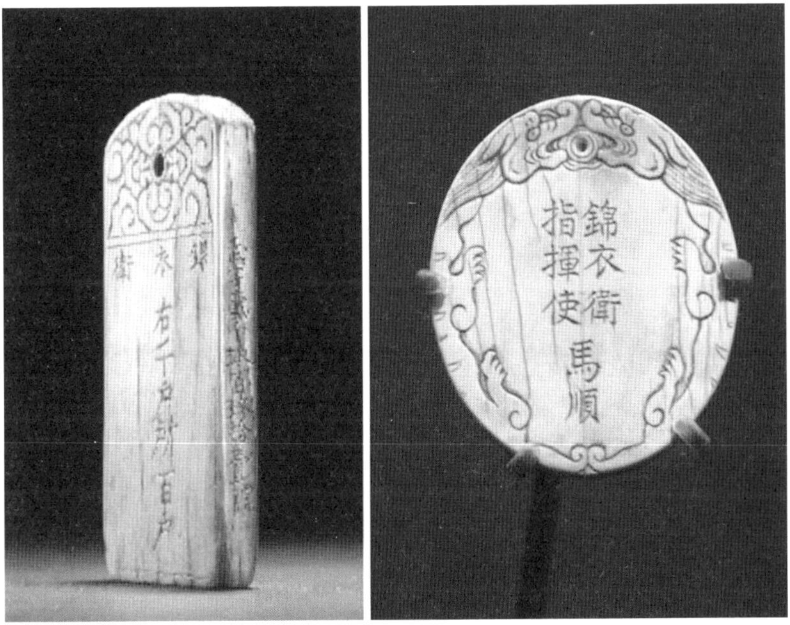

錦衣衛牙牌

錦衣衛牙牌為象牙製成，是隨身攜帶的符證。右圖實際上是馬順入葬時，其家人私刻的牙牌，並非官方的形制。馬順當廷被眾大臣打死，其牙牌可能在當時遺失，後朝廷追索，但終究沒有找到。

振的侄子，也就是在錦衣衛任職的王山。其中也有一些大臣相對清醒，認為這種群毆行為終究有失體統，於是告誡道：不能再這麼打下去了！哪怕是換一種方式也好啊！

換什麼方式才算解氣呢？大家很快就達成共識：換錦衣衛經常對別人使用的酷刑——磔刑。於是，王山很快就被凌遲處死。

在處死王山之後，大家還是覺得不夠解恨，又將馬順等人的屍體丟棄在大馬路上，交給來來往往的百姓懲治。不要以為京城的這些老百姓都是一些不問世事的「吃瓜群眾」，他們早已得知王振等人禍國殃民的罪行，又對劣跡斑斑的馬順等人一貫深惡痛絕，於是一擁而上，朝著馬順等人的屍體又展開一通猛揍……

明朝官員長期受到皇權壓制，又受到錦衣衛在內的特務們欺壓，一直唯唯諾諾，循規蹈矩。他們忽然之間如同睡獅猛醒，壓抑已久的情緒，集中爆發出來，於是就發生了這起震驚朝野的群毆事件。這既讓人感到意外，卻也合乎情理。這既是宣洩，又是復仇。

由於此次群毆事件發生在左順門，後來人們在說起時都習慣稱之為「左順門事件」。朝廷內外無不為此感到大快人心，那是因為正義之氣得到了伸張。

等這場風波平息之後，在皇太后的支持下，群臣又在于謙等人的率領下，集體奏請郕王朱祁鈺即皇帝位。朱祁鈺先是竭力推辭，但在不久之後還是宣布即位，並以次年為景泰元年。也許在大家眼裡，朱祁鈺只不過是臨時代替哥哥執政，所以廟號也稱代宗。代宗即位之後，京城內外漸趨安定，也先借助扣押英宗來要挾明廷的陰謀也就此破滅。

第八章

輪流坐莊

在戰亂中即位

北京這邊，群臣捶胸頓足，草木含悲；瓦剌這邊則是歡呼雀躍，手舞足蹈。他們受到土木堡之戰的巨大鼓舞，積極做著南下的準備。

正統十四年（一四四九）十月初一，瓦剌兵分三路，大舉進攻北京。其中，中路軍五萬人，從宣府方向進攻居庸關。西路軍十萬人，由也先親自率領，挾持英宗自集寧經大同，計畫在奪占白羊口（今居庸關西南）後，揮師南下，直逼紫荊關。另外還有東路軍約兩萬人，從古北口方向出發，進攻密雲。

也先挾持著朱祁鎮，向大同守軍詭稱護送皇帝還朝，命令守軍打開城門。大同守將郭登非常禮貌地表示了感謝，隨即告訴也先：「我們已經有新皇帝了。」也先知道郭登已做好防守準備，不想在此耗費精力，隨即繞過大同，繼續向北京前進。

北京這邊也已得到消息，下令明軍整甲繕兵，嚴陣以待。朱祁鈺命令于謙提督各營兵馬，誓死一戰。二十二萬明軍被分別部署在京城的九門之外：總兵官石亨，副總兵范廣、武興領兵在德勝門布防；都督陶瑾則在安定門設防；廣寧伯劉安在東直門列陣；武進伯朱瑛則在朝陽門防守；其他如西直門、阜成門、正陽門、崇文門、宣武門等，都分別安排重兵把守。所有防守官兵，皆由石亨統一節制。

于謙命令所有軍士出城布防，如果有誰膽敢避戰怯戰，不肯出城迎敵，則立即斬首。等到各部部署完畢之後，朱祁鈺下令關閉所有城門，激勵全體將士背城死戰。于謙不僅頒布多條嚴酷的軍紀，自己也身先士卒，表示出必勝的信念。

紫荊關是通往北京的咽喉要道，明軍在此設有重兵把守。也先組織了精銳之師，發起進攻。明軍在孫祥的指揮之下，憑藉著崎嶇山谷和堅固城牆，與瓦剌軍周旋。沒想到，喜寧引導著瓦剌軍隊從小路包抄過來，突然殺到明軍身後，紫荊關就此宣告失守。瓦剌軍越過紫荊關，迅速抵達北京城下。

面對瓦剌氣勢洶洶的進攻，于謙並沒有慌亂。在他的指揮下，北京守軍眾志成城，士氣高昂。都督高禮、毛福壽趁著敵軍立足未穩，對瓦剌軍發起攻擊。經過一番激戰，明軍除斃敵數百之外，還解救了千餘名被俘明軍。通過這場戰鬥，也先領教了明軍的戰鬥力，當他看到守城明軍陣容嚴整、氣勢如虹之後，已經不敢貿然發起進攻了。

十三日，于謙、石亨率領明軍與瓦剌軍在德勝門外展開決戰。于謙在道路兩旁的空房子中大量部署伏兵，然後派出少數騎兵挑戰瓦剌軍隊。雙方交手之後，明軍佯裝敗退，瓦剌軍一路追趕，進入明軍伏擊圈，遭到左右夾攻，損失慘重。轉道西直門後，他們再次遭到孫鏜所部的痛擊。明軍守城將士利用火炮對瓦剌軍實施炮擊，瓦剌軍只得匆匆撤出戰場。

此後，瓦剌軍又對彰義門發起進攻，被明軍再次擊退。也先本以為明軍不堪一擊，北京城旦夕之間便可拿下，但在經過五天的戰鬥之後，他們四處受阻，士氣低落。此時，明廷組織了更大規模的援軍，正從四面八方趕來。也先非常擔心歸路被斷，只得下令撤軍。

于謙察覺出瓦剌軍有撤退的動向，繼續組織明軍利用火炮攻擊敵軍。瓦剌軍不敢停留，一路向北狂奔，直至完全退出塞外。北京保衛戰在于謙等人的積極組織下，終於以明軍的勝利而宣告結束。雖說取勝，明朝方面並沒能對瓦剌軍構成致命打擊。由於也先始終挾持著朱祁鎮，令明軍投鼠忌器，不僅戰術受到影響，就連火炮也不敢肆意開火。瓦剌方面，也先所設計的種種目標根本就沒有實現，朱祁鎮在也先眼中漸漸成為累贅。可憐的朱祁鎮，被迫跟隨瓦剌軍一路急行，由大同到宣府，再到北京，上山下坡，穿溪涉澗，飽嘗顛簸之苦。在這期間，袁彬一路保護朱祁鎮，不曾有絲毫懈怠。

由於朱祁鈺即皇帝位，朱祁鎮的利用價值開始變小，也先的態度也發生了變化。當瓦剌軍退到土城時，朱祁鎮不由得黯然神傷，帝都雖然近在眼前，卻已經遙不可及。他非常想給皇太后和朱祁鈺寫封書信訴說衷腸，因為袁彬識字，便命其代筆。其實，當他在也先眼中成為可有可無之人時，南歸的機會反倒增大了。

情勢已經發生很大變化，但有一個人非常不甘心，他就是太監喜寧。長期以來，喜寧一直在為也先出謀劃策，希望他能充分利用朱祁鎮這張牌，來要挾明廷。事情變成這樣，當然不是喜寧想看到的。

袁彬和朱祁鎮此時也都看出喜寧的陰險目的，他們判斷喜寧已經叛變，只有除去此人，才有望南歸，於是開始設計殺掉喜寧。他們先是建議也先派喜寧、高贇等二人前往北京談

崔開璽所作油畫〈北京保衛戰〉。

判，然後袁彬書寫密信給總旗高贇，讓他抵達宣府之後就與那裡的總兵官等人擒拿喜寧。

喜寧不知是計，以為自己真的能夠搖身一變，成為一個和平大使。沒想到他才到宣府就被捉住，然後送往北京。他的叛徒身分，因為袁彬的密信而徹底暴露。經過一番審訊，他交代了賣國投敵的種種罪行。朱祁鈺下令將其處死，並暴屍三日。

受困南宮

也先揮師攻打北京，滿懷信心而來，灰頭土臉而去。朱祁鎮不僅沒有什麼利用價值，有時反成累贅，如何處置他成為一件棘手之事。

瓦剌內部意見不一，有人主張殺，有人主張留。爭論來爭論去，也先的弟弟伯顏帖木兒的意見占了上風。他主張刀下留人，在他看來，朱祁鎮可以繼續作為與明廷談判的籌碼。如果明廷派人前來迎駕，那就乾脆送回去，至少還能賺得一個千古美名。

應該說，這的確是高見。在明廷已立新主的情況下，朱祁鎮已經不受歡迎。殺人反倒是幫忙行為，在幫了朱祁鈺的同時，自己卻背負罵名。所以，也先不幹這種傻事，他贊同弟弟的主張，將朱祁鎮送還給明廷。

朱祁鈺剛過了幾天皇帝癮，屁股還沒捂熱，打心眼兒裡不希望哥哥回京。看到瓦剌有了送人的打算，他只得召集群臣，討要主意。

客氣話還是要說幾句的，比如：「當初我本不想登大位，一直在推辭，是你們逼著我……」眾位大臣聽了這番話面面相覷，不知如何應對。于謙反應稍快，對朱祁鈺的心思也非常清楚。他接過朱祁鈺的話說道：「天位已定，已經不好更改。如果瓦剌執意送人，再見機行事吧。可以接回來，但是需要另外再做安置。」

朱祁鈺一聽這話，立即面色放光，連忙說道：「從汝，從汝。」[1]隨後，他派出楊善等人前往瓦剌接洽，順便打探情況。

沒想到的是，楊善出去不久就把朱祁鎮給接回來了。在外漂泊一年之久的朱祁鎮，終於回家了。

不僅是朱祁鎮回來了，袁彬等人也都一同回來了。

看到哥哥真的回來了，朱祁鈺只得派人前往迎接。

禮部尚書胡濙也知道現任皇帝的心思，將迎接的規格一降再降，但是朱祁鈺仍然不滿意，最終只是派出了一轎二馬出迎。

這種儀節頓時讓朱祁鎮心涼半截，他已經明白了弟弟的心思，皇位肯定是一去不復返了。

朱祁鈺偏偏還是要噓寒問暖，假裝謙讓一番。於是，兄弟二人便有了一場耐人尋味的對話。

1《明史》卷一七〇，〈于謙傳〉。

哥哥首先帶著試探性的語氣說道：「天下人心皆歸於汝，我只要能安度餘年就很滿足了。」這段話的意思非常好理解：當哥的已經放棄了對皇位的念想，把保住性命當成了第一要務。弟弟探知到了哥哥的底線，立即變得寬宏大量，並表達了真誠尊奉兄長的意願：「大兄入城，朕知尊親。」[2]

在眾人面前，兄弟二人多少還能寒暄幾句，弟弟勉強保持了體面，哥哥勉強保住了尊嚴。弟弟繼續坐擁天下，哥哥則變身為沒有實權的太上皇。

但是，在接下來的七年多時間中，太上皇卻被深鎖南宮。朱祁鎮雖然回到帝都，卻只能繼續他高級囚徒的生涯，而且他的待遇甚至還不如在漠北的那陣子。在漠北的囚徒生涯中，也先對他的行動固然也有嚴格限制，但遠不如弟弟這般苛刻。

朱祁鈺除了下令將南宮大門緊鎖之外，還在周圍派駐相當數量的錦衣衛，名為保護，實為看管。食物則是定量供應，而且只能通過一個狹小的洞口往裡傳送。除了侍奉的太監和宮女之外，朱祁鎮沒有機會接近任何人。為了防止有人聯絡被軟禁的太上皇，朱祁鈺下令將南宮附近的樹木砍伐殆盡，即便是飛鳥也都沒有藏匿之所。

一直忠心耿耿護駕的袁彬，理所當然地沒有得到朱祁鈺的重用，僅僅被授予錦衣衛百戶，象徵性地給了一些賞賜。至於哈銘，既然是一名很好的翻譯，那就繼續做他的翻譯好了。朱祁鈺對自己的親哥哥尚且如此，對於長期保護和服侍哥哥的人，做出任何薄情之舉都在情理之中。

在這之前，朱祁鎮一直受到錦衣衛的護衛，即便是淪落漠北，還有袁彬不離左右。但是，從此之後，他就要受到錦衣衛的監控。原因很簡單，錦衣衛需要服務的主人，已經換成了他的弟弟朱祁鈺。

朱祁鎮被囚禁南宮之後，宦官阮浪奉命擔任近侍。阮浪年紀較大，對皇宮中的掌故了解較多，所以朱祁鎮和他很有一番共同語言。有一次，聊天聊得比較投緣，朱祁鎮便將一把金刀賜給阮浪。誰知阮浪又將其轉贈王瑤。王瑤有一個朋友叫盧忠，任錦衣衛指揮。他看到做工精緻的金刀，非常羨慕，經常掛念著這把金刀。後來，當他和太監高平聊起時，高平給他出了一個餿主意：讓他夥同錦衣衛校尉李善告發太上皇，說他與阮浪、王瑤等人勾結，陰謀復辟，金刀便是證據。

「復辟」這樣的字眼，顯然非常刺激朱祁鈺的心臟。他派出錦衣衛輪流監控太上皇，所擔心的正是復辟。盧忠、高平等人的情報嗅覺令朱祁鈺非常欣賞。他需要這樣的機會來對哥哥及時做出懲戒，以便防範所謂的「復辟」。

朱祁鈺立即下令錦衣衛逮捕阮浪、王瑤，使用各種酷刑逼供，希望能牽連出太上皇。不料阮浪、王瑤二人都很有骨氣，即便別人以死威脅，他們也不肯說太上皇半個不是。

朱祁鈺豈肯善罷甘休，經過各種酷刑都沒能得到他想要的結果，那就只能動手殺人了，

---

2 谷應泰，《明史紀事本末》卷三三，〈景帝登極守禦〉。

王瑤隨即被凌遲處死。阮浪因為年歲已高，不堪折磨，不久之後也死在獄中。

氣急敗壞的朱祁鈺，轉而遷怒於盧忠和高平。也許是怪罪他們掌握情報不實，也許是懲罰他們辦事不力，朱祁鈺下令將他們二人順帶處死。這兩個一肚子壞水的特務，告黑狀、打小報告的結果，不僅沒能給自己帶來榮華富貴，反倒是將自己的小命搭進去了。

「金刀案」疑點很多，被很多人判定為一樁冤案，也可能完全出於朱祁鈺的防範而無中生有，只是藉機加強對太上皇的監控而已。

奪回大位

一個在南宮備受煎熬，另一個在皇宮養尊處優，然而閻王爺收人並不看他們的生活條件，而是另有標準。

當了皇帝的朱祁鈺，煩勞不斷，身體逐漸變差。景泰三年（一四五二），他立兒子朱見濟為太子，沒想到太子短壽，於次年十一月夭折。這不僅讓政權走勢發生了改變，也對朱祁鈺的身心構成了沉重打擊。

景泰八年（一四五七）正月，朱祁鈺召見石亨安排政事。石亨看著病榻之上的皇帝，忽然生出異心。他找到前府右都督張軏和宦官曹吉祥，告訴他們，朱祁鈺已經快不行了，必須趕緊為自己謀後路。三個人很快就達成共識，決定將賭注壓在太上皇朱祁鎮身上。

此後，宦官曹吉祥進宮拜見孫太后，取得太后的支持。石亨和張軏則連夜找到徐有貞。[3]幾個人經過一番詳細謀劃之後，決定在正月十六晚發起政變。

這一晚，他們以濃重的夜色作為掩護，悄悄地抵達南宮。石亨指揮眾人一起舉起一塊大木頭撞擊宮門。結果門沒被撞開，反倒將牆體震出一個大洞。眾人於是鑽洞而入，尋找太上皇。

朱祁鎮忽然看見一堆人闖進來，本能地以為是弟弟派來的殺手，不禁驚慌失措。不料，眾人一起跪倒在他眼前，高呼萬歲。朱祁鎮這才明白，自己復位的機會總算來了。

眾人簇擁著太上皇，直奔皇宮而去。當隊伍來到東華門時，守門士兵上前阻攔。朱祁鎮站了出來，士兵們頓時傻眼，不敢再作阻攔。於是，眾人順利地擁戴朱祁鎮進入了皇宮。他們朝著舉行朝會的奉天門趕去，迅速地將太上皇扶上了寶座。朱祁鎮在石亨等人的幫助下，重新奪回皇位。這一幕大戲，歷史上稱之為「奪門之變」。

朱祁鈺很快就得知太上皇復位的消息。他神情怪異，先是重重地喘了幾口氣，然後又連說了幾聲「好」，隨即重新臥倒在病榻上。大概是想到自己病重，且無子嗣，皇位理當歸還兄長一系，朱祁鈺才會有如此表現。

3　徐有貞即土木堡之變後，在朝堂上建議南遷的翰林院侍講徐珵。

復位之後，朱祁鎮將年號改為天順。他知道弟弟病重，也沒有過分苛責，只是將弟弟廢為郕王——這等於是官復原職。兄弟二人用一種非常奇特的方式，完成了輪流坐莊的權力交接。景泰八年（一四五七）二月十九日，朱祁鈺病逝，朱祁鎮宣布以親王之禮將其葬於西山。

正式登基之後，朱祁鎮便傳旨逮捕兵部尚書于謙、吏部尚書王文。他們二人都以謀逆罪被殺。對於復位的有功之臣，比如石亨、張軏、徐有貞、曹吉祥等人，則分別加官晉爵，受到表彰。就連死去的王振也得到平反，而且被重新厚葬。在朱祁鎮看來，王振是以身殉國，並非眾人所說的禍國殃民。

總之，只要弟弟認為好的，他就要說成壞的。弟弟說成黑的，他就需要說成白的。也許在他看來，這就是「撥亂反正」吧。

當初陪著朱祁鎮在漠北同甘共苦的袁彬和哈銘，也迎來了命運的轉機。哈銘被賜姓名楊銘，提拔為指揮僉事，後又擔任錦衣衛指揮使，負責出使瓦剌的事務。袁彬的際遇更是發生了天翻地覆的變化，先是從百戶一躍而成為指揮僉事，不久之後又被提拔為指揮同知。

在朱祁鎮這裡，袁彬取得了與王振類似的地位。凡是袁彬奏請之事，朱祁鎮沒有不聽從的。

袁彬看中的房子，朱祁鎮馬上就會撥給。當時，內閣首輔商輅被罷免，袁彬請求得到首輔官邸，立即就得到批准。住了不久，袁彬又開始嫌棄這套房子，請求另外選址重建，也很快得到英宗的批准。

袁彬看中的女人，英宗不僅默許他們成婚，還會有豐厚的賞賜。不僅如此，因為袁彬講究婚禮的排場，英宗便特意派出外戚孫顯宗幫助主持婚禮。

除此之外，朱祁鎮還不時地邀請袁彬入宮參加宴會。面對盛宴，他們不免回憶一番當年在漠北的患難經歷，依舊保持著當初的那種歡樂和融洽。

這一年年底，袁彬再次被提拔為都指揮使，與都指揮僉事王喜共掌錦衣衛。他們二人曾受太監夏時囑咐，私自派遣錦衣衛百戶季福到江西偵察。季福為朱祁鎮乳母的夫君，所以朱祁鎮很快就得知這一消息。

他追問是受誰派遣，王喜和袁彬只能向皇帝認罪。這之後，王喜被解職，袁彬依舊掌管錦衣衛。袁彬和王喜同為上級領導，本應共同擔負領導責任，但朱祁鎮只處理王喜不追究袁彬，親疏之別，一目了然。

從這件小事我們可以看出，當時派遣錦衣衛的手續嚴格，必須得到皇帝的首肯才行。即便是袁彬這樣的親信，而且是負責掌控錦衣衛之人，都沒有權力私自派出偵察人員。

因為有朱祁鎮的袒護，袁彬逃過一劫。天順五年（一四六一），他因為平定曹石之變有功，被提拔為都指揮僉事。

挫敗石亨陰謀

明英宗奪回皇位之後，石亨和曹吉祥在朝中的地位日益高漲，他們的親屬也紛紛充任各級衛所的指揮、千戶，曹吉祥的幾個侄子更是做了都督，誠可謂「一人得道，雞犬升天」。

石亨和曹吉祥，一個在內廷，一個在外朝，一旦聯手，無人能敵。他們看到徐有貞因為奪門之功而升任內閣首輔，擔心其地位上升影響到自己，便決定聯手將其搞垮。他們先是在皇帝面前猛烈攻擊徐有貞違法妄為，希望能對其地位有所撼動。就在皇帝將信將疑之際，御史多次上書，揭露石亨和曹吉祥的不端行為。朱祁鎮感到非常困惑，不知道該相信誰。

既然不知道該信誰，那就需要進行一番調查。好在還有那些專門替自己搜集情報的錦衣衛，比如袁彬，比如門達和逯杲，於是立即派他們四處偵察，打探實情。

其時，錦衣衛指揮門達明顯更傾向於曹吉祥和石亨，所以他的情報顯然對徐有貞不利。他密報皇帝，首輔大人徐有貞夥同大學士李賢，暗中唆使御史誣陷石亨。太監曹吉祥乘機跪奏，稱徐有貞因為嫉妒自己有參與「奪門」之功，所以一定要殺之而後快。朱祁鎮以為獲得了確鑿的情報，轉而繼續信任石亨和曹吉祥，並將徐有貞和李賢降職。

門達出生於一個軍人家庭，因此有機會襲父職而成為錦衣衛百戶。他生性機警而又深沉，冷靜而且勇敢，是個做特務的好料子。正統末年，他受到提拔擔任千戶，並且負責鎮撫司刑罰，不久又升為指揮僉事。後來雖然受到別人牽連而被解職，但還是能夠在景泰七年（一四五六）官復原職，又因參與「奪門」而立功，先被提拔為指揮同知，很快又被提升為指揮使。

有一名叫謝通的千戶，非常受門達器重。他在輔助門達處理案件時，多能保持仁恕之心，很多重案得以平反，甚至有一些罪犯也因為能夠坐牢而感到幸運，朝廷官員由此而交口稱讚門達的賢能。

眾人交口稱讚門達，對門達來說並非好事，這至少引起了英宗對他的警惕。因為皇帝擔心的就是朝臣結黨營私，害怕他們組成團夥。尤其是門達，身分非常特殊，此前御史一直告發這位情報頭子，也令英宗對其多了一些警惕。他還非常擔心門達徇私枉法，使得自己無法了解外面的真實情況，所以決定重用逯杲，重點監控對象就是石亨。

逯杲本來只是一名普通的錦衣衛校尉，也是門達的心腹之一，在「奪門」事件中立功，受楊善舉薦，被提拔為錦衣衛百戶。不久，又因為抓捕妖賊立功，被提拔為副千戶。此後，他又受到曹吉祥推薦，再被提拔為指揮僉事。英國公張懋、太平侯張瑾、外戚會昌侯孫繼宗兄弟侵占官田的事，都是逯杲及時發現並劾奏，從而保住了官田。

在扳倒徐有貞之後，石亨更加恃寵驕狂，無所顧忌。就連他的住所也修建得壯麗豪華，賽過王府，已呈僭越之勢，令英宗心頭不悅。

有一天，石亨率千戶盧旺、彥敬進入文華殿。英宗非常吃驚：「他們是何人？」然而石亨滿不在乎地說：「這是微臣的兩個心腹，皇帝復位的過程中，數他們二人功勞最大。」擅闖皇宮，石亨非但不知罪，反倒讓皇帝下旨提拔自己的兩位手下充任錦衣衛高官，確實是膽兒肥了。

石亨曾多次推薦同鄉親屬提升職務，大多獲得英宗准許。如果所請沒有得到英宗批准，他便會快快不樂。有一次，石亨奏請英宗提升孫弘為尚書，沒有得到批准。他立即氣呼呼地發起牢騷，這種驕狂令英宗逐漸心生反感。

當英宗發現逯杲這隻凶猛的鷙鳥，便立即委以重任，派其對石亨實施全方位監控，「伺其陰事」。[4]逯杲果然不負厚望，在經過精密偵察之後，敏銳地捕捉到了石亨謀反的蛛絲馬跡。

當時，石亨的侄子石彪封定遠侯，坐鎮大同，威霸一方，與石亨「表裡握兵柄」，[5]形成呼應之勢。這對叔侄已經成為英宗的一塊心病。

錦衣衛悄悄展開行動，很快就從石亨的侄子石彪這裡找到突破口。天順三年（一四五九）正月，錦衣衛開始偵察大同總兵石彪。原來，石彪鎮守大同時，每以侮辱總兵官為樂，甚至還會凌侮親王。總兵官不堪其辱，便向朝廷密報石彪各種圖謀不軌的違法之舉。英宗先是決定將他召回京師，沒想到石彪不想離開大同，暗中布置心腹到皇宮請願。錦衣衛在偵知這一切後，便奏請英宗逮捕了石彪，關進錦衣衛獄。

石彪被捕之後，不僅承認了自己的不軌行為，還牽連出他的叔叔石亨。英宗念及石亨以往的功勞，免其死罪，但同時免掉石亨一切職務。

沒想到石亨在被剝奪兵權之後，心懷怨恨而蠢蠢欲動，忘記了錦衣衛仍在對其進行嚴密監控。天順四年（一四六〇）正月，京師出現彗星，這令朝野都感到驚恐，以為有妖人生變。恰在此時，逯杲密奏英宗，告發石亨心懷怨恨，與其侄孫石俊密謀不軌。英宗認為石亨就是這妖人，立即下令逮捕石亨，並將其關進錦衣衛獄。

石亨沒有能扛得住錦衣衛的酷刑，在經過一番嚴刑拷打之後便死於獄中。他的侄子石彪也被問斬，重要黨羽都被處死，當初因石亨舉薦而冒功晉爵的官員也一律被革職。

另外一樁謀反案，與石亨也發生關聯，而且還牽連到門達，意外使得逯杲成為受益者。當時，有一個名叫李斌的指揮使殺死了弘農衛千戶陳安，陳家立即將李斌告上朝廷。李斌被抓之後，石亨授意巡按御史邢宥在審判過程中照顧一下李斌，從輕發落。但這些情況都被錦衣衛一一偵知。不僅如此，錦衣衛校尉還偵察到另外一些重要情報，發現李斌不僅素藏妖書，還堅持認為他的弟弟李健應當擁有大位，並陰謀勾結外番為石亨報仇。逯杲偵知這一情報後，立即將李斌下錦衣衛獄，門達也因為受李斌牽連而獲罪。

因為偵辦石亨立下大功，加上門達獲罪，逯杲成為英宗更加信任的人。逯杲由此而成為

4《明史》卷三〇七，〈逯杲傳〉。
5《明史》卷一七三，〈石亨傳〉。

錦衣衛老大，勢力越發強大，已經遠遠超過了門達。

志得意滿的逯杲想要幹一番大事業。他相信早起的鳥兒有蟲吃，所以急匆匆派出錦衣衛校尉四方偵察。文武大吏、富家高門，甚至親藩郡王，因為擔心錦衣衛上門找麻煩，想方設法向逯杲行賄，或是進獻歌伎，或是送上金銀財寶。那些沒有行賄的，動輒就會被送到錦衣衛獄，屈打成招，成為罪犯。有過半朝野官員，都由於這種手法而被降職。也有很多富家大戶，因為家人遭到逮捕，所以很快破產。

因為人人都害怕錦衣衛，所以就會出現假冒的錦衣衛。當時就有不少奸民詐稱錦衣衛校尉，無所顧忌地橫行鄉里，同樣可以魚肉百姓而不被發覺。

鼓城伯張瑾喪妻，心情比較鬱悶，所以找了幾個兄弟躲在家裡喝悶酒。不知道張瑾出於何種考慮，他對朝廷謊稱生病，沒有上朝。這些情況被錦衣衛偵知，逯杲立即向英宗劾奏，張瑾受到重罰。

逯杲所派遣的錦衣衛校尉誣告寧府弋陽王朱奠壏母子亂倫，英宗派遣官員前往調查，結果找不到罪證，靖王朱奠培上書申辯。英宗由此怒責逯杲，沒想到逯杲始終堅持己見，英宗竟然就此將朱奠壏母子賜死。行刑完畢，屍體剛抬出來就遇到一陣狂風暴雨，讓所有人都確信這是一樁冤案。

擊碎宦官迷夢

當初向英宗舉薦提拔逯杲的兩個人，石亨已死，還剩曹吉祥禍福未卜。徐有貞和石亨先後受到懲罰，「奪門」功臣三人組，此刻只剩下他。

曹吉祥並沒有受到石亨案的牽連，但他預感到大事不妙。直覺告訴他，英宗下一步將要收拾的就是自己了。

為了自救，這位曹大人開始鋌而走險。他將那些受他舉薦而升官的人，都召集到一起，在贈與他們財物的同時，也提醒他們必須聽命於自己，跟著自己幹。這些人一貫視曹吉祥為靠山，也非常清楚自己的處境。如果曹大人倒了，自己也會跟著倒霉，失去所有的榮華富貴，所以只能橫下一條心，一條道走到黑。

曹吉祥有一個嗣子名叫曹欽，封昭武伯，野心似乎更大。有一天，曹欽問自己的幕僚馮益：「自古以來，有宦官子弟做天子的嗎？」馮益回答：「魏武帝曹操就是宦官曹節的後代。」曹欽不禁大喜。

曹欽的家人曹福來曾以迎駕之功冒升錦衣衛帶俸百戶，長期在暗中替曹欽做買賣。曹欽怕他洩露祕密，找個藉口對其嚴刑鞭笞，將其打死。曹欽編織的藉口雖然巧妙，但卻沒能逃過逯杲的法眼。而且，一名錦衣衛百戶就這樣不明不白地死了，這本身也不是一件小事。逯杲得知這些情況後，立即上報了皇帝。皇帝對曹欽發出嚴重警告：「如果膽敢再犯，一定不會寬饒！」

曹欽對逯杲一直非常忌憚，知道此人偵緝手段犀利，耳目眾多。他回想起上次英宗處理石亨大將軍的經過，發現自己的處境和石亨非常相似，已經處於非常危險的境地，於是更加堅定了謀反的決心。曹欽知道，想成就大事，就一定要先考慮好怎麼對付逯杲，首先逃過祕密「警察」的偵察。

曹欽與其黨羽，以及他手下的幾個蒙古降將密謀起事，計畫採用「奪門」的方式廢黜皇帝。密謀已定，曹欽布置宴席，厚賞三軍，準備三更之後採取行動。就在此時，吳瑾得到了消息，立即報告孫鏜。兩人將書寫「曹欽反、曹欽反」的字條塞進東安門的縫隙，並招呼守門衛士迅速送到宮中。英宗大吃一驚，命人緊急逮捕曹吉祥，並且下令將京城九門緊閉，做好防範。

曹欽知道密謀之事已經洩露，隨即率兵抵達逯杲私宅，將逯杲殺死。隨後，他們又抵達東朝房，遇到正在等待上朝的大學士李賢。曹欽提著逯杲的人頭對李賢說：「這都是逯杲所逼，萬不得已！」

看到諸門緊閉，曹欽只得率領亡命之徒攻打東安門、西安門，並且採取火攻的方式發起攻擊。東安門內原本就堆放著很多樹枝，頓時變得烈火熊熊，但叛軍仍然無法闖進皇城。這時天色已亮，孫鏜統領京營禁衛軍追殺過來，曹欽所率叛軍開始四處潰散。孫鏜的兒子孫輒砍中曹欽肩膀，曹欽自知大勢已去，倉皇逃回自己家中。他的宅第迅速被團團包圍，喊殺聲震天動地，曹欽只得投井自盡。

曹吉祥的謀反，讓英宗不敢再信任太監。他前後曾信任過兩個大太監，都讓他非常失望。先前那個「王先生」和自己倒是非常親近，卻讓他變成了俘虜，把自己帶進了溝裡。眼下這位曹大人則借助「奪門」之功胡作非為，忽然之間就刀劍相逼，造反奪權。這些個大太監，確實傷透了他的心。

以德報怨

既然不信任太監，那就只能更加依靠錦衣衛。英宗一方面宣布追贈逯杲為指揮使，並讓他的兒子享受指揮僉事的待遇；一方面則是提拔重用門達。此後，錦衣衛指揮門達依仗皇帝的專寵，長期勢傾朝野。朝臣有誰膽敢得罪門達，就會被逮捕關進詔獄。

由於受到皇帝信任，門達可以無所顧忌地懲治罪犯，就連皇親國戚都不放在眼裡。當時，身為外戚的都指揮孫紹宗因為冒討伐曹欽之功，結果被門達發現，即便是外戚，孫紹宗也遭到斥責。有盜賊偷竊戶部山西司的庫金，門達將戶部郎中趙昌，主事王圭、徐源等人陸續罷官並投進監獄。御史樊英、主事鄭英犯貪污罪，給事中趙忠等人未能報告實情，門達彈劾其徇私，迅速將其免職下獄。

湖廣有一名叫馬雲的秀才，因為犯罪而被免職。此後，他詐稱錦衣衛鎮撫，奉命安葬親人，布政使孫毓等人聽說之後，都紛紛出錢資助，完全不知其中有詐。顯然，他們是看在錦衣衛的面子上，才肯如此慷慨。事情暴露之後，法司請求抓捕問責，卻沒有追究馬雲的責任。門達想繼續追責，同僚呂貴說：「武官還是不要觸犯為好，曹欽可以作為借鑑。文官倒是更容易制裁。」門達對此深以為然，從此改變了對文官的態度。這個叫馬雲的秀才，最後到底有沒有受到追責，我們已經無從得知，只知道在這之後，文官所受的迫害變得更加殘酷。

面對門達的淫威，唯獨袁彬不肯屈服。門達一向就是那種專治不服的人，哪裡能受得了這個氣，於是開始設計誣陷袁彬。

他派出手下嚴密偵察袁彬，終於找到了他的把柄。袁彬有個小妾，其父是千戶，在外面騙人財物，門達得知此事後，便立即奏請將袁彬下獄。還有個叫趙安的府軍前衛，起初在袁彬手下擔任錦衣衛力士，恰好因為犯罪而被關進詔獄。門達認定袁彬與其有牽連，便再次逮捕袁彬，進行拷打。為了將袁彬一舉擊倒，門達繼續誣陷袁彬接受石亨、曹欽等人賄賂，挪用官府木材修建私宅等。在門達的操縱之下，袁彬忽然成為罪大惡極之人，似乎只能以死謝罪了。

軍匠楊塤知道門達是栽贓，便擊登聞鼓，為袁彬申冤，由此被門達關押。

當時，門達正忌妒受寵的大學士李賢，便嚴刑拷打楊塤，逼他誣陷李賢，以收一箭雙雕之效。楊塤被逼無奈，只得謊稱受李大學士唆使。

自以為目標已經達成，門達立即上奏皇上，請求法司在午門外會審楊塤。英宗同意會審之請，並派出宦官監督。沒想到的是，到了審訊之時，楊塤忽然改口說道：「我不過是個小人物，怎麼可能見到李大學士？前面都是門達在逼迫我說謊。」

門達惱羞成怒，氣得一句話都說不出來。袁彬也乘勢反擊，歷數門達納賄之罪。但是，法司害怕門達，並不敢將這些情況據實上報。所以，袁彬仍然被判絞刑，只能花錢贖罪，楊塤則被判問斬。

英宗本想依法給予袁彬相應懲處，卻忽然生出綈袍之義。他對門達說：「人可以交給你隨意懲治，但必須要把活的袁彬交還給我。」

皇帝既然發出這樣的指令，怎麼可能繼續往深處追究呢？門達即便再痛恨袁彬，此刻也只能表示無可奈何。英宗最終採取了折中處理：將袁彬調往南京錦衣衛，成了白拿薪俸的閒人。楊塤則被關押，也沒有如門達所願而被殺掉。

袁彬已經受到英宗的相當禮遇，不得不對門達忌憚三分，甚至受其威脅，這讓袁彬明白了山外有山的道理。由於門達更加善於經營，所以才能對錦衣衛和英宗產生更大的影響力，甚至可以連袁彬都不放在眼裡。

門達看到英宗病重，便開始結交東宮局丞王綸，預計他將被重用。沒想到朱見深（明憲宗）即位之後，王綸沒有獲得重用，門達反倒受到牽連獲罪，被發配到廣西南丹衛做苦役，一直到死。

等到門達獲罪被貶，袁彬才有機會官復原職，重新掌管錦衣衛。在袁彬之前，不管誰來掌管錦衣衛，都會伸張權勢，巧取豪奪。到了袁彬這裡，則完全變了一副模樣。他掌管錦衣衛不僅時間長，而且「行事安靜」，[6]留下了一段清譽。

對於門達，袁彬也沒有繼續窮追猛打。當他得知門達被判充軍南丹後，還特地在郊外設宴，為其送行，並且贈送了不少財物。這或許可以稱之為「以德報怨」。

也許正是因為這種豁達和耿直，袁彬的命運和其他錦衣衛總管有所不同。從毛驤到紀綱，從逯杲到門達，基本都是卸磨殺驢的下場。與這些人的不得善終相比，袁彬顯得非常幸運。除了以都督僉事的身分得享晚年之外，就連他的後代也獲得了錦衣衛僉事的待遇，而且還可以世襲。

6《明史》卷一六七，〈袁彬傳〉。

第九章 世人但知汪太監

西廠因妖狐而起

明憲宗朱見深雖沒有其父朱祁鎮那種傳奇經歷，卻同樣是一位有故事的皇帝。不說別的，光是他和萬貴妃之間的愛情故事，就可以改變多數人對古代皇帝坐擁無數佳麗而荒淫好色的傳統印象。

客觀地說，古代皇帝因為擁有特殊的地位和權力，已經讓他們的情與慾，都變得與常人迥異。特殊的環境之下，想要在脂粉堆中始終保持坐懷不亂，確實非常困難。

但是，同樣擁有六宮粉黛的朱見深，卻和其他皇帝完全不同。後宮佳麗無數，但他只對萬貴妃情有獨鍾，即便這位妃子年紀超過他很多，幾乎是自己媽媽級別的女人。不僅如此，當年屆六旬的萬貴妃病逝之後，朱見深也因過度哀傷而在壯年辭世。作為皇帝，痴情如此，不能不說是一個奇蹟。

也許是愛屋及烏，由於萬貴妃受到憲宗的優寵，侍奉萬貴妃的太監汪直，也就此得到明憲宗的重用。不僅是重用，而且是長期倚重。汪直一躍而成為可以在政壇翻雲覆雨的人物，還使得明代的情報機構設置因他而生變，這不能不說是又一個奇蹟。

朱見深即位之初，重用李賢、彭時、商輅等賢臣，所以政治相對清明。而且，他敢於對父親的一些做法進行糾正，比如下令為于謙平反，恢復代宗帝號，等等。這些舉措，在證明自己胸懷寬廣的同時，也博得了不少掌聲。這個時期的他，恍若明君，令朝野充滿期待。

不過，巨奸汪直的出現，在相當程度上影響了朱見深的執政方式，並不斷損毀著他的執政口碑。因為汪直，成化年間曾先後兩次設立西廠，不僅政治空氣自此變得更加陰森可怖，同時也留下一些奸佞小人。他們利用這些特殊政治資源，進行政治投機和瘋狂斂財。朱見深本人也學會了利用宦官和特務組織，通過採購和採礦，搜刮民脂民膏，巧行敲詐勒索，令天下百姓疲憊不堪。

汪直，廣西大藤峽瑤族人，幼年以俘虜的身分淨身成為太監。最初，他被安排在昭德宮侍奉萬貴妃。因為善於察言觀色，而且機敏乖巧，所以受到貴妃娘娘的賞識，官職也不斷得到升遷，直至升任御馬監太監。這個級別的太監，已經進入皇帝的視野，也更有機會進一步發展。

成化十二年（一四七六），宮中出現災禍，有人說看見妖狐出沒——所以不少人稱之為「妖狐事件」。隨後便有一個叫李子龍的妖人，通過勾結太監韋舍私自進入大內皇宮之中。事情雖然被及時發現，而且當事者也都受到處分或被殺，卻就此引發了皇帝了解外面世界的興趣。

外面的世界到底是什麼樣子，深居九重宮門之內的朱見深完全不知道，所以充滿好奇。汪直善於察顏觀色，天生就是個做偵探的料子，很快就窺探出皇帝的這一心思。朱見深也發覺汪直對刺探消息非常在行，於是就命令他帶著若干校尉，打扮成老百姓的模樣祕密外出，悄悄地四處展開偵察行動。

汪直將他所能搜集到的各種情況，包括官員動態、民間逸聞等，都祕密報告給皇帝。在聽了汪直的彙報之後，朱見深龍顏大悅，也對祕密情報工作產生了更加濃厚的興趣。

這一切都是在神不知鬼不覺之中完成的。朝廷內外，幾乎所有人都不知道汪直擔任了這個特殊任務，也預料不到汪直的身分將要發生徹底轉變。朝臣之中，只有都御史王越與他相交甚篤。

事情並不會到此為止。就衝著皇帝熱衷於打探朝野趣聞的這種勁頭，一個新的情報機構，已經呼之欲出。

成化十三年（一四七七）正月，汪直得到憲宗的批准，設置「西廠」，執意要將偵察行動規模擴大。他從錦衣衛各級官員和校尉中挑選出精兵強將，把那些善於偵察和搜集情報的官校一一網羅門下。

可以看出，西廠的誕生固然是因為「妖狐事件」而起，因為皇帝的一時興起，但也出於汪直處心積慮的設計。

西廠的命名也有一番來歷。很顯然，這是從永樂年間所設的東廠找到的靈感。既然朱棣設立過大名鼎鼎的東廠，憲宗所設新機構就可以叫做西廠，以求得時空對接，將朱棣的輝煌延續下去。另外，就廠部選址而言，也正好是一東一西遙相呼應：西廠在西城，東廠在東城。

和東廠一樣，西廠雖是一個新生機構，卻仍然擺脫不掉錦衣衛的影子。不僅是偵察辦案人員大量地來自錦衣衛，就連機構設置也多有模仿，偵察方式也多有襲用。此外，包括監獄設置、辦案方法和酷刑設置等，西廠也都大量借鑑錦衣衛。

朱見深之所以如此設計，固然是出於對汪直的信任，但也隱含著另外一個目的：逼著西廠與東廠，包括錦衣衛在內，互相之間展開競爭，看看到底哪一家機構能辦得更好，更能符合己意。

因為有萬貴妃的青睞和皇帝的支持，汪直並不怕與東廠展開競爭。而且，關於情報搜集，他已經很有一番心得。不僅知道情報怎麼找、哪裡找，更知道皇帝需要什麼樣的情報。所以，他卯足了勁，要將西廠辦成最強特務組織，不僅將東廠比下去，更要讓錦衣衛相形見絀。偵察技術哪家強，北京西城找西廠。只有他汪直，才是情報界真正的老大。

初露猙獰

應該承認，西廠在設立之初，多少曾做出一些懲處犯罪、打擊邪惡的正義之舉。正因為如此，汪直能夠在西廠建立初期贏得憲宗的大力支持。但是隨著時間的推移，汪直的野心逐漸萌發。在他自認為已經掌控大局之時，便開始胡作非為。

在汪直擔任提督時期，西廠獲得了長足發展。從各個王府到邊鎮，大江南北到處都布有西廠校尉。因為遍地耳目，即便是民間那些鬥雞遛狗之類的瑣事，也都被悉數掌握。只要稍有出格之舉，就會被治以重罪，民眾不斷受到驚擾。朝臣則更是惴惴不安，只能道路以目，每天生活在恐懼之中。

汪直深知朱見深的喜好，為了邀功求賞，他將抓捕妖言惑眾之人作為階段工作目標。此後，西廠旗校每每以抓捕這類罪犯向憲宗邀功。有些無業遊民便故意書寫贗書，誘騙不識字的普通百姓，故意栽贓給一些無辜之人。錦衣衛校尉不辨真假，聞風而動，將這些「涉案」百姓統統抓捕入獄。

無緣無故遭到抓捕，無論是誰，首先都會出於自保而拒不認罪，何況無罪可認。但是審訊人員咬定他們屬巧言詭辯，公然抗法，立即大刑伺候，不斷導致冤死之鬼出現。百姓雖然深知自己遭到陷害，卻始終告官無門，敢怒而不敢言。西廠打著「除奸保民」的旗號，不斷做著坑害良民的違法之舉。

汪直也因為西廠而地位日隆，「權焰出東廠上」。[1]每次出行，他都帶著很多隨從，公卿大夫若是遇到他的車隊，必須立即避於道旁。兵部尚書項忠就因為沒有避讓而被汪直羞辱。

有了西廠，而且是武裝了牙齒的西廠，汪直就有了和各個大員叫板的本錢。在錦衣衛各級官吏中，他物色到了一名得力打手——錦衣衛百戶韋瑛，自此視其為心腹。在韋瑛的幫助之下，汪直屢興大獄。朝臣之中，不斷有人被抓進西廠監獄，受到各種酷刑。

感覺良好的汪直，不僅抓人逐漸變得隨意，而且被抓官員的職級也逐漸變高。比如太醫院判蔣宗武、禮部郎中樂章、行人張廷綱、浙江左布政使劉福、太醫院事左通政方賢……

對這些官員的抓捕，都是不明不白、證據不清，都可以說是「無故被收案」。[2]但是，汪直認為必須要抓，不然就不能樹立西廠的權威。不久之後，西廠因為終究找不到確鑿證據，只得將其中幾位釋放。從中可以看出，他們抓人往往僅憑捕風捉影。

在這些被抓捕的人當中，很多人都屬中上級官員，但由於汪直的默許，西廠竟敢擅自進行抓捕，這顯然是藐視朝綱的胡作非為。

但是，抓捕幾個三品、五品的官員，並不能讓汪直感到興奮。為了進一步樹立自己的權威，他迫切希望幹一票大的，搞個大動靜出來。所以，汪直布置手下嚴密觀察周圍動向，希望能捕捉到違法亂紀的大員，給自己施展抱負的機會。不久之後，恰好有一個叫楊曄的撞上了槍口。

楊曄是建寧衛指揮使。按理說，這個職位其實非常普通，但他卻是楊榮的曾孫，身分非同一般。這楊榮，號稱「東楊」，是名震天下的「三楊」之一。他既是明成祖時期的元老之一，也是宣德、正統時期的功勛之臣。所以，因為楊榮的緣故，楊曄也變得非常特殊。

當時，楊曄與父親楊泰因為被仇家所告，所以逃入京師，躲在姊夫董璵的住所。董璵知

1《明史》卷三〇四，〈汪直傳〉。
2《明史》卷三〇四，〈汪直傳〉。

道韋瑛是汪直的親信，也許能夠幫他們說話，便向其求情。韋瑛當面假裝答應所請，隨後飛馬報告汪直。

汪直當然知道楊榮是誰。他更知道，如果楊榮的後代犯事被抓，西廠能夠就此揚名立萬，自己也可以壯大聲威。

在汪直眼中，這是西廠大展宏圖的好機會。他隨即下令逮捕楊曄和董璵，並關進西廠監獄，進行突擊審問。為了早日達到目的，他先後三次下令對楊曄動用「彈琵琶」的酷刑。

所謂「彈琵琶」，就是使用尖刀在犯人的肋骨上來回彈撥，因為動作和彈琵琶相仿而得名。遭受此種酷刑，正常人的骨節都會隨時寸斷，生不如死。不少人都會在昏死過去之後再疼醒，其苦難言。

楊曄不堪忍受酷刑的折磨，終於屈打成招。他還招供說，曾經寄存了大量黃金在他的叔父楊士偉處。楊士偉當時正擔任兵部主事，立即被逮捕。在抓捕楊士偉的過程中，汪直其實有充分的時間奏請皇上，等皇帝批准之後再行抓人，但因為大權在握，他覺得自己可以行使專斷之權，有些不必要的程序可以省略。而且，他早已經習慣了先斬後奏。

此後，整個案件一直朝著汪直所預想的方式一步步往前推進。不久之後，汪直宣布結案，因為楊曄已經被酷刑折磨致死！

一個大活人就這樣不明不白地死了，汪直非但不知收斂，反倒非常亢奮地繼續對楊家進行窮追猛打。按照他以往的經驗，既然案犯已死，正好可以將楊曄的「招供」做成「鐵證」。既然「鐵證」在手，楊家的大大小小就在劫難逃。不久之後，楊泰被斬首，楊士偉等人都被撤職。

通過楊家的案件，西廠確實是搞出了個大動靜。西廠躍居東廠之上，令人矚目，汪直也由此而更加聲名顯赫。但是，由於牽連之人太多，也把汪直和西廠推到了風口浪尖。

天怒人怨

西廠運行不過數月，已經因為橫行霸道和作奸犯科而招致天怒人怨。成化十三年（一四七七）五月，大學士商輅和萬安、劉珝、劉吉等人，聯名上奏皇帝，列舉了汪直各種罪狀，請求罷免西廠，處分汪直及其爪牙韋瑛等人。

這封奏疏，動之以情、曉之以理，分析了西廠及特務政治的種種危害和罪惡，同時也向皇帝提出了較為合理的為政之道。

奏疏首先總結西廠設立以來造成的政治之弊，主要在於：伺察太繁、法令太急和刑網太密。惡政必然帶來惡果，商輅等人接著總結了特務政治所帶來的種種弊端，牽涉到各行各業。比如，錦衣衛校尉僅僅憑藉道聽塗說的消息，就可以肆意抓人。他們不管有沒有「駕帖」，都可以隨意進入民宅進行搜查，而民眾則因為害怕家人被抓，即使發現家財丟失，也不敢做出任何反抗。普通老百姓是這樣，衙門各司的大小官吏也因此而不安於職位。內外大臣同樣受到驚擾，即便是股肱重臣，也擔心受到驚擾而不安於位。而且，各行各業都受到嚴重影響：商賈不安於市，行旅不安於途，士卒不安於伍，庶民不安於業……

應該看到，商輅等人的總結，不僅僅是指出了西廠的弊端，同時也指出了所有特務政治的弊端。自從明代設立錦衣衛和東廠以來，這些惡政就開始出現，與明代政治相攜而行。

沒想到的是，商輅等人接下來還有更為刺激的話語出現。他們進一步尋找造成這些政治惡果的根本原因，不在汪直，而是在於憲宗。正是所謂「駕帖」，指的是經皇帝許可、由刑部簽發的逮捕人的公文。因為憲宗將「聽」、「斷」兩項大權都交給了汪直，才造成了這種汪直獨大的局面：「蓋緣陛下委聽斷於汪直一人。」[3]

在他們看來，這就是偏聽偏信，自然會帶來很多問題。不僅汪直存有各種過失，就連他的手下也有大大小小的過錯。因為汪直將偵察之事轉交群小，自然就會縱容群小的胡作非為。比如錦衣衛韋瑛，僅僅是一個百戶，卻經常謊稱是親承皇帝密旨，一直在百官面前擅作威福。這些人如狼如虎，肆無忌憚，一直傷害忠良，虧損國體，早已成為公害。朝廷中那些諂諛之徒，主動地攀附接近這些小人，或虛與委蛇，或為非作歹，一些忠良之臣反倒受到排擠和打壓。

奏疏中進一步指出，如果官員確有犯罪之舉，當然應該奏請皇帝並聽旨收審，但是目前西廠權力過大，竟然膽敢擅自抓捕三品以上的京官，這一定會帶來恐慌和混亂。諸如大同、宣府之類的戰略要地，守備不可一日或缺，汪直竟然一天之內連抓數人，對邊務形成了極大的干擾。至於南京，是祖宗的根本、國家的重地，汪直居然也敢隨意抓捕那些留守大臣。這些胡作妄為、藐視朝綱之舉，一定會置國家於危境。

接下來，商輅等人繼續用英宗朝的特務政治歷史和經驗教訓，提醒憲宗要防微杜漸，防患於未然。他們一針見血地指出：過去曹欽之所以謀反，都是因為縱容了逯杲四處生事。所以，對於特務政治不可太過倚重，對於把持偵察司法大權的重臣，也必須保持足夠的警惕。

在商輅他們看來，棄用西廠這種特務組織之後，仍然可以藉由傳統方法掌握政情、軍情、民情、社情。所以要遵從祖宗之成憲，重用六科給事中，以防假冒奏訴，對於各府部也要加強問責，賦予課考核實之權……

說來說去，奏疏回到了核心訴求：革去西廠，罷黜汪直，將韋瑛等群小送交法司會同錦衣衛審問清楚再治以重罪。

可以毫不誇張地說，商輅等人的奏疏，秉持著赤誠之心，希望朝廷剷除奸邪，然而卻無法得到憲宗的肯定和欣賞。

憲宗看完奏疏，勃然大怒：「一內豎輒危天下乎！」[4]在他看來，一個宦官不至於危及

3《明憲宗實錄》卷一六六。
4 谷應泰，《明史紀事本末》卷三七，〈汪直用事〉。

天下安全，所以商輅他們顯然是危言聳聽，存心與自己過不去。

隨後，他命令司禮監太監懷恩、覃吉、黃高等人迅速查明這奏疏究竟是出自誰的主意。面對太監的質詢，商輅等人異口同聲地說道：「臣等同心一意，為國除害，無有先後。」劉珝更是慷慨而泣。懷恩於是只能據實上奏。不久之後，皇上的處理結果下來了。他雖然沒有處理商輅等忠良，卻忽然傳旨慰勞汪直。商輅等人參劾汪直的行動宣告失敗。

雖然參劾行動暫告失敗，但是這封奏疏義正詞嚴、振聾發聵，想必也對朱見深產生了極大刺激，至少能促使他進行反思。

也許正是這個原因，到了第二天，當尚書項忠以及其他大臣的奏疏陸續呈上時，憲宗對於汪直和西廠的態度已經發生改變。他迫不得已當著諸位大臣的面，宣布罷設西廠。

但是，如何處置自己長期寵信的太監汪直，這讓朱見深非常為難。他不能不考慮既往舊情和汪直此前的種種辛苦，尤其要顧及萬貴妃的顏面。思來想去，憲宗想到一個折中的處理辦法：派太監懷恩歷數汪直的罪狀，然後又做個好人寬宥其罪，並將其送回御馬監。汪直手下得力幹將、錦衣衛百戶韋瑛，則被調往邊防衛所。西廠當初臨時徵調的旗校，也被分別遣返錦衣衛。

眾多大臣的齊心協力，至此取得了階段性成果。朝廷內外，因為西廠的裁撤而大快人心，臣民也一致稱頌憲宗是個好皇帝。但是，他們高興得太早，汪直很快就找到了捲土重來的機會。

旬月重建

所有人都低估了憲宗對於汪直的信任和依賴，低估了憲宗的政治手腕，低估了汪直起死回生的能力。被打發回御馬監的汪直，不僅沒有傷及一根毫毛，而且很快就等到了東山再起的機會。

即便是眾多大臣聯合告狀，而且憲宗也被迫做出退讓——薄懲了汪直，但他對汪直的寵信並沒有因此而有所衰減。接下來，汪直告訴憲宗，眾臣之所以聯合告狀都是司禮監黃賜和陳祖生出的主意，目的是為楊曄報仇。憲宗深信不疑，立即將黃賜、陳祖生貶往南京。

御史戴縉、王億都是見風使舵的奸佞小人。他們從這件小事上窺探出憲宗的心思，於是盛讚汪直和西廠過去幾個月的功勞。王億說：「汪直所行，不獨可為今日法，且可為萬世法。」[6]天下人聽到王億的這句話，都紛紛搖頭，表示唾棄。

看到有人出面支持汪直，而且如此盛讚西廠，朱見深立即下詔重設西廠，並派千戶吳綬為鎮撫使。得到皇帝的大力支持，汪直氣焰更熾，更加野心勃勃。

5《明史》卷三〇四，〈汪直傳〉。

6 谷應泰，《明史紀事本末》卷三七，〈汪直用事〉。

到了這個時候，人們才恍然大悟，朱見深之所以迅速撤銷西廠，其實是為了更好地保護汪直。因為他明白，只有迅速對西廠和韋瑛做出處置，才能堵住眾人的嘴巴，就此轉移視線，不再糾纏汪直。

當初那個飛揚跋扈的汪直又回來了，不肯攀附的正直官員將迎來接踵而至的災難，阿諛奉承的小人則是螻蟻得志，可以一逞小人之雄。

不久，汪直便把矛頭對準兵部尚書項忠。他不僅指使手下誣告項忠，並且唆使江西都指揮劉江等人加入誣告隊伍。憲宗立即命三法司和錦衣衛會審。完全附和汪直的給事中郭鏜、御史馮瓘，則是青蠅點壁，紛紛站出來指責項忠違法。因為有汪直的指使，再加上皇帝的默許，項忠雖然不肯屈服，但還是被削職為民。

左都御史李賓也因為對抗汪直而遭到報復，很快就被撤職處理。尚書董方、薛遠以及侍郎滕昭、程萬里等數十人也都相繼被罷免。首輔商輅看到這種局面，只能歎息朝綱頹壞，就此告老還鄉。

很短時間之內就扳倒這麼多高官，汪直更加洋洋得意，不可一世。看到汪直成為炙手可熱的寵臣，群小競相攀附，陰凝冰堅。汪直在群小之中，挑選出王越擔任兵部尚書兼左都御史，陳鉞擔任右副都御史兼遼東巡撫，御史馮瓘擔任大理寺丞，王億為湖廣按察副使，戴縉為尚寶司少卿，不久擢升僉都御史。

汪直是北京一霸，南京內官監太監覃力朋則是南京一霸。惡霸遇到惡霸，自然也會有一場好戲發生。當時，覃力朋借上京進貢為名，動用上百艘船隻大量載運私鹽，沿途高價強賣。他同時還大量徵調民夫，一路擾民擾官，所過州縣，無不騷動。武城縣典史上前責問，反倒被覃力朋毆打，牙齒也被打斷；還有一名官員被覃力朋射殺。

得到消息後，汪直下令西廠進行深入調查。他掌握了覃力朋犯罪的各種證據，迅速報告憲宗，不可一世的覃力朋被迅速逮捕。朱見深透過這件事既看出了西廠的辦事效率，也更了解汪直善於探知情報的能力，於是更加寵信這位提督西廠的大太監。

此後，汪直開始插手軍務，並且四處探訪，不停地刷存在感。他在徵得憲宗的同意之後，帶著皇帝的詔令巡視邊防。他率領輕騎在各處要塞往返奔馳，各地官員都必須早早迎拜，稍有不敬就會受到鞭撻。有官員將汪直的不法行為密奏憲宗，結果很快就遭到了報復。

當時，就連江湖騙子都知道汪直權勢很大，所以假冒這位當世紅人招搖撞騙。有個叫楊福的江西人，因為相貌與汪直相似，大膽假扮成汪直，帶著一名隨從四處遊歷，從常州到蘇州，再從杭州到紹興……所到之處，各級官員都爭先恐後前來迎接。楊福則是一路騙吃騙喝，而且大量收受賄賂，過了一陣逍遙快活的日子，直到很久之後才被揭穿。

當初，汪直將親信陳鉞提拔為遼東巡撫，所以陳鉞必須要給予相應的回報，始終仰汪直的鼻息而動。當得知汪直即將到達遼東的消息後，陳鉞早早地趕到郊外迎接，而且長久跪伏在地，不敢抬頭。巡視的路上，汪直一直受到優厚的款待，不僅酒菜極為豐盛，就連汪直的手下也能得到重金賄賂。汪直很喜歡這種感覺，也為此而洋洋自得。

陳鉞暗示汪直應當借助征討，建立軍功，以便進一步鞏固自己的政治地位。汪直覺得很有道理，便對憲宗詐稱邊疆受到侵犯，請求作為監軍與大軍一起出征。

遼東巡按強珍曾檢舉揭發陳鉞的罪狀，汪直得知後，不僅極力袒護陳鉞，而且還將強珍貶職。憎惡汪直的人，得知其手下重要走狗姓名，遂將陳鉞和兵部尚書王越合稱為「二鉞」。這種稱呼越傳越廣，直到傳至憲宗耳中，並在一定程度上改變了汪直的命運。

徹底改變汪直命運的，是個叫阿醜的小宦官。阿醜非常善於表演滑稽戲。有一天，他在憲宗面前扮演一個醉漢當街謾罵的樣子。有人告訴他說：皇上來了，快避讓。只見醉漢仍舊謾罵不止。忽又有人說：汪太監來了。醉漢聽了，拔腿就走，而且大聲說道：「今人但知汪太監也。」[7]

這之後，他又假扮成汪直的模樣，手持兩把鉞踉踉蹌蹌地跑到皇帝面前，並且說道：「我能帶兵，就是仰仗著這兩把鉞。」旁邊有人問是什麼鉞。答曰：「王越和陳鉞。」

小阿醜也許根本不明白這齣戲所蘊含的政治意味，也不知道他所演繹的滑稽戲，其實是有人在借用一種非常特殊的方式向皇帝進諫。戲非戲，劇非劇，都是現實政治的真實反映。劇中醉漢所言，並非完全胡言亂語，而是透著極深的玄機。

正所謂說者無心，聽者有意。醉漢的話，真真切切地刺激到了憲宗。憲宗本是看戲之人，卻一不小心成為戲中之人，這多少令他感到意外。不管是尷尬，還是新奇，一絲詭異的笑容出現在他的臉上。料想這詭異之中也夾雜著一絲苦澀，因為他非常清楚這齣滑稽戲所蘊含的寓意。

當所有人都明白汪直的權勢已經對皇權構成威脅時，憲宗還能繼續犯傻嗎？不久之後，他終於改變了對汪直的態度。

牆倒眾人推

雖說全天下的人都知道汪直弄權，卻沒有多少人敢站出來對汪直實施攻擊。尤其是想到商輅等人的悲劇，大家只能心灰意冷地放棄抗爭之念。憲宗此時已經在內心放棄了汪直，但是朝臣暫時還體會不到。

意外的是，提督東廠的大太監尚銘忽然站了出來，大膽地揭發了汪直的種種不軌行為。東廠曾經有過長期的輝煌，勢力強盛之時，甚至一度將錦衣衛掀翻在地。但到了汪直專權時期，他們只能偃旗息鼓。因為有汪直，西廠明顯地更受憲宗青睞，東廠無法施展手段。

尚銘經營東廠多年，也算一隻老狐狸了。他非常清楚憲宗和汪直的關係，所以只能對汪直處處忍讓。他深知，在憲宗面前，自己無法和汪直相比，因為完全不是一個重量級。所

7《明史》卷三〇四，〈汪直傳〉。

以，他只能擺出一副大大落落的模樣，任由汪直各處折騰。

但是尚銘也不是毫不作為，而是悄悄地集聚力量，不與汪直和西廠發生直接交鋒。平時，東廠也需要擔負一定的偵察緝捕任務，履行自己的基本職責，並不能完全跳出三界外。如果長期不開門營業，「生意」全被西廠搶走，他們的生存自然會成為問題。

對於扳倒汪直，尚銘也不是沒有考慮。他在平時特別布置了一些針對西廠和汪直的偵察行動，手中握有不少汪直和西廠作奸犯科的把柄。只是時機不到，尚銘不願意抖出，避免引火燒身，偷雞不成蝕把米。

在和汪直的鬥爭過程中，尚銘非常講究策略。如果汪直離開京城，他就下令東廠積極作為；如果汪直在京，他和東廠就立即變得非常小心，盡量不和西廠發生直接利益衝突。

雖然處處小心，尚銘還是一不留心搶了一回西廠的「生意」。成化十八年（一四八二）春，東廠因為抓了一個不該抓的賊人而得罪了汪直。當時，有盜賊趁著黑夜進入皇城，主要是為了盜竊財物。對於這種罪犯，當然必須立即進行抓捕，而不必等到汪直批示。尚銘也因為及時有效的抓捕行動而獲得豐厚獎賞，但汪直對此既是嫉妒，又是氣憤。他嚴厲地責備尚銘不該對自己有所保密，而且趁著自己不在京城之時，擅自搶占頭功——「銘吾所用，乃背吾獨擅功。」[8]

得到皇帝的厚賞，尚銘尚沉浸在喜悅之中，沒想到會由此而受到汪直態度強烈的警告。他不敢面對汪直憤怒的眼神，猜測自己必將遭到汪直的打擊報復。

然而尚銘畢竟是一個老江湖，思來想去，他決定先下手為強，爭取主動。他決定將自己平時偵察到的汪直洩露宮中密語之事奏報憲宗，而且揭發了汪直與王越等人的不法交往。

憲宗此前一直抱怨無法得知準確真實的民情，對廠衛的辦事能力已有不滿。面對東廠呈上的材料，憲宗感到非常震驚，這才明白是汪直一直有意從中作梗，就此產生了撤換汪直的念頭。

尚銘鋌而走險的行動，竟然取得了成功，不僅實現了自救，也使憲宗徹底疏遠了汪直。

在汪直離開京城之後，憲宗重用李孜省和萬安等人。他們在受到皇帝優寵之後，膽量也開始變大。汪直在京城時，大家雖然憎恨其作惡多端，但都知道他心狠手辣，不敢得罪。他們看到汪直遠離京城，以為是皇帝有意疏遠他，於是紛紛生出膽氣，準備與汪直決一雌雄。

起先就有人參劾，說汪直隱蔽邊情，「以致胡虜大舉入寇」。[9]這令憲宗非常惱怒，認為是罪不容誅的欺君禍國行為。此後，不斷有人呈上奏疏，或是參劾汪直專權，或是舉報西廠枉法。大家一致認為，西廠偵察緝捕過於嚴酷，而且太過擾民，製造了太多冤案，絕非國之重器該有的模樣，所以應該予以裁撤。所謂牆倒眾人推，群臣只有改變長期唯唯諾諾的作風，才有扳倒汪直的機會。

---

8 谷應泰，《明史紀事本末》卷三七，〈汪直用事〉。

9《明憲宗實錄》卷二八四。

包括首輔萬安在內的群臣，都積極主張裁撤西廠，只有劉珝認為應該保留。憲宗在綜合各方面意見之後，宣布再次裁撤西廠。

得知這一消息，朝廷內外歡欣鼓舞。

朱見深不僅裁撤了西廠，同時還將汪直調往南京御馬監。

當初汪直氣焰囂張之時，車蓋所至，有司唯恐迎候不及、招待不周。各處州府不僅要招待好汪直，還要將其僕從侍候舒坦，必須要保證「汪大人」心情愉悅。等到這次被調，汪直所過州縣，有司完全換了一種態度，都是避之唯恐不及。

部分官員表現出「痛打落水狗」的精神，對「汪大人」不依不饒，繼續狂追猛打。

八月，御史徐鏞上書參劾汪直欺君罔法，他說：「汪直與王越、陳鉞結為腹心，互相呼應，漸成羽翼，長期危害朝廷。因為權勢過於強大，所以造成了一種奇怪現象：天下人只知有西廠而不知有朝廷，只知畏懼汪直而不知畏懼陛下。」

徐鏞所說「只知畏汪直而不知畏陛下」等現象，曾經由小宦官阿醜借助滑稽戲向憲宗表達過。這時再由徐鏞之口說出，仍令憲宗感到非常震驚。所以，他同意了徐鏞「明正典刑」[10]之請，加大了對汪直等人的懲處力度。汪直被進一步降職為御馬監奉御，從此被徹底擱置，再沒能獲得東山再起的機會，幾年後鬱悶地病死。

不僅汪直被降職，其重要黨羽兵部尚書陳鉞、工部尚書戴縉、錦衣衛指揮使吳綬等，都被革職為民，重要打手韋瑛也被處死。

西廠被廢除之後，尚銘終於可以獨斷東廠事務，很是風光了一陣。但他顯然絕非善類，不僅四處為非作歹，而且在聚斂財物上花樣迭出，所下功夫遠超汪直，正所謂「一蟹不如一蟹」。

在平時，尚銘非常關注富豪們的動態。他經常派出錦衣衛四處打探富豪們的行蹤。覓得機會，他便想方設法羅織罪名，對富豪進行勒索敲詐，直到索取到足夠的重賄才肯罷休。和汪直一樣，尚銘同樣幹著賣官鬻爵的勾當，竭盡敲詐勒索之能事。不久之後，尚銘的種種劣跡終被察覺。朱見深下令將其撤職，並貶往南京充軍，同時沒收其全部家產。由於尚銘平時聚斂財物太多，抄家的車子拉了好幾天都沒能把他家的寶貝運完。

---

10 谷應泰，《明史紀事本末》卷三七，〈汪直用事〉。

第十章

海神來過惡風回

難得平靜

在處理尚銘之後，憲宗改用陳准總領東廠。陳准並不喜歡汪直和尚銘那套傷天害理的做法，也不願意再人為製造白色恐怖。他在上任之後，立即約法三章，告誡眾校尉：「有大逆不道的謀反之事，就請立即報告給我。如果不是，就請你們不要太過擾民。」

這種抓大放小的舉措，不失為一種明智之舉，不僅令陳准擺脫了庶務之煩，也令官員和百姓交口稱讚。京城從此過上了一段相對安寧的日子。

憲宗重新找回朱驥，令其執掌錦衣衛，獲得了不少稱讚。朱驥當初受吳寧推薦而成為于謙的女婿，在天順初年因為于謙而受到處分。憲宗先是為于謙平反，不久就提拔朱驥為指揮僉事，此後歷任指揮使、都指揮同知、都指揮使，長期執掌衛事。

朱驥寬仁而且識事體。成化年間，有飢民依靠搶劫財物以苟朝夕，甚至因為搶了一斗粟而身陷囹圄。朱驥看到這些判決，便心生憐憫：「此窮民耳，其情可憫。」[1]

有個叫真惠的妖人，因為寫作偽書、妖言惑眾而被抓，牽連之人多達數百之眾。這些受到牽連的人，按照當時的法律，都應該被處死。但朱驥並沒有這麼處置。他只是治了真惠的罪，其餘的人則一併免去死罪，只以發配戍邊作為懲罰。

持法公平的朱驥，不僅治獄鮮有冤情，而且盡量避開酷刑，由此而受到世人稱許。朱驥掌管衛事時間很長，直到弘治三年（一四九〇）十二月去世為止。當時，孝宗不僅予以表彰，還特賜祭葬。

成化二十三年（一四八七）八月，憲宗病逝。據說他是因為萬貴妃的死而悲傷過度死的。繼位的朱祐樘是憲宗的第三子，年號弘治，廟號孝宗。母親為了保護他不被萬貴妃傷害，曾帶著他長期隱居在非常隱蔽的樂安堂，直到六歲才和父親相認。

萬貴妃因為自己不能生育，所以特別害怕別的妃子替憲宗生下皇子，從而對自己的地位構成影響。性格變態而扭曲的萬貴妃，一面拚命纏住朱見深，不讓他臨幸別的妃子，一面嚴密偵察其他嬪妃，一旦發現誰有懷孕跡象，便強加迫害。朱祐樘被冊立為太子之後，母親紀氏忽然暴斃宮中，眾人均知這是萬貴妃所為。

也許是因為深知皇位得之不易，也許是因為年少時曾經歷過太多苦難，朱祐樘即位之後非常勤政愛民，成為備受讚譽的明君，甚至被不少人奉為有明一代最受稱頌的皇帝。他趕走了內閣首輔萬安那些貪婪無恥之徒，任用王恕、劉大夏等正直之士，並且廣開言路，抑制宦官，創造了一段經濟繁榮、生活安定的時期，史稱「弘治中興」。

從弘治元年（一四八八）開始，朱祐樘便給人耳目一新的政治氣象。看到新皇帝虛心納諫，戶部員外郎張倫提出了兩條建議：

1《明孝宗實錄》卷四四。

第一是「惜爵賞」，愛惜名器之重。不能濫施獎賞，動不動就使用獎勵的方式來籠絡人心，尤其是要防止一些人藉由皇帝賞賜之物達到別有用心之目的。

第二是「免差遣」，避免致陷無辜。在張倫看來，差遣官校太多，除了會導致人心驚疑之外，也會產生一些校尉為了邀功求賞而緝捕無辜人員入獄。這便會導致冤案太多，人心難服。尤其是東廠，長期密查臣僚過失，並隨意黜罰，由此而「致陷無辜者多矣」。[2]所以他建議，除非是機密之事和重要之情必須差遣官校，其他情況可以責令巡撫、巡按等官勘報。

接下來，張倫便說出了自己內心的真正願望：請求撤去東廠。他認為，東廠之設，並非祖宗之法，而且導致了太多冤案，應當就此廢止。

張倫所請，其實也是集中代表了朝臣對東廠的憎惡之情。對此，孝宗不能不有所考慮。雖然最終的結果，他沒有從其所請就此撤掉東廠，但也經常詔令廠衛必須秉持公允之心辦案，不得法外用刑：「凡廠衛所送囚犯，從公審究，有枉即與辨理，勿拘成案。」[3]

朱祐樘不願意撤掉東廠，可能另外有所考慮。後來，當刑部典吏徐珪借助一件冤案上書孝宗，建議取消東廠或另選提督時，終於惹惱了孝宗。

在徐珪看來，當時的司法審判出現了比較嚴重的問題，根源出自東廠。當皇上令三法司、錦衣衛會審時，三法司畏懼東廠，所以始終不敢明辨。由於東廠勢大，群臣向來都有所畏懼，審問盜賊也大多根據東廠鎮撫司的判斷。即便是錦衣衛校尉挾仇誣陷，或受首惡之贓，東廠也是不聞不問，任由巡捕官校擅用刑罰，逼迫犯人招供。至於刑官，則只能根據其詞擬罪，不敢擅改一字。

應該承認，徐珪所述反映了當時會審和司法的部分實情，但這些話孝宗並不是很願意聽。接下來，當徐珪議論東廠是非時，終於惹惱了孝宗。

徐珪說，如果不革除東廠，那就應該推選中官中嚴謹忠厚之人擔任提督，比如陳寬、韋泰。與此同時，還應該選派一名大臣共理鎮撫司，而且理刑也不必專用錦衣衛官員。可以推選在京各衛官員以及刑部主事一人共蒞其事，每隔三年、六年進行一次輪換，那麼巡捕的官校就不敢作弊，也不敢擅用刑罰誣及無辜……

面對這些誠懇的勸諫，孝宗不僅沒能聽進去，反而是一番迎頭痛斥：「徐珪假以建言為由，詞語妄誕！」[4]他隨即下令都察院對徐珪進行調查。其間雖有人站出來說情，但孝宗不為所動，徐珪最終還是被削職為民。

平靜之中蘊含著風浪。從總體上看，弘治朝政治相對清明，沒有出現嚴重干政或亂政的宦官，但也並非太平無事。在弘治末年，朱祐樘一度寵信宦官李廣，雖說因為虛心納諫和及時改過，沒能釀成災禍，卻為正德年間宦官的復起埋下了伏筆。尤其是他面對直諫卻不願撤

2《明孝宗實錄》卷九。
3《明史》卷九五，〈刑法志三〉。
4《明孝宗實錄》卷九。

除東廠的態度，更給了宦官重新崛起的信心。

虎中稱王

當初，孝宗在臨終之時曾對劉健、李東陽、謝遷等人說，自己非常擔心朱厚照貪玩無度，耽誤大事，沒想到這些果真成為現實。朱厚照即位之後，不僅貪杯好玩，而且崇尚暴力，成為一個視國事如兒戲的皇帝。

明武宗朱厚照登基為帝時，未滿十五歲，尚且是個頑童。之前孝宗一直忙於政事，忽視了對朱厚照的教育，令不辨是非的小皇帝很容易受到引誘。朱厚照從小被一群小太監包圍著，所以內心非常親近太監，覺得這些人才是自己的至親。劉瑾等大小太監，也由此開始獲得武宗的重用，從而能夠在政壇上掀起新的風浪。

在弘治時期，劉瑾得到機會侍奉當時還是太子的朱厚照。他出於本能地珍惜這個難得的機會，等待太子登基之後，順理成章地成為重臣，進而攫取權勢與財富。太子愛玩，劉瑾便千方百計地順從討好，而且想方設法地引誘其胡鬧。十多歲的太子，對各種歌舞和遊獵十分癡迷，便更加離不開劉瑾這樣的玩伴。

太子登基之後，不僅是劉瑾獲得重用，其他如馬永成、谷大用、魏彬、張永、秋聚、高鳳、羅祥這七名太監，也都得到了新皇的寵愛。這些太監，個個有權有勢，都能在政壇上呼風喚雨，所以被人們統稱為「八虎」。這「八虎」，個個都不是省油的燈，普通官員隨便被哪一隻虎咬到，一定非死即傷。「八虎」的心思完全沒有放在正道上，他們一面想方設法地鼓動皇帝四處遊玩，縱情享樂，博取武宗的歡心，一面乘機弄權，為非作歹，到處飛揚跋扈。

這「八虎」中的虎王，就是劉瑾。因為他最受武宗信任，所以也最為巧佞狠戾。

劉瑾，陝西興平人，本姓談。因為自小被太監劉順收養，從此改姓劉，後來淨身當了太監。弘治年間，他曾犯過罪，後來僥倖被赦免，竟然得到了侍奉朱厚照的機會，就此獲得寵信。

以劉健、李東陽、謝遷等為首的眾多朝臣，看到武宗受這些宦官的影響太重，漸漸開始不理朝政，不禁深以為憂，紛紛進行勸諫。剛開始，武宗完全聽不進去，直到有人告知天象有變，是上天發出警示，武宗這才鬆口，與朝臣商量，將劉瑾貶斥南京。

朝臣看到皇帝開始動搖，希望抓住機會剷除禍根，劉健極力勸說武宗下定決心除掉劉瑾。對此，吏部尚書許進表示反對。他認為，如果逼迫武宗做出過激的殺人之舉，將會生出意外的事端。

劉健、謝遷悄悄地聯絡其他一些重要官員，準備第二天共同勸諫武宗殺死劉瑾，一舉除掉「八虎」。內監王岳、范亨、徐智等人，也非常痛恨「八虎」，所以將劉健等人的話完整轉告武宗，並且稱讚閣臣所議極是。

得到內廷的支持，劉健等人對剷除「八虎」充滿信心。沒想到就在此時，吏部侍郎焦芳提前向劉瑾透露消息，給了劉瑾等人絕地反撲的機會。

劉瑾得知消息，緊急召集其他「七虎」，連夜趕到武宗面前求饒，希望武宗念及多年舊情，能夠保護他們。

這八個人環跪在武宗周圍，以頭搶地，痛哭流涕地說道：「如果不是皇上的恩典，我們就只能像惡狗一樣被別人驅趕，甚至早就遭到謀殺。」

劉瑾等人悲愁垂涕的模樣，竟然讓皇帝為之動容，面色為之稍變。

看到哭訴起了效果，劉瑾更加來勁，在繼續表忠心的同時，忽然調轉矛頭，對準內監王岳等人。只見他繼續哭訴道：「害我們的人，就是王岳。」

武宗非常不解，問道：「這是為什麼呢？」

劉瑾答道：「王岳掌管東廠，總是和外臣串聯。先是發動諫官說事，等到大家進行閣議之時，王岳連連稱是。這叫什麼事呢？王岳掌管情報部門，畢竟還是皇帝的耳目，可他這種做法，到底把自己算作誰的人呢？他一直幫那些閣臣說好話，卻唯獨容不下我們這些人。」

武宗想起劉瑾所說也是實情，他本人甚至為這事與閣臣生過氣，此時受到劉瑾的挑撥離間，不禁勃然大怒：「看來我必須要修理修理王岳這個傢伙才行。」

接下來，朱厚照不僅是生王岳的氣，也生起內監其他幾個大員的氣，范亨、徐智等人由此受到牽連。朱厚照決定起用劉瑾等「八虎」，替換王岳那些「吃裡扒外」之徒。

就在這個深夜，朱厚照接連頒發幾道「委任狀」：令劉瑾入掌司禮監兼提督團營；丘聚也進入司禮監，並提督東廠；恢復西廠，並任命谷大用提督西廠；至於張永等人則並司營務，分據各處要地。

劉瑾得到了權力，連夜傳命，將王岳、范亨、徐智等人逐出京城，趕往南京。

一夜之間，內廷發生了翻天覆地的變化。

而且，這一切都是在神不知鬼不覺中完成。劉健和謝遷等閣臣尚且在睡夢之中，對此毫不知情。

「八虎」本來只是抱著一線希望請求寬恕，算是狗急跳牆式的垂死一擊。沒想到他們的一番哭哭啼啼竟然使得劇情急劇反轉。武宗不僅當場赦免他們，而且給了劉瑾更大的權力，令其得到掌管司禮監的大權。

在這之前，劉瑾只是個不太起眼的太監。執掌司禮監之後，劉瑾雖然還是一名太監，但他已經成為太監中的頂層。因為執掌司禮監，劉瑾不僅贏得了專權的重要資本，而且繼續穩坐「八虎」首位。

第二天早晨，當群臣上朝，聯合奏請皇帝懲處「八虎」時，才意識到情勢大變，劇本已經在幾個小時之前被徹底改寫，除掉「八虎」已經成為不可能完成的任務，甚至連他們自己的地位也已不保。

劉健、謝遷等人先是繼續據理力爭，眼見不能獲准，只得以集體請辭作為威脅。沒想到武宗竟然爽快地同意他們的辭職申請。這讓劉瑾得意不已，也令朝臣垂頭喪氣。

當初為「八虎」通風報信的焦芳，順利進入內閣。他與劉瑾等人暫時結成了同盟。請辭的官員中，只有李東陽被勸留。李東陽為什麼會被留下來呢？因為相比其他兩位閣臣，他對「八虎」的態度相對曖昧。之前進行閣議時，劉健和謝遷態度強硬，只有李東陽習慣於緘默，所以得以勸留，而且很快就擢升為內閣首輔。

當詔旨頒布時，李東陽說：「臣等三人，責任一同，而獨留臣，將何辭以謝天下！」對此，武宗並不允准。

等到劉健、謝遷離開京城之時，李東陽在送行途中忽然哭泣。劉健正色道：「今天哭泣有什麼用呢！如果當時和我們保持口徑一致，那就可以和我輩一同去職離京了。」李東陽啞口無言，無以為應。

耍奸玩狠

劉瑾得勢之後，首先要做的就是對仇家進行報復。他的第一個目標就是王岳。

王岳在弘治朝深得孝宗器重，所以才能被委以重任，提督東廠。他處事公正，素以嚴厲著稱，所以一向看不慣「八虎」的驕橫，也因此而得罪了「八虎」，被貶往南京，不久之後便遭劉瑾殺害。

殺死王岳之後，劉瑾仍不解恨，繼續展開清剿「王黨」行動。錦衣衛百戶姚景祥、小旗張錦，都被認定是王岳黨徒，先是各自廷杖四十，然後罰往戍邊。他們先是被兵部判發肅州衛，劉瑾等人改批遼東鐵嶺衛。在這期間，張錦遭受了酷刑，死於獄中。

隨著清剿範圍的繼續擴大，錦衣衛官校王縉、郭仁等人，都被判定為「王黨」，無一例外地被謫戍邊。

除了「王黨」之外，還有規模更大的「劉黨」和「謝黨」。對於劉健和謝遷，劉瑾也繼續窮追猛打。正德二年（一五〇七）三月，劉瑾召集群臣跪在金水橋南，等候皇帝宣布「奸黨」的諭旨。其中，為首的是大學士劉健和謝遷，尚書中則有韓文、楊守隨、林瀚，部曹則有郎中李夢陽，主事則有王守仁、王綸、孫磐、黃昭，詞臣則有檢討劉瑞，言路則有給事中湯禮敬、陳霆等，一共有五十三人，都是海內有名的忠直之士。

劉健辭官回鄉，也沒能過上安穩日子，因為劉瑾不依不饒地上門尋仇。劉瑾除了將劉健列為奸黨之首榜示朝堂之外，不久之後又將其削籍為民，追奪誥命。

對於謝遷，劉瑾本想逮捕入獄，結果被李東陽勸阻。沒想到站在旁邊的焦芳忽然冒出一

5 谷應泰，《明史紀事本末》卷四三，〈劉瑾用事〉。

句：「即便是從輕發落，也應當除名才是！」不久，判決書下來了，正如焦芳所言，謝遷遭到撤職除名。

當年十二月，劉瑾繼續請旨，剝奪劉健、謝遷及尚書馬文升、劉大夏、韓文、許進等人的誥命，並追還所賜玉帶服物。同時被剝奪誥命的，多達六百七十五人。

劉瑾的瘋狂氣焰曾令所有的人都為謝遷擔心，但謝遷表現出一副行若無事的姿態，他不僅怡然自得地與客人對弈，還心平氣和地吟詩作賦，並沒有把自己的安危放在心上。一直到劉瑾伏誅，他最終得以官復原職。

劉瑾打著幫皇帝清除奸黨的口號，大肆清除異己。等這些忠良之臣被迫紛紛離開，劉瑾終於可以隨心所欲地專權了。

善於察言觀色的劉瑾，知道武宗沒有辦法控制住自己遊戲的欲望，便經常藉此誘惑和控制皇帝。他設計出各種好玩的遊戲纏住武宗，然後專門選擇武宗玩得興起之時請示政事。這時候，武宗總是會很不耐煩地斥責道：「你們什麼事情都要來找我，為什麼不讓我清閒一點？我養你們這些人難道都是吃閒飯的嗎？」

面對訓斥，劉瑾表面上裝成灰溜溜的模樣，內心則暗自竊喜，因為他就此有了專斷政務、竊取大權的正當理由。

當初因告密立功的焦芳被安排在內閣任職後，只知仰劉瑾的鼻息而動。包括李東陽，一度也只能唯唯而已。因為李東陽的屈服，內閣的地位從此直線下降，而且開啟了閣臣聽從太監指揮的惡例。

對於當初共進退的「八虎」成員，因為劉瑾的專橫，也有所分化。隨著劉瑾的越發強勢，這種分裂是勢所必然的。

谷大用請求在臨清開辦皇店，劉瑾不僅不同意，而且抓捕了為谷大用出謀劃策的人。馬永成想提拔錦衣衛百戶邵琪，也遭到劉瑾的拒絕。道理很簡單，一切都只能由劉瑾說了算。

其中最慘的人應該算是丘聚。因為提督東廠，丘聚肆意妄為，並在偶然之間得罪了劉瑾。結果劉瑾抓住他的小辮子，將其調往留都南京。從此之後，東廠完全歸劉瑾掌控。

張永也是「八虎」中的一員，本與劉瑾過從甚密，但由於劉瑾的強勢，兩人漸漸地分道揚鑣。劉瑾知道張永終究會離開自己，執意將他改調南京。此後，張永對劉瑾更是恨得咬牙切齒，見到他就想拳腳相加。武宗從中調停，勸說他們和解。看在皇帝的面子上，他們雖在酒桌上達成了初步的和解，但是心中的裂痕卻變得更深。

劉瑾在攬權之外，還瘋狂斂財，而且打著皇帝的旗號中飽私囊。有了權力之後，他便開始索賄、受賄、貪污，和別的貪官沒有什麼兩樣。而且，因為有皇帝作為保護傘，他不僅膽子大，胃口也遠遠超過一般貪官。

當時，凡是入覲、出使的官員都必須對劉瑾行賄。各地官員進京述職時，需要先向劉瑾行賄，這叫做「拜見禮」；只要有官員升遷，劉瑾便向其索取「賀印錢」，官員必須交出謝禮；如果不肯給，就會遭到報復。大學士吳儼、御史楊南金，就這樣被打發回老家。給事中周鑰在出外執行任務回京之後，因為沒有金錢行賄，竟然自殺了。

禮金送少了還不行，同樣會被立即撤職。但只要追加賄賂，則官職又能立即恢復。所以，官位基本上成為劉瑾手中的商品。都指揮以下想求升遷之人，需求得劉瑾片紙。在得到足夠的賄賂之後，劉瑾在紙條上面寫「某授某官」，兵部就會依照他的指示立即執行。官員之中如果有犯罪之人，只要交夠了財物，不僅可以逃過處罰，還有機會擢升。

由於內閣焦芳、劉宇，吏部尚書張彩，兵部尚書曹元，以及錦衣衛指揮楊玉、石文義等人，都是劉瑾的心腹，所以劉瑾有機會掌握賣官鬻爵的整條利益鏈。

看到劉瑾如此貪婪，親信張彩曾感到一絲擔憂。他對劉瑾說：「那些給您行賄的人，未必都是拿私人財物，而是經常盜取公款。害怕的就是他們挪用公款、剝削百姓，都是假借您的名義，這樣豈不是將百姓的怨氣都引導到了您的身上嗎？」

張彩生性狡黠，因為和劉瑾同鄉，受到大學士焦芳的力薦，數月之內火箭般躥升，直至擔任吏部尚書。他可以隨意出入劉瑾家中，稱呼劉瑾為「老者」，可見二人關係非同一般。

既然張彩提出這個問題，劉瑾不得不認真對待。此後，劉瑾不僅拒收賄賂，而且還會將行賄之人治罪。

那麼，經過張彩這麼一勸，劉瑾自此變得清廉了嗎？也沒有。他只是變得更加狡猾而已。從一隻狡猾的老狐狸，變身為道行更高的妖怪。

這樣的劉瑾變得更加可怕，更加難以捉摸。各級官員必須小心謹慎地揣摩他的心思才行。如果一不小心揣摩錯了，那便意味著災難降臨，即便是行賄也會被收拾。送也不是，不送也不是。看來行賄也是一門大學問啊！之所以會發生這種怪事，根本原因就在於劉瑾對官員的政治前途和生命都看得太過隨意，一切只以自己的好惡為標準。

總領廠衛

劉瑾為什麼變得這麼可怕，原因並不複雜。除了他擅長利用皇權，精於耍奸玩狠之外，還有一個重要原因就是，他是總領廠衛的重要人物。不僅掌控了所有的情報資源，而且能夠在很大程度上決定別人的生死。

當初命懸一線之際，劉瑾等人依靠哭鬧爭取到了眾多政治籌碼，既可以掌控司禮監，還可以提督東廠，而且順便將西廠恢復。後來，丘聚得罪了劉瑾，提督東廠的權力被剝奪，劉瑾的權力由此變得更大。

在朝臣之中，劉瑾非常注意培植親信，打擊異己，在情偵系統更是如此。與劉瑾不一心的，都會遭到他的清洗。只有和他一條心，才會得到重用。其中最為典型的，就是錦衣衛指揮使石文義。

石文義本是內官石岩的養子，因為受到劉瑾的青眼相加，所以能夠官運亨通，連升數級。幾年之內，他從千戶到指揮同知，再到指揮僉事，最終成為錦衣衛指揮使。在這期間，他一直是劉瑾的重要爪牙。

在東廠、西廠的聯合阻擊之下，錦衣衛其實早已淪為日常事務機構，更多時候只能按照廠臣的旨意行事。等到石文義成為首領，錦衣衛更是淪為劉瑾的私人工具。廠衛的勢力，也由此合為一處。

劉瑾氣焰囂張，但仍有一股力量在悄悄地進行著反抗。

正德三年（一五〇八）夏，在皇帝巡行的御道上忽然出現一封匿名信，揭發劉瑾的種種不軌行為。遺憾的是，這封檢舉信最終還是非常不幸地落到劉瑾手中。他氣急敗壞，立即矯旨召集文武百官跪在奉天門下。

由於始終查不出寫信之人，劉瑾怒氣更甚，等到天黑時分，他竟然下令將五品以下官員全部下獄。

第二天，大學士李東陽請求放人，劉瑾也已得知書信是出自內臣之手，這才同意放人。當時正值酷暑，太監李榮想給群臣送去冰瓜解暑，沒想到就此惹來劉瑾的盛怒。不久之後，主事何鉞、順天推官周臣、進士陸伸等人，先後因為中暑而身亡。

雖然被及時發現和及時懲治，但隱隱約約之間，劉瑾看到了一些潛在的敵人。這讓他感到一絲恐懼和震驚。

不久之後，為了進一步加強對臣民的監控，他改惜薪司外薪廠為辦事廠，榮府舊倉地為內辦事廠。京師稱之為內行廠。這種稱呼也一直被史籍所沿用。在《明武宗實錄》中，曾簡稱其為「內廠」。[6]只是今天的人們，似乎不經常使用這一稱呼。

錦衣衛中的骨幹分子，被劉瑾挑選進入內行廠。為了壯大內行廠的聲威，劉瑾決定親自擔任提督。京城內外很快得知，這個新設的特務機構，掌握著更大的權力，比東、西二廠更加陰森可怕，手段也更加殘忍毒辣。

以前是東廠、西廠搶著抓人，互相爭功，但是等到內行廠出現後，他們就不敢這麼放肆了，因為只有內行廠才有這種隨便抓人的權力。而且東廠、西廠也都受到內行廠的監控。他們不僅什麼人都敢抓，而且抓進來的人，很少能夠活著走出監獄。

至此，劉瑾得以總領廠衛，東廠、西廠、內行廠、錦衣衛這四大特務機構全都由其掌控。他已經從一名毫不起眼的宦官，成長為一代特工之王。

因為權勢過大，在當時人的心目中，劉瑾已經是可以與朱厚照比肩的人物：都是皇帝級別。只不過一個是站著的，可以稱之為「立皇帝」；另外一個則是坐著的，可以稱之為「坐皇帝」。

當時有一位叫林俊的巡撫，就曾寫下這樣一封奏章：

6《明武宗實錄》卷四一。

今近而京師，遠而天下，皆曰兩皇帝：朱皇帝、劉皇帝；又曰坐皇帝、立皇帝。謂陛下居皇帝之位，而劉瑾實秉皇帝之權。陛下朱姓，朱皇帝；劉瑾劉姓，謂劉皇帝也。[7]

說「劉瑾實秉皇帝之權」，其實並不算誇張。因為劉瑾已經在很多時候，把皇帝該辦的事都辦了，甚至是臣民的生殺予奪之權也被劉瑾攫取。既然是「立皇帝」，他便學著歷史上的那些暴君，開始任性弄權。

逞性妄為

在劉瑾看來，既然特務遍天下，政情、社情、輿情都可以悉數掌握，那麼巡撫就沒有必要設置了，於是他矯詔裁革天下巡撫。同樣道理，給事中作為言路官員，也只是經常添亂，會發出和廠衛不同的聲音，所以也要加以打擊。抱著這個主意，劉瑾藉著懲處劉、謝的機會，將大批給事中列為奸黨。

對付官員，劉瑾很有心得，也很有手段。無論是在朝堂，還是在家中，大小官員總會覺得背後有一雙眼睛時刻緊盯著自己。所以，他們都非常害怕劉瑾，即便是被貶邊關，也總逃不出特務的監視。

面見劉瑾，他們需要背負拜見閻王爺一般的壓力。偶爾聽到劉瑾咳嗽一聲，都會哆嗦大半天，頭不敢抬，腰不敢直，大氣都不敢出。給事中許天錫本想參劾劉瑾，又覺得沒有把握，只得懷疏自縊。另一名給事中郗夔也因為害怕辦事不稱劉瑾心意，在家中自縊而亡。左都御史屠滽在呈遞審錄重囚本時，因為重複多次書寫「劉瑾傳奉」字樣，遭到劉瑾的怒罵。不久之後，這位御史不得不率領十三道御史前來謝罪，而且全部跪於階下，叩頭不已，不敢仰視。

除了擴充偵察力量之外，劉瑾也對傳統量刑提出異議。他非常喜歡酷刑，聽到罪犯的哀號之聲，他覺得是一種享受。即便是皇帝下令大赦天下，劉瑾也充耳不聞，依舊在獄中使用各種酷刑。錦衣僉事牟斌因為善待獄囚，而遭到劉瑾的杖責和關押。尚寶卿顧璿、副使姚祥、工部侍郎張瑋、御史王時中這些官員，都是在瀕臨死亡之後被謫戍邊，算是僥倖撿了一條性命。御史柴文顯、汪澄只是犯了很輕的罪，就被凌遲處死。因為濫用酷刑，在短短數年之內，官吏和軍民中非法死亡的就多達數千人。

在劉瑾的干涉之下，各獄的酷刑變得更加殘酷。比如用來拘禁犯人的木枷本已非常沉重，但在劉瑾看來仍然顯得太輕。為此，他設計出重達一百五十斤的巨枷，犯人往往堅持不了幾天，就會被直接壓死。

7《見素集．奏議》卷四。

除了酷刑之外，連坐法也為劉瑾所欣賞。只要是抓到罪犯，就一定要連坐罪犯的家人。如果某一家犯法，他的鄰里都會受到牽連。這種沒由來的連坐法，造成哀號遍野，劉瑾卻頗為自得。就連窮鄉僻壤之人，都知道劉瑾和特務們的霸道和殘忍。每當看到穿著華麗衣服的人，或者遇到操著一口京腔的人，他們都會畏懼三分，繞道而行。

有了充足的偵察力量之後，劉瑾便伸出手來對付平民百姓。他從收拾中產階層中嘗到甜頭。這一階層的百姓，手裡多少都有點錢財，也因此變得前怕狼後怕虎。正是這種瞻前顧後，令他們喪失了與豺狼進行決戰的勇氣，由此成為傷得最深的那撥人。他們往往因為犯了一點小錯，或者是莫須有的罪名，就會傾家蕩產，辛辛苦苦積累的財富就此被特務們悉數沒收。

由於內行廠剛剛成立，迫切需要樹立威望，而且手裡這麼多特務不能閒著，所以劉瑾繼續為這些新特務尋找建功立業的機會。當時，官員已經被收拾得差不多了，無業遊民又惹不起，劉瑾便把矛頭對準了寡婦。他下令所有的寡婦都必須要嫁人，不能待在家裡，成為閒置人員。

在他看來，這在造成人口資源浪費的同時，也遲早會釀出其他社會問題。與此同時，他又把矛頭對準死人。他下令，人死之後不准開辦追悼會，不得在家中停靈。那些不執行規定和來不及安葬的，都必須要就地焚屍。

這些不符合人情的規定剛剛推出，就再次引起京城內外一片譁然，「洶洶幾致亂」。[8] 劉瑾眼看大事不妙，唯恐再次生變。為了安撫民心，他只好找出一個替罪羊，這個替罪羊就是最初提出建議的特務。

從這些事可以看出，劉瑾雖然頤指氣使，但內心其實非常懦弱，也知道這個「怕」字。因為作惡多端，他遲早會迎來覆滅的那一天，只是需要一個適當的人在恰當的時機站出來。

權閹之死

劉瑾做夢也沒想到，給他致命一擊的人就是他當年的親密戰友，曾經的「八虎」之一張永。

當年劉瑾氣焰正盛之時，只有張永敢於和他叫板，甚至還揮出拳頭。張永深受武宗寵信，同樣是一個膽壯氣粗的權閹，而且性格暴躁，是個天不怕地不怕的狠人。雖然經過皇帝出面調解，兩人表面上恢復了「傳統友誼」，但仇恨的種子一直埋在心底，遇到適當時機就會破土而出。

正德五年（一五一〇）四月，這樣的時機終於來臨。

當時，安化王朱寘鐇謀反，發檄文歷數劉瑾的各種罪行。劉瑾得到消息，也接到了檄

8《明史》卷三〇四，〈劉瑾傳〉。

文，不禁從內心感到害怕。他立即將檄文藏起來，然後起用都御史楊一清、太監張永為總督，前往征討叛軍。

張永有了兵權，膽子變得更大。他也看到了叛軍的檄文，知道劉瑾的罪大惡極已經遠近聞名，所以想藉機殺他，以便取而代之。

在平叛途中，張永曾對楊一清說起過上奏劉瑾不法之事的念頭。沒想到這楊一清態度更加強硬，他對張永說：「劉瑾一直在皇上左右，你的話怕是沒有辦法能傳進去，不如設計誅滅他。」接下來，楊一清一直為張永出謀劃策，令張永喜出望外。

這場平叛戰爭也進行得出奇順利，張永不久就傳回捷報，並且申請在八月十五日舉行獻俘儀式。

沒想到就在此時，劉瑾的哥哥死了，劉瑾恰好將送葬時間也定在八月十五日這一天。所以，他命令張永推遲獻俘儀式的日期。

張永正在猶豫之時，得到一個重要情報，說是京師傳言劉瑾將會在文武百官前來送葬之際乘機捉拿張永。

聽到這個消息，張永嚇了一跳，他不顧劉瑾阻攔，搶先入京獻俘。獻俘儀式結束之後，武宗設宴犒勞張永，劉瑾等人一同侍坐。宴席之上一切如常，但到了晚上，等劉瑾退下之後，張永向皇帝展示了叛軍的檄文，並乘機奏報劉瑾十七件違法之事。

當時，朱厚照已經有了幾分酒意，並沒有多少興趣看什麼檄文，聽什麼奏報，只是擺擺手說：「不要說這些吧，先喝酒。」

張永說：「要是離開這裡一步，臣將沒有機會再見陛下。」

武宗疑惑地問道：「劉瑾想要幹什麼？」

張永答道：「取天下。」

武宗笑了笑：「取天下？那就由他取吧！」

張永反問道：「他會置陛下於何地？」

朱厚照這才醒悟過來，繼續聽張永奏報。聽完之後，他大感失望，搖頭說道：「沒想到劉瑾竟然辜負了朕！」

這時候，馬永成等人也在旁邊幫腔，讓武宗終於有了放棄劉瑾的打算。張永下令連夜捉拿劉瑾，並分派官校查封他的私宅。

第二天，武宗將張永的奏章出示內閣，將劉瑾降為奉御，準備發配到鳳陽看守皇陵。從這個處置結果來看，朱厚照尚且念及舊情，準備對劉瑾網開一面，至少沒有打算殺人。但是接下來，武宗忽然決定親自趕往劉瑾家中抄家，這導致了劉瑾的命運大變。因為皇帝在劉瑾家中有了重大發現。

通過抄家，劉瑾平時聚斂的財物漸漸浮現在世人眼前。光是黃金就多達二十四萬錠又五萬七千八百兩，元寶則有五百萬錠又一百五十八萬三千六百兩，還有寶石二斗，其他貴重金銀器則難以數計，真的是富可敵國。

除了金銀財寶之外，在劉瑾家中還查出了大批違禁品。其中包括：金甲二副，金鉤三千，玉帶四千一百六十二束，獅蠻帶二束，金湯盒五百，蟒衣四百七十襲，牙牌二盒，出入皇宮的牌子多達五百塊。另外還有一大批武器裝備，如盔甲、弓弩等。

更為嚴重的是，劉瑾家中竟藏著一枚偽造的玉璽，還有一些皇帝才能使用的袞服、玉帶等。就連劉瑾經常拿在手中的扇子，也暗中藏著兩把鋒利的匕首……

看到這些東西，朱厚照不禁倒吸一口涼氣。等到他回過神來便龍顏大怒：「這奴才果然是要造反啊！」

很快，劉瑾就被關進大獄。刑部尚書劉璟因為太過害怕劉瑾，竟然說不出一句話。旁列的各公卿也都紛紛往後退卻，幸虧當時還有駙馬蔡震在場，勉強撐住了場面。

面對蔡震的提審，劉瑾喝道：「你是什麼人，竟然忘記了我的恩德？」

蔡震厲聲說道：「我蔡震是皇親國戚，何曾依賴過你？」隨即命令錦衣衛官校對劉瑾大刑伺候。

等到審訊結束之後，劉瑾被押到鬧市凌遲處死，並將首級懸掛在顯著位置示眾。不僅如此，武宗下令將處決劉瑾的情形繪製成圖，連同他的各種罪狀一起榜示天下。

劉瑾的族人和大小黨羽，也全被誅殺。張彩因為死在獄中，屍體遭到肢解。內閣大臣焦芳、劉宇、曹元，尚書畢亨、朱恩等六十餘人都被降職。當初遭到劉瑾變更的法令，也都被勒令按照舊制一一予以改正。掌管錦衣衛的都指揮使楊玉，掌管鎮撫司的指揮使石文義都被關進都察院監獄。

劉瑾創設的內行廠官校中，有彭玉等五十七人被逮捕。而且西廠、內行廠都被撤銷，只有東廠保持如故。提督東廠的大權移交給了張銳，錦衣衛則交由錢寧掌管。他們二人仍舊很能折騰，「廠衛之稱由此著也」。[9]

看到權閹劉瑾已經伏誅，英國公張懋、兵部尚書王敞等人上奏皇帝，說張永已經兩次建立奇功，應該得到封賞才對。張永本人非常希望能夠藉此機會封侯，他引出劉永誠和鄭和的故事暗示廷臣，希望能製造輿論。不料，內閣以不符合制度為由，堅決反對。張永的心情非常沮喪，立即辭去了皇帝的所有賞賜。後來，張永因為管理倉庫的官員偷盜庫銀獲罪。明世宗朱厚熜即位後，張永又受到御史的彈劾，被降為奉御，直到很多年後才被重新起用。

9《明史》卷九五，〈刑法志三〉。

第十一章

娛樂至死

迷失於荒誕

剷除權閹劉瑾的過程中，充滿了相當多的滑稽色彩。幸虧當時的朱厚照正處於微醺狀態，否則張永未必能夠獲得虎口拔牙的機會。

劉瑾雖然死了，但是荒唐天子朱厚照仍然繼續著他的執政生涯。他還會繼續將國家大事視為兒戲，將娛樂進行到底。

在長達五年的時間裡，朱厚照經常受著以劉瑾為首的「八虎」擺布，卻渾然不覺。他的注意力沒有放在政務上面，而是更多放在騎射和遊玩上。在他當皇帝時，也發生了不少大事，比如安化王之亂、寧王之亂，幸虧有得力之人幫他擦屁股。否則，以他這種理政方式，明朝很有可能已經完結了。

朱厚照是個性格多變、充滿故事的皇帝。即便是在幾千年的帝王群中，他也算是非常突出的一位。有時候，他荒淫暴戾，而又怪誕無恥；有時候，他心地善良，而且平易近人；有時候，他滑稽可笑，而又不務正業；有時候，他英姿勃發，而且深明大義。

武宗喜歡刺激而新鮮的遊戲，而且玩得越來越離譜，甚至會放下後宮佳麗，悄悄出城強搶民女，或是沉醉於花街柳巷，四處尋訪嬌豔名妓。當初劉瑾為了滿足他的獵奇慾望，在後宮中設立了各色店鋪、妓院、豹房。不僅藏有各色美女，設計了千奇百怪的遊樂節目，而且放養著各種未經馴化的野生動物，尤其是凶猛彪悍的豹子，以供武宗日夜作樂。好勇鬥狠的朱厚照，由於長期遊獵而變得身體強悍。他甚至常想與虎豹相搏，以展示自己的威猛。但是，當他真的遇到老虎時，卻不幸負傷，以至多日不能臨朝。

除了皇帝之外，朱厚照扮演過很多種角色：將軍、強盜、獵手、酒鬼、流氓、嫖客、花花公子……很多時候，他都沉湎在遊戲的迷夢之中，完全不能自拔。在遊戲中，他立志做一個王者。所以，他玩的遊戲，才是真正的「王者榮耀」。他太愛折騰，在折騰別人的同時，也折騰自己。他玩這類遊戲，並非是為了體察民情或考察政情，更多的是一時衝動，本著一種「娛樂至死」的精神。《明史》評價武宗「自署官號，冠履之分蕩然矣」，[1]這雖是個非常不客氣的評價，卻也相對公允。

朱厚照喜歡多重角色的錯位所帶來的新鮮刺激，他完全不按套路出牌。有時候會讓人產生誤會，讓人覺得他對皇帝之位並不感興趣。但是，當你抱著這種心思，想去搶奪他的皇位時，就會死得非常難看。

擁有至高無上權力的朱厚照，當然具備了任性和隨意的資本。此外，天生具有的荒誕性格，也在一定程度上決定了他的人生，決定了他的帝王生涯。他注定會選擇一些荒誕的夥伴，然後荒誕地死去。

1《明史》卷一六，〈武宗本紀〉。

本以為劉瑾死後，宮中從此可以安定下來，武宗也會從此步入正軌，正兒八經地去做太平天子。沒想到錢寧、江彬等錦衣衛大佬的先後出現，又給了他更加瘋狂的生活體驗。

天上掉下個乾兒子

錢寧和劉瑾一樣，姓是後來才得到的。幼童時期，他並不姓錢。至於本姓是什麼，連他自己都不知道。有人說他是雲南鎮安人，也不知真假。

為什麼他的身世這麼模糊呢？因為他從小就被賣到太監錢能的家中為奴。

在錢能家中，他獲得了飛黃騰達的基本條件。因為聰明能幹，長相俊俏，所以很是招人喜歡，錢能對他也非常喜愛。能討得主人歡心，他便開始冒錢姓，認錢能為乾爹。錢能死後，皇帝推恩給他的家人，錢寧沾了錢家的光，被任命為錦衣衛百戶。

這是錢寧的第一次發跡。從這個時候開始，他就已經明白了「抱大腿」的重要性，並將其視為最重要的成功祕訣。

「抱大腿」完全是藉別人上位，其中很有學問。除了講究攀附技巧之外，也一定要選擇好對象。一定不能抱著「泥腿子」，因為沒有上位的可能；也不能抱著「狗腿子」，因為會被隨時蹬掉。必須要盡量選擇粗壯有力的大腿，同時還要鑑別是不是「浮腫」，不能被表面的光鮮所迷惑，否則會和別人一起沉入水底。

不管是主動，還是被動，錢寧的幾次「抱大腿」，都非常成功。

正德初年，錢寧成功地抱住了劉瑾的大腿。急於上位攬權的劉瑾，想對情偵系統進行整頓，同時也迫切需要在錦衣衛內部發展自己的親信。錢寧敏銳地抓住了這個機會，和石文義等人一起，成為劉瑾的嫡系。

這是錢寧的第二次發跡，成功地抱住了劉瑾的大腿。

第一次「抱大腿」純屬偶然，他是非常被動地來到錢能家中，自己沒有選擇權。而第二次則不然，這需要一定的政治眼光，也需要投資政治的勇氣。除了認準方向之外，還必須放下身段，至少要有一種死不要臉的精神，丟棄全部的仁義道德才行。

因為劉瑾，他獲得了接近朱厚照的機會。於是，他開始了第三次「抱大腿」。錢寧天生聰慧，學東西很快，在錦衣衛任職期間，不但學會了射箭，而且還能左右開弓。

具有尚武精神的武宗，尤其喜歡騎射，所以非常喜歡錢寧這樣的錦衣衛官校。不久之後，他竟然賜給錢寧國姓，並且收為義子。錢寧從此便有了一個新名字：朱寧。

朱厚照雖然後宮有無數嬪妃，但一直沒人能為他生下兒子。眼下，天上掉下個乾兒子，給了他展示父愛的機會。雖說這其中充滿遊戲成分，錢寧只是他用來搞笑的眾多對象中的一個。錢寧與朱厚照年齡相仿，忽然變身為皇庶子，雖沒有機會染指皇位，但畢竟沾上了一些帝王氣，命運立即發生變化。

不久之後，錢寧被提拔為錦衣衛千戶。這是錢寧的第三次發跡。他成功地抱住了最粗壯最有力的一條大腿。而且，抱著抱著，他自己也成了一條大腿。

按理說，作為曾經抱過劉瑾大腿的人，錢寧應該受到牽連才是，可他沒有。不僅平安無事，而且不斷升官，先是被提拔為錦衣衛指揮使，掌南鎮撫司，後來又升為左都督，掌管錦衣衛事務，並且負責詔獄。

朱厚照對這個皇庶子可謂言聽計從。凡是錢寧引薦的樂工，推薦的番僧，都會獲得認可。尤其是番僧，大多是從西域招來，非常精通房中術。朱厚照為了更好地玩女人，一直虛心地向這些僧人求教。

錢寧非常善於窺探武宗的心思。為了討得皇帝歡心，他對豹房進行了精心設計，將悄掠奪的舞女、歌妓藏在其中，供武宗恣意享樂。不僅如此，為了滿足武宗獵奇的慾望，他經常引誘其微服出行，到皇宮之外勾引民女。

有一段時間，朱厚照在豹房睡覺時，經常會將錢寧當成枕頭。二人關係之密切，由此可見一斑。文武百官等著皇帝上朝，有時候一直等到下午四、五點還不見人，便暗中打探錢寧的消息。如果錢寧出來了，他們就明白武宗的聖駕即將出現。

錢寧不僅生性狡猾，而且凶狠毒辣。他主管詔獄，以殘酷著稱。當時，太監張銳接替劉瑾統領東廠偵緝事務，同樣凶殘毒辣，所以人們習慣合稱「廠衛」。明朝的特務政治，由此而發展到一個高峰期。

雖掌管錦衣衛，但錢寧也能對東廠產生影響。廠衛聯手，更令天下人膽寒。錢寧的手下，錦衣衛千戶王注，因為違法將人打死，被刑部員外郎劉秉鑑抓住把柄。劉秉鑑抓住此案不放，想給錦衣衛一個下馬威。

錢寧隨即將王注藏在自己家中，同時指使東廠揭發刑部，用刑部此前的違法行為進行要挾。看到這個架式，刑部尚書張子麟急忙登門向錢寧謝罪，並立刻放過了王注。

錢寧信奉「有權不用枉做官」的道理，而且很懂得順勢而為，充分而有效地利用手中的權力進行權色交易。

太僕寺少卿趙經當初曾以監督乾清宮工程的機會，吞沒庫金數十萬。錢寧打探到這些情況，一直按兵不動，裝作沒事人一樣。但是，等到趙經死後，他假裝派遣校尉去治喪，將趙經姬妾、家藏財物全部占為己有。

宦官廖堂有個弟弟叫廖鵬，擔任錦衣衛指揮期間肆意作惡，結果被巡撫鄧庠彈劾，武宗下令對其予以降級處分。廖鵬感到非常害怕，立即派他的愛妾暗中侍候錢寧，沒想到竟然就此保住了官位。

因為有權有勢，錢寧的兒子在六歲時就被任命為都督。就連他的養子錢傑、錢靖等人，也都可以冒國姓而被賞賜擔任錦衣衛官員。

權傾天下、位極人臣的錢寧，想方設法保住已有的權勢和富貴。他知道武宗無子，想要長久保持既得利益，便只能設法勾結那些實力強大而且很有可能繼承皇位的藩王。沒想到，他的這一舉動為自己挖了一個大坑。

為什麼呢？因為他所勾結的這位不是別人，正是武宗時刻提防的寧王。錢寧不僅為寧王朱宸濠恢復護衛隊提供幫助，而且一直悄悄與之聯絡，甚至還召寧王的世子進入太廟，為其繼承皇位做著準備。為了討好寧王，他還派人將玉帶等物品送往寧王府，並詐稱是皇上賞賜，以此逃避檢查。當時，朱宸濠派到京師行賄的人，都是通過錢寧而接近皇帝的親信左右。

因為長期從事隱祕的情報工作，錢寧自以為他所精心設計的一切都無人察覺。沒想到，有個叫江彬的人一直在悄悄地跟蹤監視他，並讓他栽了一個大跟頭。

一群乾兒子

江彬，宣府人，曾經擔任過蔚州衛指揮僉事。正德六年（一五一一），京師一帶鬧賊，調遣邊防軍鎮壓，江彬以大同游擊的身分跟隨總兵官張俊，被調入京城。由於生性凶悍，而且精於騎射，江彬倒是非常適合做匪徒。即便在參軍之後，仍然是匪徒脾氣。在大軍經過薊州府時，不知道是誰冒犯了江彬，他一怒之下，殺了一家老小二十餘人，並將他們誣陷為賊。事後，江彬不僅沒被追究責任，反而由此獲得獎賞。

殺人如痲的江彬，作戰非常勇敢。有一次，他在戰鬥中被射中三箭，其中有一箭正中面門，箭鏃斜穿面部，從耳朵露出，場面非常恐怖。沒想到江彬毫不在乎，拔出箭後立即重新投入戰鬥。

這件事越傳越廣，連武宗都聽說了。朱厚照非常讚賞江彬的勇敢和膽氣，等到論功行賞時，特地將江彬留下。不久，錢寧領著江彬，接受武宗的召見。在見到江彬臉上的傷疤時，武宗驚呼道：「江彬果真如此健壯有力啊！」

在武宗面前，江彬繼續展示他的用兵才能，談兵論武，從容不迫。武宗非常高興，破格將江彬提拔為都指揮僉事，而且准許他出入豹房，一起同吃同睡。從此之後，江彬成了朱厚照的新玩伴。

新玩伴，果然能給朱厚照新感覺。有一次，江彬與朱厚照下棋，棋局非常膠著，形勢不相上下，皇帝想贏棋，但江彬愣是不讓。看到江彬爭強好勝的樣子，朱厚照意外地沒有生氣。倒是在場的千戶周騏，給了江彬一頓叱罵。江彬內心非常憤恨，後來設計陷害周騏，將其打死，左右因此非常害怕江彬。

和錢寧一樣，江彬非常善於窺探武宗的心思。所以，他經常引導武宗微服出行，甚至經常光顧風月場所，教他以普通人的身分嫖娼。這種非同尋常的經歷，讓朱厚照感到別樣的新鮮和刺激。

為了滿足武宗奢華和新奇的體驗，江彬命令手下製作一百六十二間鋪花的帳幕，布置成一座奢華的離宮。朱厚照稱之為可以移動的宮殿，非常欣賞，經常住進去尋歡作樂。

當初錢寧引薦江彬，是為了展示自己帶兵有術，能培養出江彬這樣的勇士。如今，見到江彬青雲直上，他的內心不免開始產生波動。沒想到就在這時，有一件事改變了皇帝對錢寧的看法。

這一天，武宗忽然來了興致，想抓一隻老虎玩玩。他先是叫錢寧陪同，錢寧膽小，畏縮不前。再叫江彬時，則是完全相反的態度。當老虎逼近武宗時，錢寧早已躲在一邊，江彬則表現得非常勇敢，奮不顧身地撲上去，幫助武宗解脫困境。虎口脫險之後，武宗對江彬說：「吾自足辦，安用爾？」[2]意思是說，我自己就可以對付老虎，用不著你幫忙。

當然，這只是武宗嘴硬，在內心深處，他還是非常感激江彬的，而對錢寧則是一百個不滿意。後來，當錢寧設計陷害江彬時，武宗完全不予理會，與這件事也有直接關係。

漸漸地，江彬不再是錢寧的下級，錢寧也不再是江彬的長官，二人越走越遠。

江彬知道錢寧容不下自己，皇帝左右又都是錢寧的黨羽，便想辦法調動和提拔自己的親信，希望以此來鞏固自己的地位。於是，他向武宗推薦邊防軍，稱讚邊軍遠比京軍驍勇善戰，請求將他們互相調換。對此，言官紛紛加以諫阻，大學士李東陽更是上書陳述其中有「十不便」，[3]但都被武宗置於腦後。此後，遼東、宣府、大同、延綏四鎮的軍隊，陸續被調入京城。他們縱橫於都市之中，非常惹人注目。他們也經常在內宮進行集體演練，間或進行一些摔跤遊戲。每到這時，武宗總喜歡身穿戎服親臨現場。他與江彬並駕而出，兩人的鎧甲先後交錯，令旁邊的人分辨不出誰才是真正的老大。

正德八年（一五一三），朱厚照下令讓許泰領敢勇營，江彬領神威營，並且改太平倉為鎮國府，用來安置邊防兵。

為了表彰江彬，朱厚照賜給江彬國姓，收為義子。許泰也同時被賜予國姓。兩年之後，武宗又提拔江彬為都督僉事。江彬乘機將心腹萬全都指揮李琮和陝西都指揮神周，推薦給武宗，盛讚其二人有勇有謀。武宗將二人召到豹房侍奉自己，並同樣賜給國姓，認作義子。「忽如一夜春風來，千樹萬樹梨花開。」一不小心，朱厚照身邊聚集了一群乾兒子。不管年紀大小，只要看到喜歡的就果斷收編。收乾兒子已經成為朱厚照的一項重要樂趣，他很享受這種做乾爹的感覺。

當然，也不要以為朱厚照收乾兒子是毫無原則的。從錢寧到江彬，他只收那些在他看來最為貼心的護衛，或者是確有一技之長的衛士。所以，錦衣衛中的佼佼者，最受他青睞。

有了乾兒子，就得為他們置辦產業。朱厚照下令拆毀積慶、鳴玉兩處民居，除了建造商店和酒肆之外，還修建義子府，賞賜給他的乾兒子們。

此後，四鎮的軍隊都交給江彬統領。朱厚照則自領善於射擊的閹官，組建為一營，號為

2《明史》卷三〇七，〈江彬傳〉。
3《明史》卷三〇七，〈江彬傳〉。

中軍。他們經常來回縱馬驅馳，甲冑的光芒照得人們眼睛都睜不開，喧囂之聲直上雲天。

武宗不僅時常親臨閱兵現場，而且會頒給優秀將領插著天鵝翎的遮陽帽，名之曰「過錦」。許泰、李琮、神周等人戴著它，立即顯得十分神氣。遮陽帽上的天鵝翎也分級別，尊貴的可以有三支，其次則是兩支。兵部尚書王瓊曾被賜予一支翎，這令他激動不已。

權力的任性

在與錢寧的較量中，江彬雖然已經取得優勢，但他心裡還是對錢寧有所顧忌。經過一段時間接觸，江彬對朱厚照的脾氣和秉性已經有所掌握。他深知武宗身上有足夠多的弱點，比如貪玩、好色、逞強、好鬥等，如果能夠很好地加以利用，就有戰勝錢寧並取而代之的機會。此後，他一直想方設法引誘武宗出宮巡遊，進一步疏遠錢寧，利用的正是武宗好色和好鬥的特點。

江彬多次向武宗推薦宣府的好處，誇讚說宣府的樂工多是美人，不僅可以在那裡愉悅身心，而且可以看到邊境糾紛，瞬息之間便可馳騁千里之外，「何鬱鬱居大內，為廷臣所制？」[4]

武宗也一直厭煩周圍的閣臣、言官，因為無論他做什麼事情，這些人都會橫加干涉，直到掃去他的勃勃興致為止。聽到江彬這個建議，朱厚照當即表示認同，隨即做好了出遊的準備。

正德十二年（一五一七）八月，朱厚照換上便裝，帶著幾名隨從，悄悄地溜出了皇宮，直奔宣府而去。結果，一行人到達居庸關一帶時，被巡關御史張欽攔住。張欽堅持認為，皇帝出關不是一件小事，意義非比尋常，「宜先下詔，大廷共議」。[5] 朱厚照自知理虧，雖然怏怏不樂，也只能掃興而歸。

消停了沒幾天，朱厚照又想溜出去玩。這一次，他吸取上次的教訓，先期讓宦官谷大用撵走了張欽，然後又告誡谷大用必須全力把好關口，一定要阻止那些追來勸諫的廷臣。因為做了更為精心的準備，朱厚照順利通過居庸關，一路抵達宣府。

在宣府這裡，江彬早已做好了迎接武宗的準備工作。他不僅先期將豹房的珍玩和美女全部運來，而且從民間選出美女充實行宮。在宣府，朱厚照終於享受到了充分的自由，竟有一種回到家的感覺，自此樂不思蜀。他經常帶著江彬，趁著夜色闖入百姓家中，遇到中意的女人，便當即搶走。

就在這期間，蒙古人的一次入侵事件，更令朱厚照感到興奮。因為在他內心深處一直盼望著參加一場戰事，從而證明自己的英明神武，並展示自己的軍事才能。

4《明史》卷三〇七，〈江彬傳〉。
5《明武宗實錄》卷一五二。

當時入侵宣府的蒙古人共計五萬，但是，因為王勛等將領的全力抵抗，敵寇且戰且退，出現在武宗面前的隊伍，只是一小股力量。但是，在這一戰中，明軍雖斬首十餘人，卻付出了傷亡數百人的代價，所謂殺敵一百，自損八千。朱厚照幹的完全是賠本買賣，但他卻當作打了一場大勝仗一樣，連忙向京師報捷。

朱厚照來到宣府，忽然決定就地修建鎮國府，並自封「總督軍務威武大將軍總兵官」，更名為朱壽，加封自己為「鎮國公」。這還不算，為了假戲真做，他命令兵部存檔，戶部依律發餉，而且長期駐紮在鎮國府，不打算回京城。此後，他正式改名為朱壽，長期自稱威武大將軍、鎮國公，每每以大將軍的名義向朝廷請示軍務、政務，請求調撥物資等，忙得不亦樂乎，真把自己當成了一方諸侯。

武宗親臨一線的瘋狂舉動，將朝臣徹底嚇傻。他們紛紛前來勸阻，但全都被打發回去。由此開始，江彬搖身一變，總攬各種政務、軍務。事情無論大小，都要先報告江彬，然後才能上奏皇帝。朝臣曾多次懇切勸諫，朱厚照都置之不理。真有把武宗惹急了的，那就只能被關進監獄。

權力容易使人任性，朱厚照雖然降低身段，甘願成為一方諸侯，但他也知道自己的真正身分是當朝皇帝，所以才敢這麼任性妄為。朝臣費盡周折，經過很長時間，甚至付出了血的代價，總算把皇帝請回了皇宮。

人雖然回到宮中，朱厚照的心還留在高牆之外，始終念念不忘在宣府的快樂和逍遙。不久之後，當江彬再次提出出遊的主意時，他不假思索地同意了。他們再次出發，在大同一帶長期遊樂，直到得知太皇太后去世的消息，才回京發喪。

就在太皇太后遺體即將下葬之時，朱厚照還是不忘繼續他的荒誕遊戲。他命令江彬等人瘋狂搶掠幾十車良家婦女，一路跟隨前進，有的婦女竟在途中死去。

駐紮喜峰口時，朱厚照下詔自稱總督軍務威武大將軍總兵官朱壽，統率六軍，江彬則被任命為威武副將軍。不久之後，他又封江彬為平虜伯，就連江彬的三個兒子都被封為錦衣衛指揮。

此時，一切都由正、副兩位「大將軍」說了算，江彬則乘機引誘「大將軍」一路嬉戲。他們從大同渡過黃河，先到榆林，再到綏德。在駕臨總兵官戴欽家時，「大將軍」看中了總兵官的女兒，便就地舉辦婚禮迎娶。返回途中，他們又大量徵召歌妓，還將晉府樂工楊騰的妻子劉氏娶了回來。江彬等一幫乾兒子都將劉氏當作母親侍奉，稱劉娘娘。

延綏總兵官馬昂有個能歌善舞的妹妹，還懂一些外國話，已經嫁給了指揮畢春，而且有孕在身。但江彬將她搶了回來，送入豹房，結果深受武宗寵愛。馬昂當時已經因罪免職，他委託江彬求情，希望能官復原職。不久，武宗下令提升馬昂為右都督，就連他的親人也都得到了皇帝的賞賜。大大小小的宦官，從此都改稱馬昂為舅舅。

在江彬的引誘之下，荒誕還在繼續。不久之後，武宗又看上了馬昂的小妾。但這一次，馬昂有點捨不得。武宗不由得勃然大怒，拂袖而去。馬昂立即害怕了，只得將愛妾進獻皇上。武宗大喜，隨即傳令升馬昂的弟弟馬炅為錦衣衛都指揮。馬昂大喜過望，又進獻四名美女謝恩。他已經搞明白了，皇帝就好這口，為了榮華富貴，他也只能盡力投其所好了。

朱厚照東遊西走，跋山涉水，冒風頂雨，在塞北奔馳了數千里，身邊隨從大多病倒，但武宗本人卻毫無倦容。

在領略了北國風光之後，朱厚照忽然又想南下巡遊。身為皇帝，整天不理朝政，只顧自己到處遊玩，著實太過荒誕，朝臣只能一勸再勸。包括刑部主事汪金在內的一百餘人，跪拜在宮門之外苦苦相勸。一撥接著一撥，令朱厚照心煩。江彬便將這些人全部投進監獄，舒芬、黃鞏等一百四十六人受到廷杖之刑，被活活打死的就有十一人。[6]

想玩沒玩成，還弄出幾條人命，朝臣感到萬般沮喪，但武宗和江彬只感到敗了興致，南下巡遊之議這才暫時得以停息。沒想到就在這時，南方傳來了寧王造反的消息，武宗立即找到了巡遊的機會。

心懷異志的寧王

推算起來，寧王朱宸濠應該是武宗的爺爺輩。看到朱厚照這個晚輩荒誕不經，還能牢牢地占著大位，朱宸濠一肚子不服氣，逐漸生出竊取大位的野心。打定主意之後，他一面在京城竭力拉攏兵部尚書陸完及錦衣衛指揮使錢寧等人，以結為內援，一面在南方積極私募軍隊，做好反叛的各種準備。

正德十四年（一五一九）六月，朱宸濠拼湊起十萬兵馬，正式起兵反叛。當時在江西擔任巡撫的是王守仁，也就是著名的思想家王陽明。他得知朱宸濠反叛的消息後，急忙趕赴吉安，與吉安知府伍文定等人商討平叛之策。

當時，形勢非常緊急，為了爭取寶貴的時間，王守仁以朝廷的名義向各府縣下發檄文。在檄文中，王守仁有意誇大了平叛軍隊的數量。朱宸濠受到震懾，只得按兵不動，等了十餘日才明白自己上當了，隨即率領六萬大軍襲擊南京，只留下少量兵馬守備南昌。王守仁則乘虛而入，圍攻南昌，順利拿下了叛軍的大本營。寧王聽說南昌受到圍攻，火速從安慶撤軍，結果半路遭到伏擊，朱宸濠及其主要黨羽李士實、劉養正等都被抓獲，叛亂僅持續月餘就被迅速平定。

在平叛戰爭中，王陽明展示了他傑出的軍事才華。他先是通過虛張聲勢爭取到調集兵馬的時間，再通過攻打叛軍大本營來調動對手，又選擇合適的伏擊地點給了叛軍致命一擊。他的這一戰術設計，與著名軍事家孫子「奪其所愛」[7]的主張相暗合，也與孫臏「圍魏救趙」

6《明史》卷九五，〈刑法志三〉。
7《孫子兵法・九地篇》。

的戰術非常相似。

正當王陽明如火如荼地展開平叛戰爭時，北京的朱厚照也在積極地厲兵秣馬，準備親自率兵南下。他在內心一直盼望著有這麼一個機會，可以展示自己的軍事才華，順便領略一下江南風情。

江彬積極贊同武宗御駕親征，但他不願意讓錢寧同行。不僅如此，當他得知錢寧與寧王一直暗中勾結時，便派出錦衣衛中的心腹校尉嚴密監視錢寧，不久便有了重大發現。

當朱宸濠宣布造反時，錢寧就已經非常害怕了。他一面宣布與寧王劃清界限，一面通過抓捕寧王的奸細冒功領賞，企圖轉移眾人視線。他收捕朱宸濠派出的使者盧孔章，並歸罪於臧賢。此後，他分別將這兩人在監獄和戍邊的路上殺死，以便滅口自保。

江彬等到合適的時機，對錢寧發起致命一擊。他先是祭出調虎離山之計，通過管理皇店這一份肥缺支開了錢寧。等錢寧離開皇帝身邊，江彬迅速向武宗展示了錢寧私通寧王的各種罪證。朱厚照恍然大悟地說道：「黠奴，我固疑之！」[8]意思是，我早就開始懷疑錢寧這個狡猾的奴才了。

經過武宗批准，江彬迅速逮捕了錢寧，連同他的妻兒等一併下獄。在抄家的過程中，還獲得了不菲的財物，其中包括玉帶二千五百束、黃金十餘萬兩、白金三千箱、胡椒數千石。

被關進大獄後，錢寧本以為自己會被立即處死，沒想到許多天過去也不見動靜。也許朱厚照當時正忙著南征，暫時還顧不上殺他；也許是念及舊情，武宗沒有對這個乾兒子立即痛下殺手。南下之後，朱厚照又接連出意外，再沒有機會殺他了。一直等到世宗即位，才想起這位可恨的佞臣，錢寧這時才被凌遲處死。他的養子錢傑等十一人，也都被斬首。只有兒子錢永安因為年幼得到赦免，成群的妻妾則被分發給功臣之家為奴。

將娛樂進行到底

朱厚照確實是在忙著南征，根本顧不上別的事情。朝臣之中，似乎只有江彬支持他的行動計畫，其他人則積極上書表示反對。朱厚照下令將那些諫阻者紛紛處以極刑，這才得遂己願。

因為江彬態度積極，他獲得掌管一切機密軍務的大權，並就此獲得總領東廠的機會。在此之前，東廠一直是司禮監掌管，但到了這時，錢寧交出了錦衣衛，張銳也乖乖地交出了東廠，江彬得以「兼兩人之任」，[9]總領廠衛，權勢無人可敵。

正德十四年（一五一九）八月，武宗在江彬的護衛之下，率領大軍浩浩蕩蕩地從京師出

8《明史》卷三〇七，〈錢寧傳〉。
9《明史》卷三〇七，〈江彬傳〉。

發，開始了南征之旅。沒想到大軍剛剛行進到涿州，就傳來捷報，說王陽明已經平定了叛亂。得知這一消息，朱厚照大感掃興。他命令張永火速傳旨，必須迅速釋放朱宸濠，等他來抓捕。

張永遵從武宗旨意攔住王守仁，傳達了皇帝放人的命令，遭到了王守仁的拒絕。王守仁拜見張永，希望當面說明原委，然而此時張永卻避而不見。

即便是遇到攔阻，王守仁也執意要面見張永。他厲聲喝退守門之人，徑直闖了進去，高聲對張永說：「我是王守仁，來商議國家大事，為什麼將我拒之門外？」張永被王守仁的這種氣勢所懾服，態度也發生了變化。後來，張忠等人多次陷害王守仁，都幸虧有張永出手相救。

王守仁接著說道：「江西一帶遭受戰爭苦難已經很深，如果王師再來，將會發生不測之禍。」

張永恍然大悟，歎了一口氣說道：「一群小人在皇帝身邊搗亂，我到這裡來，也只是想保護聖駕而已，並沒有邀功之意。」

不管王守仁放不放人，朱厚照都執意要南征。因為他可以藉此獲得遊歷南方的機會。江彬乘機在沿途胡作非為，經常假傳聖旨敲詐勒索。官吏如有不從，就會遭到捆綁。通判胡琮因為害怕，自縊而亡。在到達揚州之後，江彬下令強占民居改建為都督府，然後便四處搜尋美女，引誘武宗漁獵女色。

大軍到達南京之後，江彬又想引誘武宗行幸蘇州，再由浙江轉道湖、湘。大臣們都覺得這樣太過勞民傷財，所以極力勸阻。當時，江彬手下的邊防兵有數萬之多，飛揚跋扈，就連成國公朱輔見到他，都要行長跪之禮。只有參贊尚書喬宇、應天府丞寇天敘敢於挺身相抗，令江彬的銳氣稍挫。

正德十五年（一五二〇）六月，武宗臨幸牛首山。一天夜裡，軍隊忽然騷動，很久才安定下來，紛紛傳說江彬想要謀反，民間也有民謠說將會發生變亂。當時，朱宸濠就被關在江上的一條船中，朱厚照感到害怕，也對江彬產生了疑心，所以下令大軍回撤北京。他終於不敢再胡鬧下去了。

八月，南征大軍從南京出發，返回北京。在路過清江浦時，武宗所乘之船忽然翻了，眾人連忙跳江搶救落水的皇帝，好一通忙亂。武宗雖被及時救起，卻因此生了重病。

此後，大軍緩緩北上，十月到達通州。一路之上，武宗身體非常虛弱。但是江彬還想勸他回到宣府休養，並假傳聖旨召來勛戚大臣，為平叛有功之臣請賞，對有罪之人進行懲處。他上書道：「賴鎮國公朱壽指授方略，擒宸濠逆黨申宗遠等十五人，乞明正其罪。」[10]就此將平叛的功勞都歸於鎮國公朱壽。

鎮國公朱壽是誰？正是朱厚照本人，是朱厚照為自己取的官名。江彬此舉，一方面是拍

10《明史》卷三〇七，〈江彬傳〉。

馬屁，另一方面還是為了配合武宗，繼續發揚娛樂精神。

沒想到重病之中的朱厚照，立即下詔褒獎鎮國公。當然，除了褒獎自己，他還順帶賞賜了江彬。除了每年給江彬增加祿米一百石之外，還蔭庇他的一個兒子為錦衣衛千戶。

當時，朱厚照的身體已經非常疲憊，在左右極力請求之下，他勉強答應回京。江彬乘機假傳聖旨，將團練營改為威武團練營，由他提督軍馬，命令許泰、神周、李琮等人提督教場操練。

回京之後，武宗一直住在豹房。他原本強壯的身體，早就被女色掏空了。雖然他還希望能夠重振雄風，但老天爺並不答應。

正德十六年（一五二一）三月，武宗諭知司禮監：「我的病怕是治不好了，把我的意思傳達給皇太后。今後重大事情，都要交給閣臣審查處理。以前都是我的錯誤。」

人之將死，其言也善。武宗臨終之前，終於承認了自己的過錯。三月十四日，他死在豹房之中，享年三十一歲。

由於朱厚照沒有兒子，由誰來繼承皇位成了一個大問題。廷臣經過一番緊急商議之後，決定尋找血親最近的藩王。他們找來找去，找到了新晉興獻王朱厚熜。於是，首輔楊廷和代替朱厚照草擬遺詔，宣布朱厚熜繼承大位，是為明世宗。

內閣此時終於可以站到臺前，獲得機會對廠衛進行反擊。首輔楊廷和請示太后，宣布撤除京城內外各處皇店，釋放豹房中的僧人、教坊司的樂人和四方進獻的婦女。此後，楊廷和的最大任務就是利用遺命布置逮捕江彬等人，並罷免威武團營，遣還各處邊防軍。

江彬知道內閣占據上風之後，便一直稱病不出，暗中則布置心腹，內著甲衣，靜觀其變，並派許泰到內閣試探首輔的意向。對江彬的這些心思，楊廷和當然心知肚明，他一面和顏悅色進行安慰，使得江彬放心穿上喪服出門參加喪禮；一面與司禮監宦官魏彬祕密商議，並提請太后除掉江彬。

江彬被要求單獨身著禮服進入，就連家人也不得跟隨。行禮完畢之後，江彬急忙出宮。張永挽留江彬吃飯，太后隨即下詔抓捕江彬。

眼見形勢不妙，江彬拔腿就跑。他一路狂奔，跑到西安門時，發現大門緊閉，隨即轉道北安門。

在北安門，早有衛兵等候在那裡。只聽守門衛兵高聲喝道：「有聖旨在此，請提督留步。」

江彬反問道：「皇帝都不在世了，哪裡來的聖旨?!」

衛兵並不理睬，立即撲上去，將江彬捆了起來，還順便拔光了他的鬍鬚。過了一會兒，神周、李琮等人也都被抓來。他們看到江彬便罵：「你要是早聽我們的話，怎麼會被人家所擒？」

他們曾和江彬說過什麼話呢？無非是勸說他取代武宗自立。幾個部下曾經極力慫恿江彬謀反，但江彬一直猶豫不決。到了此刻，不僅是神周他們感到懊悔，想必江彬的內心也無比懊悔。

世宗即位之後，立即下令將江彬凌遲處死，同夥神周、李琮等人，也都紛紛被處死。江彬的兒子中，只有幼子江然被釋放，其餘四人都被斬首。妻子、女兒都分發給功臣之家為奴。

江彬和錢寧一樣貪婪無度，所以在對江彬進行抄家時，也獲得了巨額財物，其中包括黃金七十櫃、白金二千二百櫃，此外還有不可勝計的珍寶。

看來錦衣衛的大佬們不僅會弄權，而且很會撈錢。貪腐就像自帶程序一樣，總是與權力綁在一起，無法根除。所以，無論是從逯杲到門達，還是從錢寧到江彬，都是前仆後繼地攬權和撈錢，命運和下場也都非常相似。

第十二章　遭遇權臣

從藩王到帝王

忽然從一個藩王變身為皇帝，朱厚熜自己從來不曾料到。幸好他自幼在王府中受到良好教育，IQ（智商）也很高，所以能夠迅速轉換角色，很快就找到了君臨天下的感覺。

就在位時間來說，明世宗朱厚熜，也就是嘉靖皇帝，在明代皇帝中可得亞軍，僅次於他的孫子明神宗萬曆皇帝。就執政成績而言，他也可以排在相對靠前的位置。尤其是在嘉靖初期，朱厚熜整頓朝綱、減輕賦役，力除武宗時期的諸多弊政，所以迎來了一段中興時期，以至於「天下翕然稱治」。[1]

和朱厚照的荒誕、隨意形成鮮明對比，朱厚熜則是以認真和執著著稱。即位之初的「議禮之爭」，耗時長達三年之久，朱厚熜的執著精神發揮到了極致。他與楊廷和為首的閣臣展開激烈交鋒，寸步不讓，驚動朝野。

朱厚熜的執著也有道理。他一方面是為生父母爭尊號，為自己正名分，一方面則是藉此打破楊廷和等人操縱政局的局面。因為新登大位，前朝舊臣勢力強大。尤其是首輔楊廷和自恃擁戴有功，並沒有對朱厚熜表示出應有的尊重。朱厚熜以藩王身分即位，政治根基尚不牢固，所以當他面對朝臣的集體抗爭，暫時也能採取默默相抗的態度。他深知，不適當的發力只會傷著自己，如同拳頭打在牆上一樣，用力越狠，傷得越深。

當「議禮之爭」進入到第三個年頭時，朱厚熜感覺時機已經成熟，於是果斷揮出拳頭，藉機樹立權威。

嘉靖三年（一五二四）夏日的某天，失去耐性的朱厚熜，忽然對朝臣大打出手。當時，跪拜在左順門的朝臣很多，呼號之聲震動皇宮內外。世宗本以為楊廷和等人退休之後，朝臣會就此做出退讓，沒想到他們依舊不依不饒，而且變本加厲。

朱厚熜怒火中燒，果斷出手，大批的錦衣衛隨即出動。他們不僅將參與跪拜的朝臣姓名一一記錄在案，同時還將為首的大學士豐熙、給事中張翀、御史余翱等人抓捕入獄。看到錦衣衛抓人，朝臣迅速由呼號變為哭嚎，而且哭聲震天動地，直達內廷。不明真相之人還以為皇帝家裡出了什麼人命。

隨著大臣們哭鬧行動的升級，世宗的憤怒也跟著升級。他隨即命令錦衣衛繼續大範圍抓人。參與哭鬧的官員中，凡是五品以下的，一律被抓。算上之前幾位帶頭的，總共有一百三十四人被關進詔獄。[2]第二天，餘怒未消的朱厚熜對他們做出了進一步處罰，命錦衣衛校尉對這些大臣逐一施以廷杖之刑，其中竟然有十六人被活活打死。[3]為首的幾人所受處罰更為

1 《明史》卷一八，〈世宗本紀〉。
2 《明世宗實錄》卷四一。
3 《明史》卷九五，〈刑法志三〉。

嚴厲，在被杖責不到十天之後，又受到一次廷杖，其中張原被打死，三人被流放，兩人死在流放之地。

這次「議禮之爭」，本來只是口舌之爭，明世宗卻忽然翻臉，興起大獄，杖責群臣，而且令不少朝臣斃命，所作所為難免受人詬病。但是，通過這次事件，他樹立了權威，朝臣再不敢輕易表露出任何的不尊重。

在趕走楊廷和前後，世宗一直都在悄悄地布局，興獻王府的舊部先後受到重用。錦衣衛的地位尤其特殊，世宗更需要重用親信。即位之初，執掌錦衣衛的是朱宸，他不是世宗的親信，所以在被抓到貪腐的把柄之後，迅速就被罷免。取而代之的是駱安，繼而是王佐、陳寅，這些都是興獻王府的舊人，朱厚熜的老部下。

執政初期的世宗，一直以嚴以馭官、寬以治民著稱。即便是面對身邊的親信，他也同樣嚴格要求，這種嚴格近於苛刻。曾經連錦衣衛部分官校也都缺衣少鞋，於是發生了駱安「奏討衣鞋」[4]之事。

嘉靖七年（一五二八），錦衣衛指揮使駱安奏稱，值班的侍衛旗校已經沒冬衣可穿，希望工部能夠按照近日巡捕官軍以及侍衛紅盔官軍為例，補發相應的衣物。沒想到工部尚書劉麟當即拒絕了這一請求。劉麟說，這些棉襖、棉鞋之類，原本都是為邊關將士準備的。戍邊將士所遭受的寒冷和痛苦，始終遠超內地。所以，即便是駱安發出請求，也還是不能濫發。

駱安非常不服氣，繼續上奏世宗。他的堅持令世宗心生憐憫。不久，朱厚熜下令，給這些侍衛軍旗按照每人七錢的標準補發銀兩，而且每五年補發一次，讓他們自行製造衣鞋。

即便是駱安，在遭到參劾之時，也受到世宗的處罰。嘉靖八年（一五二九），有官員參劾駱安量刑失當，有失公平，世宗下令扣發駱安兩個月俸祿。第二年，又有兵科都給事中張潤身對駱安等人提出參劾，檢舉揭發錦衣衛官員在考試選拔過程中存在徇私舞弊的行為，依律應當予以罷免。最後，世宗雖念及舊情，還是將駱安降為指揮僉事。

對自己的親信人員，對錦衣衛指揮使，世宗尚且能夠保持這種嚴厲態度，嘉靖初期的政治氣候由此可見一斑。此後，接替駱安的王佐和陳寅，辦事非常嚴謹，為人一貫忠厚，都留下了不錯的口碑。

嘉靖六年（一五二七），兵部侍郎張璁等人建議，應該將懲治贓官事宜重新交給刑部、都察院、大理寺。至於東廠、錦衣衛之詔獄，還是應該回歸到緝捕盜賊、拷問奸細這些任務上來。法司和詔獄的職責應該區分開來，不能發生曠官和侵官現象。也就是說，錦衣衛不能包辦一切，不能搶了刑部的活，而讓刑部無事可做。

張璁等人的提議，實則是希望世宗能夠對廠衛的職權適當加以限制。世宗對此深以為然，立即下詔進行糾正。

為了除去武宗時期惡政的影響，世宗進行了各種努力。他大刀闊斧的改革措施，不僅取

4《明世宗實錄》卷九五。

得了相當程度的成效，也獲得了廣泛的讚譽。但是，隨著時間的推移，情形也開始發生改變。一個名叫嚴嵩的權臣，走上了政治舞臺，成為世宗的親信和受人矚目的政治明星。這注定將有一些不同尋常的故事發生。

權臣上位

嚴嵩，弘治十八年（一五〇五）考中進士，在授予編修之後不久，便因病辭職回鄉。此後，他在鈐山讀了十年書，頗有清譽。重返朝廷之後被晉升為侍講，代理南京翰林院事務。

起初，嚴嵩尚且是一個正直的讀書人，後來漸漸地改變，成為官場混混。他非常善於撰寫青詞，也因此而獲得皇帝的重視。青詞是舉行齋醮儀式時獻給天神的文字，所以一向要求嚴格。當時除了嚴嵩的青詞之外，沒有人能完全符合皇帝的心意。

決定混官場之後，嚴嵩迅速掌握了兩大祕訣，那就是「拍」和「送」。所謂「拍」，就是拍馬屁；所謂「送」，就是送財物。因為擅長使用這兩大祕訣，嚴嵩在仕途上一路順風順水。

嘉靖七年（一五二八），嚴嵩在任禮部右侍郎期間，曾奉世宗之命祭拜顯陵，回來後他便開始展示「拍馬屁」的神功。他向世宗奏稱，各處都出現祥瑞，顯然是上蒼對皇帝的眷愛，建議世宗迎合天意，刻石紀念。朱厚熜非常高興，隨即提拔嚴嵩為吏部左侍郎，再升南京禮部尚書，不久又改任吏部尚書。

只不過是初試身手，就取得極大成功，嚴嵩決定繼續施展「拍」的功夫。從此之後，他「益務為佞悅」，[5]處處取悅於皇上，要將「拍馬屁」神功進行到底。

當時，世宗希望能在明堂祭祀父親（稱獻皇帝），並上尊號，列入太廟。對此，群臣都提出反對意見，這惹惱了世宗。嚴嵩起初也表示反對，但很快就放棄了先前的主張。他非常明白，遇事還是要順著皇帝的心意才行，他不僅為世宗規劃好詳細的禮儀，還竭盡獻媚、取悅之能事，就此得到了一大筆賞賜。

世宗既然想給生父上尊謚和聖號，嚴嵩便奏稱全國各地都有祥瑞出現，皇帝此舉完全是順從天意，所以應該接受群臣的朝賀。不僅如此，他還下了一番力氣寫出〈慶雲賦〉和〈大禮告成頌〉呈奏皇帝。朱厚熜龍顏大悅，不久便下令加封嚴嵩為太子太保，有資格侍從皇上幸臨承天府，並獲得與宰輔大臣相當的賞賜。

嚴嵩的第二招是「送」。既然要送，那就需要找到東西才行，這便需要四處索取。隨著地位的提升，巴結嚴嵩的人越來越多，他正好可以乘機索賄。就連各宗室藩王請求撫恤和乞求封爵，嚴嵩都會向他們索取賄賂。他的兒子嚴世蕃則成為他的代言人，在各部之間疏通

5《明史》卷三〇八，〈嚴嵩傳〉。

關節。

很快，嚴嵩就以行賄受賄聞名於世。當時，南北兩京的給事中和御史彈劾貪污大臣的名單中，嚴嵩都被列為第一個。但是，每次受到彈劾時，嚴嵩都急忙跑去向世宗表忠心，竟然都能蒙混過關，化解了一次又一次危機。

嚴嵩將內閣首輔夏言視為最大的競爭對手，所以處心積慮想要扳倒他，再取而代之。一開始時，他對夏言處處恭謹禮讓，甚至在陳述意見書時，長跪誦讀。只因為他和夏言是同鄉，所以一直尊稱夏言為前輩。

夏言一度相信嚴嵩真的是尊崇自己，所以將其當作門客看待。但是，接下來，他看到嚴嵩非常善於諂言媚語，也很得皇帝歡心，便逐漸對其不齒，於是示意言官一次次地彈劾嚴嵩。世宗雖然不予理睬，但夏、嚴二人的關係已經急劇惡化。

有一次，世宗親制了五頂沉水香冠，賜給夏言等人。沒想到夏言不識抬舉，沒有接受，令世宗非常不悅。嚴嵩則時刻戴著這頂香冠，還特地罩上一層輕紗善加保護，令世宗從內心深處更加親近嚴嵩。

嘉靖二十一年（一五四二）六月的某天，嚴嵩有幸得到皇帝的宴請。一見到皇帝，他便下跪磕頭，淚如雨下，哭訴夏言如何欺負自己。世宗讓他把夏言的罪狀一五一十地說出來，嚴嵩終於有機會大揭其短。世宗聽後大為惱火，立即詔令禮部細數夏言的罪過，尤其對他指使言官、妄自裁決軍國大事等行為表達了強烈的不滿。

看到皇帝發怒，夏言非常害怕，連忙上書認錯。過了十多天，他便請求皇上准許他告老還鄉，話語之中充滿懇切和哀傷。結果，請辭的奏章在皇帝那裡放了八天，世宗一直猶豫不決。沒想到這期間忽然遇到了一場日食，世宗認為其中蘊含了天意，於是下定決心剝奪夏言的官職，打發他回老家了。

在扳倒夏言之後，嚴嵩如願進入內閣，拜武英殿大學士，入文淵閣值班，兼管禮部事務。當時，他已經是六十多歲的人了，但仍然堅持在西苑的班房值班，有時候連洗漱都顧不上。朱厚熜對他的勤政盛讚不已，賞賜一塊銀記（銀質印章），上刻「忠勤敏達」四字，並加封太子太傅。翟鑾、許贊、張璧等人雖與嚴嵩同時進入內閣，但都沒有機會像嚴嵩那樣參與起草聖旨，所以政事從此全歸嚴嵩一人。

錦衣都督

在嚴嵩逐漸取得權勢的同時，一個名叫陸炳的官員也漸漸開始在政壇上崛起，成為掌管錦衣衛的都指揮同知。他成了嚴嵩需要聯手的對象。

陸炳出生於錦衣衛世家，祖父陸墀曾在錦衣衛任總旗，父親陸松襲父職，被興獻王選為儀衛司典仗。因為朱厚熜繼承皇位，陸松的仕途也順暢起來，被升為後府都督僉事，協理錦衣衛事務。陸炳生在軍人世家，不僅身材高大、健壯勇猛，而且膚色火紅，走起路來就像仙鶴一樣優雅而又穩健。

陸炳和朱厚熜還有一層非常特殊的關係，他們喝著同一個人的奶水長大——陸炳的母親是皇帝的奶媽。因為這一層關係，陸炳從小就可以跟隨母親進入宮中，經常陪著朱厚熜玩耍。

嘉靖八年（一五二九），陸炳順利通過武舉會試，被授予錦衣衛副千戶。父親陸松死後，他承襲擔任指揮僉事，不久就被提升為代理指揮使，執掌南鎮撫司事務。

有一次，他跟隨皇帝到南方巡視。夜裡四更時分，行宮忽然起火，隨從官員倉促之間不知所措，更不知道如何救人。危急時分，陸炳用自己的身體猛力撞開門板，把同樣驚慌無助的皇帝背了出來。因為救駕有功，陸炳更受皇帝寵信，被提拔為都指揮同知，執掌錦衣衛事務。至於錦衣衛指揮使，只能完全聽從他的指揮。陸炳曾經棒殺兵馬指揮，被御史彈劾，但朱厚熜下詔不予追究。

不久，陸炳又被提拔為代理都督僉事、都督同知，其權勢遠遠超過各前任。在他之後，以都督身分總領錦衣衛才成為常例。至於指揮使，已經不如之前勢大，不管是北京的，還是南京的，抑或是世襲的，都必須聽從都督的吩咐。

與別人相比，陸炳屬少年得志，驟然顯貴，所以他的同僚多半屬於他的父輩。有的人看不起陸炳，認為他只是運氣好、出身好罷了。對於這些人，陸炳表面上都非常客氣，甚至充滿尊敬，背地裡卻使用各種計策，逐步除掉那些輕視他的人。

在朝臣之中，陸炳非常注意巴結閣臣夏言、嚴嵩這樣有權勢的重臣，努力討取他們的歡心。但是，這兩位閣臣你爭我鬥，令陸炳一度不知如何取捨。經過一番斟酌之後，陸炳終於倒向了嚴嵩。

陸炳本來也與夏言非常親近，是夏言的耿直改變了他們的關係。當時，御史彈劾陸炳的各種不法之事，夏言得知之後，立即代擬聖旨要將陸炳逮捕治罪。情急之下，陸炳試圖用三千兩黃金贖罪，通過行賄尋求解脫，結果遭到夏言的嚴詞拒絕。無奈之下，陸炳只得長跪於地，以淚求饒，終於令夏言鬆口。

雖然得到寬恕，陸炳始終覺得留下把柄在別人手中，如芒刺在背，不僅感到心虛，而且懷恨在心。看到嚴嵩和夏言爭權，陸炳當然要幫助嚴嵩。他利用職務之便，搜集夏言與邊關將領私自結交之事，向朝廷檢舉揭發，於是夏言被判死罪。

嚴嵩則出於感激，任由陸炳胡作非為，還和他一起籌劃不法之事，公然貪贓枉法。陸炳也看出嚴嵩父子掌握了六部所有的權力，所以大小事務都對他們詳細彙報。由此開始，錦衣衛幾乎變成了嚴氏父子的私人機構。

在嚴嵩的庇護之下，陸炳開始肆意聚斂財富。和以往錦衣衛歷任大佬一樣，他同樣非常善於利用那些流氓地痞充當耳目，任用匪氣較重的官吏擔任爪牙。所以，民間再細小的情況也都能全部偵知。

陸炳尤其注意利用手中的偵察力量，仔細關注各地富豪的一舉一動，因為在他們身上很有油水可撈。富豪們犯下很小的過錯，就立即被錦衣衛收捕，隨即就會被抄家，多年辛苦積攢的財富也迅速被陸炳鯨吞。

因為非常善於巧取豪奪，陸炳所積累的資財無法計數，光是豪宅就多達十餘所，莊園更是遍布四方。當時的文武百官爭相奔走其門下，每年依靠索賄得到的收入無法計算。

沒人敢得罪權傾天下的陸炳，只有在傳說中才有人伸張正義。據傳，一個江洋大盜忽然光臨陸炳家，取走了大量的珠寶，而且警告陸炳不要聲張。結果，陸炳在丟失了財物之後，很長時間內都不敢吭聲。有一次，他偶爾與巡按御史談及此事，沒想到當天夜裡這位大俠再次光臨，並且斥責陸炳：「特地囑咐你不要亂說，你為什麼忘記了？」看著驚慌失措的陸炳，江洋大盜笑了：「縱然是一百個御史，又能把我怎麼樣呢？今天先饒你一命。」說罷，他一躍而去，不知所之。

這則故事記載於明人筆記《五雜俎》中，反映出當時的百姓厭惡陸炳，希望有人能對其加以懲治的願望。

對於部下和普通官吏，陸炳一向只知索取，濫發淫威。但在有權有勢的人面前，他完全變了一個樣子，不僅竭力周旋，而且豁達、慷慨。世宗曾多次製造大案，陸炳則經常在暗中對這些人選擇性地加以保護。在他的任期之內，從不曾主動陷害權貴，甚至「未嘗構陷一人」。[6]不少官員受到收買，不僅不追究他貪贓枉法之舉，反倒是眾口一詞地稱讚他。

總之，陸都督是個內心複雜的大滑頭，工於心計的多面人。在主人面前，他是不折不扣的奴才；在平民面前，他立即變身為餓狼。如果說嚴嵩經常是在表面上使壞的話，陸炳則更擅長在暗中作惡。錦衣衛與權貴勾結在一起，使得嘉靖後期的朝政變了模樣。

在複雜的政治環境之下，善於逢迎的陸炳，不僅得到了善終，而且得到「武惠」的謚號，得贈忠誠伯。隆慶初年，他雖然被治罪並剝奪家產，但萬曆年間又被張居正追記救駕之功，其子孫得到了世襲錦衣衛的恩賜。

不畏強權的沈煉

陸炳掌管錦衣衛，而且與嚴嵩沆瀣一氣，卻仍然無法確保錦衣衛全體官校都屈從其淫威，俯首帖耳。錦衣衛經歷沈煉就是這樣一位潔身自好、不阿權貴的勇士，在強權面前他始終保持著自己的氣節。

沈煉，字純甫，會稽人。嘉靖十七年（一五三八）考中進士，授官溧陽知縣，後又被調入朝廷，擔任錦衣衛經歷。

6《明史》卷三〇七，〈陸炳傳〉。

由於性格剛直，嫉惡如仇，在旁人看來，沈煉多少有一些狂放不羈。尤其是喝酒之後，他更是不修邊幅、旁若無人。意外的是，陸炳對他很好。在陸炳的周圍，都是一些沒文化的粗人，確實需要一位像沈煉這樣的讀書人，幫助他處理來往文書。

因為陸炳與嚴嵩父子交情非常深厚，所以沈煉多次陪著陸炳到嚴世蕃家中喝酒，由此掌握了很多嚴氏父子的祕密。嚴世蕃喜歡用酒來虐待客人，一般人都只能忍氣吞聲，只有沈煉不畏權貴，總是和他唱反調。這反倒令嚴世蕃心生畏懼，不敢和沈煉太過計較。

有一次，正好遇到蒙古俺答侵犯京師，借助武力，強求貢品，而且使者言辭輕慢。司業趙貞吉希望朝廷不要答應，但是廷臣之中卻沒有什麼人支持他。見此情形，沈煉果斷地站了出來。吏部尚書夏邦謨問道：「你是什麼官？」沈煉回答：「我是錦衣衛經歷沈煉。大臣們都不敢說話了，所以只能輪到小吏發言。」

當時，北方俺答的實力越來越強，明廷這邊則是委曲求全，一味退縮。國中無人致使敵寇猖狂，沈煉對此感到非常憤慨。所以，他上書朝廷，請求派出軍隊保護陵寢，同時集合勤王軍十餘萬，趁著敵人疲憊之時發起攻擊，認為這樣一定能取得勝利。可是嘉靖皇帝並沒有採納他的建議。

邊臣都知道嚴嵩因為受皇帝優寵而如日中天，所以競相行賄。戰事失利之後，他們害怕獲罪，只能送出更多的金銀財寶賄賂嚴嵩，以至賄賂一天重過一天。沈煉得知這些情況，每每扼腕歎息，從內心深處痛恨嚴嵩。

有一天，沈煉和尚寶丞張遜業一起飲酒，酒喝到一半時，談及嚴嵩專權，因而慷慨怒罵，涕淚俱下。隨後，他上書請求罷免嚴嵩。

在奏疏中，沈煉痛斥嚴嵩禍國殃民，斥其「貪婪之性疾入膏肓，愚鄙之心頑於鐵石」。[7]即便是在俺答侵犯順天、臣民受外寇之辱的危急時刻，作為當朝大學士的嚴嵩不僅沒有任用賢能、諮詢方略，反而夥同其子圖謀私利。更甚者，他們對一些忠良之臣的謀略多方阻止，反倒對那些諛諂小人曲意加以引薦。於是漸漸形成了「要賄鬻官，沽恩結客」[8]的惡劣風氣。

接下來，沈煉指出嚴嵩專權更大的危害是：目無尊長、藐視皇權。因為不管朝廷想賞賜誰，嚴嵩都會搶著說「由我來賞賜」；朝廷想懲罰誰，他也會搶著說「由我來懲罰」。長久下來，人們都學會了窺探嚴嵩的好惡，反倒是忘記了朝廷的恩威。

朝野上下沒有人敢對嚴嵩說三道四，唯獨沈煉有這個膽子。他在奏疏中，列舉了嚴嵩的十大罪狀：一是收納將帥的賄賂，破壞邊陲的安寧；二是接受諸王饋贈，暗中予以庇護；三是延攬吏部之權，敗壞為官之道；四是向撫按索賄已成慣例，導致國家和百姓之財一天天減少；五是暗中打壓言官，使人不敢直言；六是嫉妒賢能，只要有人膽敢忤逆，必被置於死地；七是縱容兒子接受財物，致使天下之人皆生怨恨；八是經常私自運送財物回鄉，致使沿

7　《明史》卷二〇九，〈沈煉傳〉。
8　《明史》卷二〇九，〈沈煉傳〉。

途驛站不堪騷擾；九是久居政府，擅寵害政；十是不能協助討伐敵賊，貽害君父。

沈煉直陳嚴嵩之惡，請求將其罷免，完全是忠良之舉，沒想到就此惹惱了世宗。沈煉在被杖責數十之後，被貶謫到保安一帶種田。到保安之後，沈煉沒有房子住。有商人得知其獲罪緣由，便讓出房子給他住。里長也天天送來柴米，還將自家子弟送來跟著他讀書學習。沈煉和大家一起說著忠義大節，舉座都非常高興。這些塞外之人不僅忠厚直爽，而且熟知嚴嵩的罪惡，都和沈煉爭著痛罵嚴嵩。

漸漸地，這些人將痛罵嚴嵩父子當成家常便飯，而且還將嚴嵩連同李林甫、秦檜等人束縛成稻草人，酒醉之後就聚集起一幫人對著這些稻草人練習射箭。有時候，他們騎馬越過居庸關口，面向南方，伸手指罵嚴嵩，罵到痛處則是一番號哭，哭到傷心處，又只能打馬折回。

這些事情漸漸地傳到了京師。嚴嵩父子也聽到了，所以從內心深處更加痛恨沈煉，一直尋找機會報復。

其時，嚴嵩的黨徒楊順總督宣府、大同，當時俺答入侵，攻破應州一帶四十多座堡寨。楊順害怕朝廷追究責任，於是誅殺逃兵以冒充敵軍的首級，甚至殺民冒功。沈煉知道這些情況，因此非常痛恨楊總督。他一方面寫信譴責楊順，一面寫文章祭祀那些冤死之人，言辭中充滿了對楊順的挖苦和諷刺。楊順大怒，私下找到嚴世蕃，誣告沈煉招募勇士練習劍法和射術，居心叵測。

嚴世蕃認定這是除掉沈煉的大好機會，於是囑咐同是嚴嵩黨徒的巡按御史路楷，配合楊順殺死沈煉，並許諾會給他們厚報。此後，這兩個人日夜圖謀如何中傷沈煉。

正好當時蔚州一帶出現白蓮教，他們蠱惑人心，而且出入漠北，洩露邊情。官軍抓捕了其中不少人，經過審訊，又牽連出很多人。楊順大喜，和路楷串通起來，把沈煉的名字列入其中。不僅如此，他們還誣衊說白蓮教聽從沈煉的指揮，甚至為首之人閻浩也是沈煉的學生。掌管兵部的許論，因為沈煉此前也曾得罪過自己，因而不願意深究真偽，只想迅速處置沈煉。不久，沈煉被斬於宣府街市，他的兒子沈袞、沈褒，都被楊順打死，只有沈襄僥倖保住性命，被發配戍邊。

直到隆慶初年，沈煉才得到平反，獲贈光祿寺少卿，沈襄則被任命為官。沈襄隨即上書陳述楊順、路楷當年的殺人罪證，皇帝下令審查，不久便將這二人處死，一段不白之冤終於得到了昭雪。

權臣伏法

對嚴嵩的驕橫，世宗朱厚熜並非毫無覺察。皇帝曾經在許贊因老病離職、張璧病亡之後，忽然重新起用夏言，並且借用夏言的力量，趕走了嚴嵩的部分黨羽。受此驚嚇後，嚴嵩決意反撲。他利用陸炳多方搜集並捏造夏言的種種罪證，終於令夏言暴屍街頭。

既然能把夏言幹掉，其他朝臣自然不在話下。只要是嚴嵩不喜歡的人，就會借助升遷考察等時機除掉，而且還不留任何痕跡。至於彈劾嚴氏父子的官員，比如謝瑜、葉經等人，則統統遭到貶職。

朱厚熜是過度自信的皇帝，他相信自己的英明神武，所以即便出錯，也要為自己護短。嚴嵩很好地把握了世宗的這種心理，經常利用這個弱點借事激怒皇上，在殘害別人的同時，謀取個人私利，擴大自己的權勢。張經、李天寵、王忬等人的死，幾乎都與嚴嵩相關。

大將軍仇鸞曾被曾銑彈劾，後來便倚靠嚴嵩的勢力排擠曾銑。兩人因為有共同的敵人，大將軍和大學士立即結為同盟。

不僅是結成同盟，不久之後，他們還結為父子關係。大學士嚴嵩因為年長，所以成了大將軍仇鸞的乾爹。

後來，仇鸞因為在前線牽制敵寇立下戰功，獲得世宗的賞識和重用，這對父子的關係開始發生改變。起初階段，嚴嵩還真把仇鸞當成兒子看待，雖然沒有嚴世蕃那麼親，但也投入了一些真感情。但隨著仇鸞地位的上升，二人之間發生了直接的利益衝突，於是就此失和。

無數事實證明，因為政治利益而結成父子關係的，往往很不牢靠。錢寧找了皇帝做乾爹，都免不了身首異處的悲慘下場；仇鸞找來個大學士做乾爹，當然更不要指望會有好結果。

嚴嵩開始祕密上書，在世宗面前詆毀仇鸞。只是皇帝根本不聽他的說辭，反而更加信任仇鸞。

就這樣，當初二人親密如父子的關係迅速瓦解。既然乾爹不仁，那就不能怪乾兒子不義。仇鸞非常懊悔當初認賊作父的衝動，開始在皇帝面前一個勁兒地告乾爹的黑狀。也許是因為世宗早就對嚴嵩父子的各種不法之舉有所耳聞，所以他相信了大將軍，逐漸疏遠大學士。即便是嚴嵩入宮值班，也有好幾次不被世宗召見。嚴嵩看到徐階、李本覲見皇帝，便試圖和他們一同進去。但走到西華門時，看門的護衛攔住了他，因為他不是皇上所要召見的人。嚴嵩失魂落魄地回到家中，與嚴世蕃先是相對無言，後又抱頭痛哭。曾經的權臣，如今真真切切地被冷落到了一邊。

嚴嵩不得不苦尋出路。他找到了陸炳，因為他相信這個特務頭子的能量。而且，他發現當時陸炳正與仇鸞爭寵，正是利用的好機會。

在陸炳身上確實有著一種看不見的能量。即便仇鸞非常得寵，甚至實力已經凌駕於嚴嵩之上，但他還是懼怕陸炳三分。平時見面，陸炳會假意奉承大將軍，不與其正面交鋒。陸炳非常擅長使用一些陰損招數。他私下出錢收買和結交那些與仇鸞親近的人，利用他們窺探仇鸞的隱私，搜集他的違法罪證。

嚴嵩熟悉陸炳的套路，堅信陸炳不會令他失望。可是，正當他們互相勾結，試圖出手扳倒大將軍時，沒想到仇鸞自己病倒了，並且一直臥床不起。

在陸炳看來，即便是人病倒了，也不能就此放過。他抓住時機，立即向世宗揭發了大將軍各種圖謀不軌的罪證。面對一條條的證據，朱厚熜大吃一驚。他相信這些罪證都是錦衣衛長期跟蹤所得到的真材實料，於是下令立即收回當初賜給仇鸞的大印。仇鸞本來就重病纏身，受到此番打擊，很快就憂懼而死。但是世宗還是決定對這個叛賊加以嚴懲，大將軍隨即被剖棺戮屍。

除掉大將軍之後，世宗果然開始恢復了對嚴嵩的信任，就連嚴世蕃也被提拔為工部左侍郎。有了前面的教訓，嚴嵩更費心思揣摩皇帝的心意，甚至能左右其喜怒，想辦的事幾乎沒有失手過。朝臣也開始像以往那樣，紛紛攀附嚴嵩。

晚年的朱厚熜長期隱居西內，不復當初勤政，大臣極少得到拜見皇帝的機會，只有嚴嵩一人有機會接近皇帝。有時候，皇帝在一天之內幾次投給嚴嵩手札，其他人都不知情，任由嚴嵩肆意妄為。

當時，倭寇騷擾江南，世宗任命趙文華督察軍情。浙直總督胡宗憲設計誘降海盜汪直、徐海，趙文華將此功勞轉讓嚴嵩。世宗賞賜嚴嵩兼領尚書的俸祿，但嚴嵩居然忘記了謝恩。這可能是嚴嵩有意為之，因為此後面對皇帝的幾次褒獎賞賜，他都沒有謝恩。嚴嵩的這些舉動，自然令朱厚熜感到非常不舒服。

朱厚熜不敢完全相信嚴嵩，有時故意否定嚴嵩的意見，以此來殺一殺他的氣勢。他知道嚴嵩掌權太久，親信和門徒已經占據了各個要害部門，不能不加以提防。所以，他漸漸地重新厭惡起嚴嵩，轉而親近閣臣徐階。

徐階的好友吳時來等人紛紛上書彈劾嚴嵩，嚴嵩密請皇帝追究幕後主使，將那些人關進詔獄，嚴加懲治，但是來回審問也沒能問出個所以然。皇帝不願意追究此事，徐階則乘機繼續排擠嚴嵩。嚴嵩力薦親信擔任吏部尚書，但才當了三個月就被罷斥。趙文華受到貶職，嚴嵩同樣無法施救，他的好日子就要走到頭了。

御史鄒應龍揣摩出皇帝的心意，上書彈劾嚴嵩父子違法，甚至發出毒誓：「如果所言不符事實，就請斬下首級來向嚴嵩父子謝罪。」世宗隨即降旨，勒令嚴嵩退休，同時對嚴世蕃依法審判。不久，嚴世蕃和他的兩個兒子——錦衣衛官員嚴鵠、嚴鴻，以及門客羅龍文等，都被發配戍邊。

嚴嵩雖然極力掙扎，但終究無法改變命運的唾棄。過了幾年，他在寂寞中老死，不久之後，嚴世蕃也伏法被斬。抄家時，從嚴世蕃家中搜得黃金三萬餘兩，白金二百萬餘兩，其他珍寶奇玩也價值數百萬。[9]

9《明史》卷三〇八，〈嚴世蕃傳〉。

第十三章

深重的危機

被逼「瘦身」

嘉靖四十五年（一五六六），世宗朱厚熜走到了生命的盡頭。由於世宗執政的時間太久，天下的臣民似乎都已經習慣了被這麼一個人統治著。一旦他忽然消失了，大家反而有些不習慣。

雖說執政時間長，接近半個世紀，但世宗只能算是個平庸的皇帝，比荒誕的武宗略好一些罷了。而且，他在位之時，明顯呈現出開高走低的特徵。尤其是到了後半段，幾乎一直是在走下坡路，而且越到晚期越發荒唐。

很長時間之內，他一直在琢磨著如何樹立自己的權威，越到晚年，越熟諳權術的運用。所以，他能夠重用嚴嵩這樣的權臣，也可以在忽然之間將其拿掉。

他是個迷信的人，早年迷信於權術，晚年迷信於神鬼。為了能夠長生不老，他熱衷於求仙問道。所以，能夠幫他與上天溝通的人，如嚴嵩、徐階等，都由此而得到重用。不幸的是，這成為他晚年荒政的一個鮮明印記。

孔子曾說：「君子有三戒：少之時，血氣未定，戒之在色；及其壯也，血氣方剛，戒之在鬥；及其老也，血氣既衰，戒之在得。」[1]這段話告訴我們，人在不同的年齡段，都有著相應的注意事項。當邁入老年之後，那就應該放下得失之心，踏踏實實地安度晚年才是。

身為皇帝，按理說更應該「戒之在得」，因為坐擁天下，他完全犯不著與民爭利。但是，晚年的朱厚熜做不到。他不僅做不到，反而變得無比貪婪。他貪戀財物，追逐珍寶，甚至經常與民爭利；他貪圖長生，就此迷上了道教中的煉丹術；他貪慕奢華，於是大興土木……折騰來折騰去，終於導致府庫匱乏，民不聊生。不僅如此，邊境也出現危機，北方有俺答，南方有倭寇，甚至中原各地也是暗流湧動，明帝國已處風雨飄搖之中。

《明史》評價世宗也是先褒後貶，先是讚揚他起初階段的清明政治，但更批評其晚年的敗政，甚至指出：「百餘年富庶治平之業，因以漸替。」[2]意思是說，嘉靖皇帝徹底改變了明朝的歷史走向，將之前百餘年積累的錢財都揮霍一空。

這句話未必是誇張之語。因為海瑞上書嘉靖帝時，曾借用了一句當時的民謠，說的也是這個意思：「嘉靖者，言家家皆淨而無財用也。」[3]這句民謠借用朱厚熜年號的諧音，詼諧地總結了嘉靖時期的政治和經濟情況，雖略顯刻薄，但也部分反映了當時的實情。

世宗去世之後，朱載垕，也就是世宗的第三子，接管政權，廟號為穆宗。雖然朱載垕在位只有六年，沒有留下太多政績，但也並非一事無成。他不能眼看著江河破敗，至少需要收

1《論語．季氏》。
2《明史》卷一八，〈世宗本紀〉。
3《海瑞集》上編，〈直言天下第一事疏〉。

拾一下父親所丟下的爛攤子。據《明實錄》記載，穆宗即位之後，曾先後兩次對錦衣衛「瘦身」，只此便可以看出，朱載坖確實曾有過變革之念。

隆慶二年（一五六八），朱載坖宣布裁掉錦衣衛冗濫員額三百五十九人。區區三百餘人，對規模龐大的錦衣衛而言，幾乎是毫髮無損。但穆宗一定要去做這件事情，因為以往那種世襲制，帶來了太多的問題，尤其是冗員的問題。而且，這次裁減更像是一次試探之舉，因為更大規模的裁員行動僅隔一年便全面鋪開。

隆慶三年（一五六九）七月，總督薊遼的兵部左侍郎譚綸忽然向穆宗匯報國家的財政問題。按理說，這本是戶部該管的事。一個兵部官員忽然操心起這些事情，只能說是狗拿耗子多管閒事，不免讓人心生疑竇。然而當穆宗認真翻看奏疏時才發現，譚綸原來是討論軍事後勤問題，其中有不少篇幅都是談軍隊冗員問題。在譚綸看來，因為軍隊規模過於龐大，已經給國家帶來了沉重的負擔。

隆慶時期，國家究竟養著多少軍人呢？譚綸的奏疏中給出了一個具體的數字：三百一十三萬八千三百名。[4]這顯然是一支規模太過龐大的隊伍。更可怕的是，在這個龐大的數字中，其實並沒有包含數量不菲的軍官，同時也沒有包括錦衣衛。

據歷史學家吳晗的估算，明朝初期軍隊總員額在一百八十萬以上。[5]但是到了弘治年間，兵部議覆侍郎李孟暘的〈請實軍伍疏〉中說，軍隊員額已達二百七十餘萬。[6]半個多世紀過去了，眼下總員額又增加了幾十萬。可以看出，冗兵現象已經變得越來越嚴重。

如何養活這麼多軍隊，肯定是一個大難題。嘉靖後期，民生凋敝、國庫緊張，都與此直接相關。在奏疏中，譚綸給出的解決方案是：嚴督屯田！但是，穆宗想到的第一件事卻是：裁員！

那麼，究竟從哪裡裁起呢？穆宗很快給出了一個出人意料的答案：就從考選開始，從軍官開始。此前的考選多半是走過場，裁撤人員無幾，冗員現象不但沒有得到改善，反而更加惡化，所以穆宗要動真格的了。

一年之後，即隆慶四年（一五七〇）年底，兵部會同五府都督府、錦衣衛舉行考選。包括錦衣衛各所在內的衛所軍官存留為四千九百八十六人，黜退則多達一千七百九十人。這些被黜退的人員中，各有各的情況：有的是太老，有的是太小，有的是上學，有的是頂替……總之，都要被淘汰，而且比例還非常高：差不多四個人中，就淘汰掉一個。

與此同時，南京兵部也舉行考選。南京的錦衣衛留用選補者一千九百一十三人，被黜退的也多達三百六十人。[7]差不多六個人當中，就淘汰掉一個，這個比例也不算低。

資料所限，我們尚不清楚其時裁員的總體情況如何，僅從中下級軍官的淘汰比例來看，

4《明穆宗實錄》卷三五。
5 吳晗，〈明代的軍兵〉，《中國社會經濟史集刊》，一九三七年第五卷第二期。
6《明史》卷九一，〈兵志三〉。
7《明穆宗實錄》卷五二。

穆宗此次裁員的力度不能算小。而且，僅從南京的情況來看，錦衣衛的裁員力度似較他類人員要弱。

當然，冗兵只是問題的一個方面而已，所以裁員其實解決不了根本問題。兵科都給事中歐陽一敬等人上言，提出了八項建議，實則直指八大隱憂。其中，錦衣衛的問題尤其突出。在他們看來，錦衣衛權勢過於集中，而且經常假借緝捕罪犯之名肆意橫行，並且為了冒領賞祿，不惜羅織罪名。所以他們懇請穆宗，一定要嚴厲制裁這種違法行為。

其實歐陽一敬等人所言錦衣衛弊病，並非隆慶年間所獨有。自從錦衣衛成立之後，這種「冒濫之弊」幾乎就一直存在，可說是一個自帶程序。這些問題，朱載垕當然沒有辦法解決，能大著膽子對錦衣衛進行「瘦身」手術，已屬非常難得了。

不肯屈服的都督

明世宗和明神宗都是執政四十多年才倒下的，穆宗夾在他們二人中間，更像是一個過渡性人物。因為他執政的六年時間，根本無法望兩人之項背。見證這三朝榮辱興衰的人物是徐階。他從嘉靖後期出任內閣首輔，到萬曆十一年（一五八三）病卒，可謂勞碌一生、隱忍一生。在扳倒嚴嵩的過程中，徐階充分證明了自己的才能。在高拱和張居正之間，他選擇的是後者，而且極力加以扶植，也被證明極具政治眼光。萬曆初年，張居正成功扳倒高拱，成為左右政局的大人物，並且在一定程度上影響了明朝歷史的走向。

萬曆初年，太監馮保以掌管司禮監得以兼管廠事。他對原先的東廠進行了改組，在東廠北門以北又建立新廠，叫內廠；原先的則叫外廠。可以看出，馮保力圖通過重新洗牌的方式，進一步控制情偵系統。

張居正深知，如果想要掌控大局，就必須要與馮保聯手，並且將內閣首輔高拱趕走。其時，高拱正想著如何收司禮監之權，還之於內閣，就此得罪了馮保。因為有了共同的敵人，張居正和馮保立即成為盟友，聯手對付高拱。就在這個時候，恰好有個叫王大臣的人出現了。

萬曆元年（一五七三）正月，有一個宦官模樣的男子忽然出現在乾清宮。因為見到皇帝之後，他的神色太過慌張，左右衛兵立即將其抓獲。

馮保對其進行審問，答曰：「南方當兵的，叫王大臣。」

「是誰的隊伍？」

答曰：「總兵戚繼光。」

王大臣的供詞把馮保嚇了一跳，他知道戚繼光和張居正關係密切，於是立即派人密報張居正。張居正對馮保說：「戚繼光正忙著操練兵馬，不可能幹這事，倒是可以嫁禍給高拱，藉機除掉他。」

馮保覺得這倒不失為一齣妙計，立即與張居正達成一致。他們開始重新設計王大臣的身分，並為其編造了另外一套口供：家居武進縣，受高拱的指使，潛入皇宮行刺。馮保還派人威脅王大臣說：「必須要說明高拱對皇帝一直心存怨恨，所以派你來行刺。如果按照這種口供認罪，你不僅可以免罪，而且還可以得賞千金，加官錦衣。若是不從，那你就會死得很慘。」

隨後，立即有人給王大臣送去金錢，並且每天好酒好肉伺候。與此同時，錦衣衛將高拱府第團團包圍，張居正則疏通內外，製造輿論，甚至主張先逮捕高拱。當張居正與吏部尚書楊博密謀時，楊博說：「高拱雖然性格粗暴，但是相信他不會幹這種事情。除非另外受人指使或逼迫。」張居正面紅耳赤，一臉的不高興。

大理寺少卿李幼孜是張居正的同鄉，連忙告誡張居正說：「您為何出此下策？怕是只會將惡名留在青史之上啊！」

張居正勉強回答：「這和我有什麼關係呢？都是馮保他們審問得到的結果。」

左都御史葛守禮對楊博說：「張公此事做得不對。」

楊博說：「我已經提醒他了。」

葛守禮說：「眼看就要興起一場大獄，您怎麼能這麼輕描淡寫地只是一句『已告之』呢？」說完，他拉起楊博一起去找張居正。

張居正拉著長臉說：「發現同謀之人，就會立即上書處理。」

葛守禮說：「我等只是想保住高公不受冤枉。」二人不停勸說，張居正一直默然不應。忽然之間，他生氣了，拿出獄詞展示給二人觀看，並憤怒地反問：「證據都在這了，和我有什麼關係呢？」葛、楊二人從獄詞上看到張居正親筆批改的四個字「歷歷有據」，立即笑而不語。張居正猛然醒悟到，這幾個字令自己露出馬腳，他一邊迅速將獄詞藏入袖中，一邊敷衍道：「這些人法理不通，我只是幫他們修改幾個字罷了。」

當時場面已經非常尷尬，但在葛守禮和楊博的力諫之下，張居正勉強同意一切從緩，先奏明皇帝再行處理。不久，皇帝的命令下來，馮保與左都御史葛守禮、錦衣衛都督朱希孝一起舉行會審。

起初階段，朱希孝還是顯得非常擔心，和他的哥哥成國公朱希忠相對而泣：「到底是誰策劃了這個行動，這不是要覆滅我們的宗族嗎？」

隨後，朱希孝找到楊博討要主意。楊博說：「這事情不難找到答案。您可以派一個有經驗的校尉進入監獄，與案犯進行交談，從他的方言中判斷他的籍貫等情況。也可以找幾位高家的僕人，夾在眾人之中，看看這位王大臣到底認識不認識。接下來，還可以審問他，高公府第在哪，現在住在何處。相信這樣一審問，情況立即就清楚了。」

朱希孝茅塞頓開，立刻如楊博所言選出一名心腹校尉，主動接近王大臣。起初階段，王大臣完全按照馮保交代的口供回答問題，即便校尉嚴厲警告其行刺的嚴重後果，王大臣仍然堅持說是受高拱指使。接下來，校尉按照楊博的安排，高家僕人出現在王大臣面前，他卻根本無法分辨……到底是不是受高拱指使，朱希孝心中已經有了答案。

會審的這一天，突然之間風雨如晦，接著便是雨雹不止。馮保有些害怕，希望審問能按照他的設計早早結束，但是已經沒有這種可能了。

當錦衣衛校尉的板子打在屁股上，王大臣急忙高呼道：「已經答應給我榮華富貴，為何還要這麼折磨我？」

馮保立即問道：「你究竟是受誰主使？」

王大臣抬起頭，瞪大眼睛反問道：「是你指使我的，為什麼還這麼問我？」

馮保已經氣得渾身發抖，強作鎮定地問道：「你當初說是受高相國指使。」

王大臣答道：「那都是你教我的，我哪裡認識什麼高相國？」

審訊到了此時，眾人心中都已經有了答案。朱希孝拂袖而去，只留下馮保呆若木雞、瑟瑟發抖。

馮保的內心已經充滿恐懼，他只能迅速殺人滅口。刑部擬罪，迅速將王大臣斬首。通過此案，張居正偷雞不成蝕把米，不得不同樣絞盡腦汁，努力擺脫與「王大臣案」的干係。

在「王大臣案」中，尚書楊博、御史葛守禮、錦衣衛都督朱希孝聯手出擊，保護了高拱，從而避免了一樁冤案的發生。畢竟他姓朱，是皇室宗親。大家都明白，如果朱希孝能扛得住的話，錦衣衛就沒有理由完全趨附於廠臣。

生前身後兩重天

高拱雖說僥倖逃過一劫，但經過此番劫難之後就此病倒，閉門不出。當時神宗尚且年幼，張居正在馮保的配合下，取得了李太后的完全信任，坐穩了首輔之位。小皇帝朱翊鈞對張居正尊禮有加，言必稱「先生」。張居正則毫不含糊地四方攬權，取得裁決一切軍政大事的機會。他主政時間前後長達十年，積極推行新政，大力推行一系列改革措施，並收到了相當不錯的成效，明帝國也因此一度呈現出勃勃生機。

遺憾的是，這種短暫的興盛更像是一種迴光返照。隨著皇帝年歲的增長和張居正的老病，一切都開始急劇改變。不僅是張居正的命運發生了天翻地覆的變化，就連明帝國的走勢也徹底改變了方向。

萬曆五年（一五七七），神宗皇帝年滿十四歲，皇太后開始為他張羅婚事。錦衣衛指揮使王偉的長女被選為皇后，確定了兩年之後的大婚日期。這標誌著神宗皇帝朱翊鈞將會在不久之後走到臺前，真正成為一國之主。

錦衣衛指揮使與皇帝結為親家，固然有王皇后姿色出眾的因素在內，但這個事件還是顯得非同尋常，至少標誌著錦衣衛地位的進一步提升。

事實上，在嘉靖以前，文臣子弟多不屑於充任錦衣衛。但在萬曆初年，這一風氣有了很大改變。當時，錦衣衛都指揮使劉守有就是以名臣子弟的身分主持錦衣衛的。眼下，就連皇后都是錦衣衛官員的女兒，當然更改變了人們對錦衣衛的看法。此後，文官子弟都樂於在錦衣衛中任職，士大夫也樂於和他們交往，畢竟遇到緊急案件時，還需要依靠他們的力量。

錦衣衛指揮使王偉因為女兒當了皇后，立即成為神宗的岳丈大人。於是，他的職位很快得到升遷，就在女兒定親的當年便得授都督之職，不久之後又封永年伯，而且得到皇帝特別撥給的紋銀一萬五千兩。

因為沾了皇后的光，王偉的兩個兒子王棟、王俊，也理應得到相應的封賞和提拔。神宗先是自信滿滿地將此事交給閣臣討論，沒想到閣臣並不給皇帝面子，只是建議給個錦衣衛正千戶了事。

這當然出自首輔張居正的主意，神宗感到非常失望。他立即召來張居正等人詢問：「正德時期，皇親國戚如夏助等人都是授予錦衣衛指揮使，而且是世襲，為何今天對我的兩位妻弟這麼寡恩呢？」

沒想到大學士張居正不卑不亢地回答道：「正德時期各種不太適當的做法，早已經被世宗革除，眼下最多只能授王棟錦衣衛指揮僉事，王俊則仍保持錦衣衛千戶不變。」

對這個結果，神宗當然非常不滿意。但是在首輔張居正看來，授王棟指揮僉事，已經做了很大的讓步，所以他一直堅持己見。看到這固執的「張先生」絲毫沒有退讓的打算，神宗也只能快快作罷。

在張居正眼中，朱翊鈞即便是娶了媳婦，仍然還只是個娃娃。他必須繼續用老師的身分理政訓政。

神宗對張居正一直充滿敬畏，但其實這種敬畏部分來自李太后的壓力。李太后渴望小皇帝能早日成材，盡早接管大明江山，所以命張居正對其悉心看管，而嚴厲的張先生也就此成為小皇帝最為懼怕的人。但這種畏懼感，隨著朱翊鈞年紀增長而逐漸喪失。當初的敬畏和信賴，漸漸地化為束縛和壓力，令他對首輔大人越來越不耐煩。因為有張居正在，他經常說了不算，這令他很沒面子，從內心深處感到不悅。

事實上，張居正確實是一直在為帝國操勞，而且盡心盡力。隨著年紀的增長，他漸漸感到力不從心，但也一直勉力堅持，很有點「鞠躬盡瘁，死而後已」的精神。萬曆十年（一五八二）年初，他終於撐不下去了，於是告病還鄉，不久之後去世。

張居正病重期間，神宗曾頻繁詢問其病情，並贈送銀兩作為醫藥費。眼看病情加重，神宗頒旨稱「太師張太岳先生」，給予了最高級別的慰問。等到張居正的死訊傳來，神宗加封其為左柱國，連張居正的幾個兒子都升了官。但是，誰都沒有想到，就在不久之後，神宗對「太師」的態度發生了翻天覆地的變化。

從表面上看，事情都是因馮保而起，因為馮保將神宗寵信的宦官張誠驅逐出京。神宗為此大吃一驚，於是派張誠祕密調查馮保和張居正。張誠重返皇宮之後，立即揭露兩人互相勾結、貪贓枉法的各種罪狀，並稱他們聚斂的財物超過天府，令神宗非常震驚。

在太監張鯨的鼓動下，神宗下令對馮保展開調查，對馮保家產進行逐一清點，果然獲得金銀珠寶數以萬計。他相信，在張居正的家中，一定藏了更多的寶貝，於是對首輔大人徹底失去了信任。

言官也開始陸續彈劾張居正，其中不少人跟風式地對已故首輔展開猛烈攻擊，神宗順勢下詔剝奪張居正當初「左柱國」、「太師」之類的封號。張居正提拔或推薦的官員，都遭到貶職或撤職，就連戚繼光這樣的著名將領也不能倖免。

隨後，神宗命張誠偕同錦衣衛指揮、給事中到張居正家中搜查登記財產，共得黃金萬兩，白金十多萬兩。張居正的長子張敬修被抓入詔獄，因忍受不了酷刑，自縊身亡；弟弟張居易、兒子張嗣修都被發配戍邊。張居正的官銜品級、之前賞賜的各種榮譽稱號也全部被剝奪。神宗頒旨說，按理應當剖棺戮屍，只因念及舊情，姑且寬免。

在世之時，張居正位極人臣，呼風喚雨，死後不久便遭嫌棄，不僅各種榮譽被褫奪，就連子女也跟著遭殃，可謂生前身後兩重天。

張居正的經歷令人唏噓，但也只能怪他自己。《明史》中對張居正有一段非常公允的評價，一方面稱讚其「通識時變，勇於任事」，而且「起衰振隳」，堪稱濟世之才，一方面指出他得禍原因是權力太大：「威柄之操，幾於震主，卒致禍發身後。」[8]

神宗親政

張居正走了，馮保也走了，朱翊鈞這才開始有了做皇帝的感覺。他開始親自面對各種複雜的政務，雖說多少有些力不從心，案牘之勞讓他頗有些煩躁，但他必須要撐著。何況他受到過張居正多年教誨，有相當不錯的宮廷教育作為基礎。

起初階段，神宗也曾用心打理朝政。他關注民生，關心糧食和蔬菜。他會為老天是否降雨而操心，甚至不惜體力，步行十多里路去到天壇，親自向老天爺求雨。他還非常關心邊境問題，親政之後，主持了著名的「萬曆三大征」，先後在西北、西南和朝鮮展開了三次大規模的軍事行動。

朱翊鈞大力整頓朝綱，注意起用新人。對於選人、用人，他有一個非常簡單的判斷標準：凡是張居正的朋友，那一定都是壞的，不能任用；反之，如果是張居正的政敵，那就是好的，立即提拔。所以，一段時間之後，當初積極反對張居正新政的官員，尤其是彈劾張首輔的官員，都得到了重用。

為了在官員中樹立清正廉潔之風，朱翊鈞還特地提拔了海瑞。自己岳丈王偉的不當請

8《明史》卷二一三，〈張居正傳〉。

求，神宗則毫不留情地予以拒絕。萬曆十三年（一五八五），永年伯王偉申請一處宅第，準備為兒子娶媳婦之用。沒想到神宗忽然嫌棄岳丈的貪婪，因為他一直要這要那的，竟然沒給岳丈這個面子。

對比前幾年，神宗的變化非常之大。那個時候，他不時地給予岳丈各種賞賜，還主動將馮保的多處遺產，比如莊園等，慷慨地賜給岳父大人。馮保有多處宅第，都壯麗華美，和王府無異。神宗覺得這些好東西，不能給別人，於是立即贈給岳父大人。也許那時候，他覺得天下是張太師的，幫岳父要東西，那就是幫了自家人。此刻，江山是他自己的，誰想和他要什麼東西，都像是割了他的心頭肉，他不得不掂量再掂量，再也大方不起來了。

在情偵系統中，錦衣衛因為有老丈人打理，不用太過擔心。神宗為消除馮保的影響，及時更換了提督東廠之人。

除馮保之外，當時還有幾位資歷較老的大太監：張宏、張鯨、張誠，號稱「三張」。其中，只有張宏以賢能著稱，另外二人則是著名的權閹。性格寬厚的張宏，取代馮保執掌司禮監，但在萬曆十二年（一五八四）便去世了，從而給了張鯨、張誠作惡的機會。

張鯨剛入宮時，投靠在張宏名下。當馮保專權用事時，張鯨非常嫉妒。當他看到皇帝開始討厭馮保時，便為神宗獻計，試圖謀害他並取而代之。張宏得知後，立即警告張鯨說：「馮公是我們的前輩，而且一向很有骨氣，不應該設計陷害他。」

對於張宏的警告，張鯨不但置若罔聞，反而在除掉馮保的過程中投入了很大力氣。《明

〈入蹕圖〉（局部）

圖中御舟上身著鎧甲者便為護衛神宗出行的錦衣衛將軍。

史》中也說：「馮保獲罪，實鯨為之。」[9]神宗逐出馮保後，張宏取代馮保執掌司禮監，張鯨則執掌東廠。

張鯨一向敢想敢幹，再加上神宗對他非常信賴，所以就連閣臣都對其有所忌憚。他乘機提拔任用事司房的邢尚智，通過他來攬權和受賄。京師都知道張鯨心狠手辣，所以流傳著一句諺語：「寧逢虎狼，莫逢張鯨。」

萬曆十六年（一五八八）冬，御史何出光彈劾張鯨、邢尚智與錦衣衛都督劉守有狼狽為奸，貪贓枉法，而且作威作福，應當論罪處死。錦衣衛和東廠互相勾結，這當然是一件非常可怕的事情，結果神宗只是免去了邢尚智和劉守有的職務，對張鯨表示慰留，仍保留他提督東廠的權力。

此後，給事中陳尚象、御史方萬策等人又相繼上書彈劾張鯨，神宗只是回應說「知道了」。不僅是言官彈劾張鯨，就連法司也不停上奏，稱張鯨等人犯了貪污罪，應該受到嚴厲處罰，結果邢尚智被判死罪，後來改成流放，張鯨仍然只是受到一頓訓斥便不了了之。

想必張鯨平時太招人嫉恨，所以朝臣如同接力一般不停地有人站出來告狀。給事中張應登繼續上書彈劾張鯨，御史馬象乾除了彈劾張鯨之外，還奏稱大學士申時行庇護張鯨。神宗不但不聽，反而下令將馬象乾投進監獄。

神宗這麼固執並不奇怪，在他眼裡，當初的馮保、張居正等人都是別人幫助選定的輔臣，因此自己受到了太多束縛，太過憋屈。這張鯨畢竟是自己選定的，即便是犯了一些小錯誤，也要堅持使用，正所謂「用人不疑」啊。

然而朝臣卻偏偏不這麼認為，他們彷彿存心給神宗難堪。給事中李沂認為，皇上一定是接受了張鯨的賄賂，所以才會一再寬宥張鯨的罪過。神宗大怒，說李沂等人一定是替張居正、馮保說話，完全是為了報復張鯨，於是下令將李沂撤職並杖責六十。南京兵部尚書吳文華率領南京九卿，共同請求處罰張鯨，寬宥言官，神宗也完全不聽。

為了平息眾怒，神宗只是打發張鯨回家閒住，但不久之後又將其召入宮中。朝臣極力上書表示反對，但都不見任何回覆。大理寺評事雒于仁上奏四篇箴言，指責張鯨通過賄賂重新獲得任用。這顯然是先前李沂那套口吻，再變著花樣回來，神宗對此更加憤怒，於是下令將雒于仁治罪。

神宗在憤怒之後，也漸漸冷靜下來。他明白朝臣一直拿著張鯨的事與自己死磕，多少也有證據在手，所以不如捨卒保車，放棄張鯨。此時，雒于仁拚死進諫，以不惜獲罪的勇氣繼續與張鯨死磕，終於讓神宗有所退縮。神宗令申時行代替自己訓斥張鯨，已經有意罷黜張鯨。對此，張鯨也有察覺，但已無能為力，所受寵信從此衰落，於萬曆十八年（一五九〇）終遭罷黜。

在張鯨失寵之後，張誠以司禮監掌印太監的身分兼掌東廠，權力比張鯨有過之而無不

9《明史》卷二三四，〈李沂傳〉。

及。起初階段，張誠還有所收斂。他在抄張居正家時做出了很大貢獻，為此神宗對這位權閹也禮讓三分。漸漸地，張誠變得越發狂妄自大。他甚至藉著向皇上規諫的機會，暗中譏罵神宗。對皇帝尚且如此，張誠弄權已經發展到無所顧忌的地步。到了萬曆二十四年（一五九六）春，張誠被降為奉御，弟弟和侄子都被撤職或治罪。

難解的懸案

萬曆十七年（一五八九），神宗忽然變得懶惰起來，不僅「章奏多留中不下」[10]，而且不再上朝，朝臣很難再見到皇帝。將近三十年的時間裡，他彷彿變身成為隱形人，只是偶爾通過內宮發出若干指令。

說神宗懶惰，也不準確。他其實只是懶政，對處理政務失去了興趣。至於政務之外的事情，比如聲色犬馬、治貪抄家和辦礦收稅等，他的興趣依然很大。或許可以說，他更加專注於發財致富。然而，致富並非為國，而是為家，甚至只是為他本人。

神宗皇帝為什麼會有這樣的變化，一直流傳著很多說法。有人說因為「國本」之爭，他在和朝臣生悶氣，所以避而不見；有人說皇帝沉湎女色，甚至寵溺小太監，沒有精力上朝；還有人說神宗身體太胖，而且腿有殘疾，行走不便……

種種說法，似乎以第一種說法更為人們所接受。萬曆十四年（一五八六），一直受寵的鄭貴妃忽然生了皇子，也就是皇三子朱常洵，於是就生出了個立儲問題，因為在此之前，皇長子朱常洛已經出生，立誰為太子，由誰來繼承皇位，朝野一直爭論不休。神宗因為非常寵愛鄭貴妃，所以在內心更希望選立朱常洵。但是朝臣則本著「立長」的原則，堅持為朱常洛說話，而且不惜丟官坐牢。這樣一來，君臣之間就完全僵持住了。

雙方經過漫長的拉鋸，到了萬曆二十九年（一六〇一），皇長子朱常洛才最終被立為皇太子，然而立儲之爭卻還沒有結束。所有人都知道，因為鄭貴妃的原因，朱常洛的地位並不穩固，朱常洵隨時會取而代之。由於有各種輿論埋伏在皇宮周圍，於是就生出個「妖書案」。

萬曆三十一年（一六〇三）十一月的某日凌晨，從朝房到各勛戚大臣的門口，忽然都出現了一封匿名信，名叫〈續憂危竑議〉。說是鄭貴妃與大學士朱賡，兵部尚書王世揚，三邊總督李汶，保定巡撫孫瑋，少卿張養志，錦衣衛都督王之楨，千戶王名世、王承恩等人相勾結，圖謀更換皇太子。

陳矩提督東廠，誰都知道他權力很大，所以也得到這樣一封書信。他不敢怠慢，隨即呈給神宗。大學士朱賡也得到了一封，只能立即向皇帝做出檢討，並且稱這是別有用心之人所

10《明史》卷二三四，〈周弘綸傳〉。

採取的「聲東擊西，借此攻彼」[11]戰術，目的就是想把包括他在內的忠良之臣一網打盡。

神宗大怒，敕令陳矩和錦衣衛火速出動，全城大搜查，一定要查出製造妖書的大膽狂徒。

由於案件突然之間發生，抓捕嫌犯的任務非常緊急，錦衣衛的偵緝官校立即在京城內外四處活動，展開搜捕行動。為了盡快破案，東廠和錦衣衛展開了競賽，但是抓人的原則應該是相同的，那就是：寧肯錯抓一千，不可漏過一人。

在這種心態之下，錦衣衛官校只能捕風捉影、濫加拘捕，因此京城內外被牽連進去的無辜之人非常之多。朝臣之間，或是為了自保，或是為了藉機報復，都在互相揭發。錦衣衛都督王之楨指稱是錦衣衛指揮周嘉慶所為，內閣首輔沈一貫則嫁禍次輔沈鯉、禮部尚書郭正域。他們不方便直接出面，先後派人悄悄地囑咐陳矩，都遭到陳矩拒絕。

不久之後，錦衣衛百戶蔣臣將皦生光抓來。皦生光是京師有名的無賴之徒，曾偽造富商包繼志的詩，其中有「鄭主乘黃屋」一句，以此來敲詐並威脅鄭國泰和包繼志，從而索取黃金，所以人們都懷疑到他，錦衣衛隨即將其逮捕。

在監獄中，錦衣衛對他施以各種酷刑，但是他拒不承認。隨後，他的妻妾和子弟都被抓來，而且被打得體無完膚，但仍然問不出結果。

經過半年時間的折騰，朝臣互相撕咬的局面令陳矩非常擔心。因此，他想盡快結案。他明白，如果抓不到主犯，神宗會更加憤怒，必將繼續輾轉牽連，無數的人會跟著倒霉。皦生光即便是被冤枉，但先前的罪名已足夠判其死罪，那就乾脆讓皦生光背黑鍋吧。

禮部侍郎李廷機也認為，皦生光前面的詩句與妖書的風格完全吻合，這更給了陳矩及早定案的決心。不久之後，皦生光被凌遲處死。沈鯉、郭正域、周嘉慶以及其他受此案牽連之人，都因此而得以保全。

萬曆三十三年（一六〇五），陳矩執掌司禮監，並提督東廠。有一次，參政姜士昌提建議惹惱了神宗，神宗想要對其執行廷杖之刑，因為陳矩及時勸諫而中止。雲南的老百姓殺死了稅監楊榮，神宗想要逮捕所有參加暴亂的人，也因為陳矩的勸解而得以避免。

萬曆三十四年（一六〇六），陳矩奉詔巡察監獄情況，這才發現御史曹學程只是犯了一個小罪就被關在獄中將近十年。法司乘機請求陳矩，希望將其釋放。陳矩先是推辭說不敢擅自放人，但還是偷偷地稟告了神宗。不久之後，曹學程得到釋放，另外還有多人同時獲得平反。

陳矩平時為人非常寬厚，和張宏有幾分相似。他去世之後，神宗賜給一塊祠堂匾額，書「清忠」二字。

從馮保到張誠，再到張鯨，東廠的大佬相繼被抓，他們手下的大小黨羽也有所警戒，不敢再肆意妄為。神宗一方面是懶惰，一方面也對東廠結黨為禍非常痛恨，即便缺了人手，也不再補充，所以弄權之人漸至寥寥，東廠的監獄中甚至長出了一叢又一叢的雜草。神宗的日常膳食原本是由司禮監輪流供給，後因司禮監無人，改由乾清宮常雲獨自承辦，因此「偵卒

11《明神宗實錄》卷三九〇。

稀簡，中外相安」。[12]但是，對於四方採辦的宦官，神宗仍然採取放任的態度。這些貪婪之徒四處肆虐百姓，導致民心怨憤，終於生出禍亂。

被掏空的帝國

神宗為什麼如此縱容四方採辦的宦官呢？原因非常簡單：這些人能夠幫他撈取錢財。

萬曆十年（一五八二），當張居正去世之時，太倉積糧可支數年，太僕寺積金多達四百多萬。[13]神宗從首輔張居正手裡繼承了一定的「遺產」，沒想到他親政之後大手大腳，很快就把這筆錢花光了。到了萬曆十一年（一五八三）底，戶部尚書王遴已告財政吃緊：「太倉存積，除老庫外，僅三百餘兩不足。」[14]

僅僅過了一年多，戶部的帳單就已經無情地告訴神宗，治國畢竟不同於過家家，需要拿出點真才實學才行。他不得不承認張太師治國有方，還要想點辦法切實增加財政收入。

神宗最先想到的辦法是，通過查抄貪官的家產來發家致富。缺錢花了，就去抄家，竟然就此上癮。

既然想抄家，那就需要確鑿的情報，除了依靠御史檢舉揭發和鼓勵告密之外，更要充分發揮廠衛的作用，仰仗他們的偵察力量。依靠廠衛來掌握官員的財產情況，哪一家藏的寶貝更多就去逮誰。張鯨之所以成為神宗的寵臣，就是因為他擅長偵察，也很精於敲詐勒索，並利用這些財物向神宗行賄。

可歎的是這些大大小小的貪官，當初通過巧取豪奪，冒著身家性命的危險，辛苦積累的大量財物，最終都是為他人作嫁衣，輕易地就被神宗一朝籍奪。真不知道他們究竟是為誰辛苦為誰忙。

祖輩精心設計的廠衛制度，原本是為了維護國家安全，完成偵察緝捕任務，但在神宗手裡徹底畸變，被用作賺錢的工具。雖說那些為非作歹的貪官也會受到震懾，並就此有所收斂，但畢竟是辭了先生去做賊——不務正業，而且遲早會成為臣民共同厭惡的對象。

如果不發生戰爭，財政尚能勉強應付。一旦打起仗來，神宗再會理財，也經不起消耗。可是，戰爭恰恰在此時發生了。

萬曆二十年（一五九二），神宗對寧夏用兵，耗費帑金二百餘萬。同年冬天，又對朝鮮用兵，而且前後歷時八年之久，耗費帑金七百餘萬。到了萬曆二十七年（一五九九），又對播州用兵，再耗費帑金二、三百萬。[15]三大戰事接連發生，導致國庫空虛，財政困乏。

12《明史》卷三〇五，〈陳矩傳〉。
13 繆振鵬，《明朝三帝祕錄》，北京：作家出版社，二〇一〇，頁一八九。
14《明神宗實錄》卷一四四。
15《明史》卷三〇五，〈陳增傳〉。

萬曆二十四年（一五九六），乾清、坤寧兩宮失火。過了一年，皇極、建極、中極三殿也接連失火。這些都是重要場所，都必須及時修建，但神宗手裡缺錢。他找財政官員要錢，但這些人也都束手無策。神宗於是有了第二招：辦礦收稅。神宗既然有此一念，就有人迅速響應，於是礦使四出，四方不寧。抓人收錢，依靠廠衛；辦礦收稅，同樣依靠廠衛。

萬曆二十四年六月，神宗批准戶部提議，陸續派出礦使。所謂礦使，實則是一個團隊，由戶部、錦衣衛各派出一名官員，再由一名宦官領頭。

錦衣衛既擔當探路先鋒，也起到護衛作用。只要有人提供了開礦信息，神宗立即命令宦官隨同前往，以致天下到處都可以遇到礦監。凡是阻撓開礦的，都會遭到錦衣衛抓捕。

從此之後，大璫、小監打著收取礦稅之名，縱橫天下，魚肉鄉里，對各地官員和百姓進行敲骨吸髓式的剝削，以至天下蕭條、生靈塗炭。其中最橫者有三，分別是：陳增、陳奉和高淮。

陳增剛到山東，便彈劾福山縣知縣韋國賢，神宗立即下令對其進行逮捕審問。益都知縣吳宗堯因為對陳增表示不滿，幾乎死在詔獄之中。有皇帝作為靠山，陳增更加有恃無恐、肆無忌憚，指使其黨羽內閣中書程守訓、中軍官仝治等人，四處作惡，很多家庭都被害得家破人亡。即便是鬧出人命，也從沒人敢於過問。御史劉曰梧曾將這些情況上報朝廷，但神宗不予理會。

陳奉雖是御馬監奉御，官職不大，但照樣能恣行威虐，每到一處，便鞭笞官吏，剽劫行旅。不少商民對其恨之入骨，聚集起來埋伏於半路，競相使用瓦塊和石頭對其發動攻擊。僥倖逃脫的陳奉，立即誣陷襄陽知府李商耕、黃州知府趙文煒、荊州推官華鈺、荊門知州高則巽、黃州經歷車任重等人煽動騷亂。神宗聽信陳奉的奏報，立即將這些官員或抓捕或撤職。

高淮是尚膳監的監丞，與陳奉同時在遼東採礦徵稅，因為虐民而引起民變，隨即污蔑並逮捕數十人。遼東總兵馬林不肯屈服，高淮立即上書將其彈劾罷免。雖有給事中侯先春極力從中相救，但馬林最終還是被貶。

萬曆三十一年（一六〇三）夏，高淮率家丁三百餘人，高舉飛虎旗，金鼓震天，聲稱要拜見皇帝。給事中田大益、孫善繼、姚文蔚等人都表示不滿，他們說：「高淮平時搜括士民，獲得黃金多達數十萬，如今又招納這些亡命之徒進京，他到底想幹什麼？」吏部尚書李戴、刑部尚書蕭大亨等人也都紛紛彈劾高淮，斥其「挾兵潛住京師，乃數百年未有之事」。[16]此外還有御史袁九皋、劉四科、孔貞一，給事中梁有年等人，都對其進行彈劾。神宗有心袒護高淮，始終裝聾作啞。

在皇帝眼中，這些礦使、稅使是在幫自己辛苦斂財，即便犯了一點小錯誤，怎麼能馬上就進行懲罰呢？他完全不知道，這種橫征暴斂，失去的是天下人之心，所失遠遠大於所得，完全是撿了芝麻丟了西瓜的愚蠢之舉。

16《明史》卷三〇五，〈高淮傳〉。

這些礦使和稅使每到一地，便依仗自己的特殊身分，與當地的地痞流氓勾結一處、胡作非為、魚肉百姓。他們大量吸收地痞流氓充當手下爪牙，藉辦礦為名橫征暴斂，敲詐勒索，淫人妻女，無惡不作。錦衣校尉更是凶狠殘忍、橫行霸道。而且，這些人幾乎無人不貪，在上交部分稅收的同時，更多的則是貪贓納賄、中飽私囊。

被掏空的帝國，各行各業都出現左支右絀的局面。萬曆三十八年（一六一〇）八月，工科給事中馬從龍上言：「國家水衡告詘，南北交困。」[17]萬曆四十年（一六一二）年底，戶科給事中商周祚上言：「官儲如洗，海內空虛。」[18]

不僅是國庫空虛，民生也日益凋敝，甚至導致各地飢民相食。萬曆四十四年（一六一六），山東青州舉人張其猷呈上所繪〈東人大饑指掌圖〉，在觸目驚心的圖案之外還配有「母食死兒，妻割死夫」[19]之類的款語，讓見者鼻酸。可以看出，到了萬曆晚期，大明帝國已經窮困至極，千瘡百孔了。

17《明神宗實錄》卷四七四。
18《明神宗實錄》卷五二〇。
19《明神宗實錄》卷五四一。

第十四章 萬民之唾棄

有壓迫，就會有反抗

罔顧民怨，便會招來萬民的反抗。在推行礦稅制度後不久，各地民變此起彼伏，而且呈現迅速蔓延之勢。

萬曆二十八年（一六〇〇）十二月，因為陳奉胡作非為，致使武昌一帶發生民變。原來，陳奉僭稱千歲，一路嚇詐官民。他的黨羽更是擅自闖入居民家中姦淫婦女，甚至強搶民女藏入稅監署中。王生之女、沈生之妻，都是這樣遭到凌辱，所以激起當地士民的公憤，萬餘民眾集結起來，甘願與陳奉同歸於盡。事發之後，撫按三司嚴密保護陳奉，巡撫支可大更是歪曲真相，蒙蔽皇上。南京吏部主事吳中明將這些情況一一向皇帝奏報，並且指出：「這一定會導致天下無窮無盡的禍亂！」

大學士沈一貫也指出：「陳奉入楚之後，先是引發武昌民變，接著又導致漢口、黃州、襄陽、武昌、寶慶、德安、湘潭等處接連發生抗議，幾乎導致大亂。希望立即將其撤回，以收楚民之心。」

按理說，出了這麼多的亂子，神宗理應接受大學士的建議，及時撤回陳奉才是，沒想到他仍舊對此置若罔聞。

在開採穀城礦的過程中，陳奉因為一無所獲，便威脅取走穀城縣的庫金，結果遭到驅逐。為此，他懷恨在心，一直尋機報復。武昌兵備僉事馮應京彈劾陳奉有十大罪，陳奉反咬一口，稱馮應京是誣告，隨即將其降職。

在開採棗陽礦時，知縣王之翰因為該礦靠近顯陵，提出反對。陳奉立即彈劾王之翰及襄陽通判邸宅、推官何棟如等人，錦衣衛將他們逮捕審訊，並追逮馮應京。馮應京平時很得民心，廣大民眾聚集在一起，哭著為其送行。為了穩定民心，陳奉張榜列出馮應京的各種罪狀，沒想到這反倒激起了眾怒。大家將陳奉的官署團團圍住，咬牙切齒地發誓要殺死他。陳奉眼見形勢不妙，只得倉皇逃往楚王府。眾人找不到陳奉，便將他的同黨耿文登等十六人投入江中。因為巡撫支可大一直保護陳奉，憤怒的民眾順便焚燒了他的轅門，可見當時民憤已經到達了極點。

在陳奉遭到驅逐和反抗時，臨清民眾也在驅趕稅監馬堂。馬堂到臨清時，指使亡命之徒數百人在大白天公然奪人財產，誰敢違抗就被治罪，中產之家大半破產。一萬餘州民組織起來，縱火焚燒了馬堂的官署，打死其同夥三十七人，都是身上刺著各種紋身的盜賊。事發之後，錦衣衛抓捕了很多人。有一個叫王朝佐的，平時為人就非常仗義，關鍵時刻挺身而出，慷慨激昂地說道：「我就是首犯！」臨刑之時，他面不改色，令人敬佩。知府李士登撫恤安慰其母親和妻子，臨清民眾也立祠以示紀念。

御馬監監丞梁永，於萬曆二十七年（一五九九）二月奉命到陝西徵收名馬及其他貨物。他私自蓄養五百匹馬，大量招攬亡命之徒，交給千戶樂綱率領，在邊塞一帶出入。為了尋找寶物，梁永不僅將歷代陵墓全部挖掘一遍，從中搜集金銀玉器，還放任樂綱等人肆意淫掠。各地縣令都很懼怕梁永，甚至到了聞風喪膽的地步，都知道他會隨時對縣丞行廷杖之刑，也知道其中有不少人已被打死。陝西巡撫顧其志在揭發梁永罪狀之時，也說到了陝西百姓萬眾一心，決心殺死梁永的迫切心情。很顯然，巡撫看到民怨沸騰，也只能如實表達老百姓的心聲。

萬曆二十九年（一六〇一），太監孫隆在蘇州利用惡少敲詐勒索，導致民眾不堪重負。蘇州人葛誠率領當地老百姓將其中的六、七名稅官捆綁起來，然後投到了河中。此後，他們餘怒未消，又放火焚燒了宦官家中的所有財物。

萬曆三十四年（一六〇六），稅使楊榮在雲南一帶恣行威虐，令當地百姓恨之入骨，結果被民眾殺死。當時，一萬多名冤民在指揮賀世勛、韓光大等人的率領之下，縱火焚燒了楊榮的府第。忍無可忍的民眾在殺死楊榮之後仍不解恨，隨即將他的屍體一併投入火中。

在其他地方，也發生了類似事件，比如山東張曄、河南魯坤、四川丘乘雲等，都被當地的老百姓殺死。福建稅監高寀居閩十餘年，同樣留下無窮的禍害。萬曆四十二年（一六一四）四月，當地萬餘民眾因為不堪忍受，便聚集在一起，想要殺死高寀。因為事情越鬧越大，神宗只得召高寀回京。

各地礦使、稅使的為非作歹，也對邊防構成了嚴重影響。自從高淮聚眾驚擾京城，並被神宗無視之後，他變得更加放肆。他很快招募了更多的死士，並時常帶著他們出塞打獵，甚至打著黃票龍旗，到朝鮮索取冠珠和貂馬。此外，他還幾次與邊將爭功，剋扣軍糧，終於引起山海關內外將士的一致不滿。

萬曆三十六年（一六〇八）四月，前屯衛的軍卒手持武器，聚集在一起高聲呼喊，發誓要吃了高淮的肉。這年六月，錦州、松山兩地的軍卒發生譁變。群情激奮的局面，令高淮多少感到害怕。他連忙跑回京城，誣陷同知王邦才、參將李獲陽追殺朝廷派出的使者，而且還將貪污御用錢糧之事栽贓到他們身上。王、李二人隨即被逮捕訊問，邊民也因此而喧鬧不止。

各地都掀起轟轟烈烈的反特鬥爭，從萬曆二十七年（一五九九）開始，一直持續到萬曆四十二年（一六一四），長達十六年之久。[1]不僅時間很長，而且範圍很廣，遍及全國各地，聲勢浩大，此起彼伏，互相呼應。對於礦使之害，朝臣一直在呼籲並積極上書，只是神宗皇帝不聞不問，裝聾作啞，被眼前的利益沖昏了頭腦。神宗長期稱病不願上朝，也不願意接見內閣輔臣，所以，他與外界的溝通渠道只剩下司禮監。大概他只願意聽太監的話，將這視為唯一可靠的信息來源。

萬曆三十年（一六〇二）九月，大學士沈鯉上書指出：「當今時政最稱不便者，無如礦、稅二事。」[2]沈鯉對內臣濫用群小和爪牙，在各地虎噬狼貪的罪行進行了痛斥，並且具

1　丁易，《明代的特務政治》，上海：上海書店出版社，二〇一一，頁六五四。
2　《明神宗實錄》卷三七六。

陳天下形勢已經如同沸騰的油鍋一樣，沒有一片安樂土。如果要改變現狀，避免出現更大的危機，就必須抓緊時間收攬人心，停止採礦，撤回稅使。

大學士沈一貫等人也積極上書，稱使用內臣辦礦收稅，不僅給各地民眾帶來深重災難，而且是「利歸群小，怨歸朝廷」[3]的不當之舉，必須及時終止。

對於這些披肝瀝膽的善意勸說，神宗始終無動於衷，各地礦稅官員由此而變得更加放肆。所以，萬曆後期便形成了一種非常奇怪的現象：皇宮之內是歌舞昇平，京城之外則是危如累卵。這種鮮明對比，預示著大明帝國已經危機重重，一定會有更大的災難出現。

末世大璫

萬曆四十八年（一六二〇）七月，神宗病逝。據說他在去世之前忽然有所悔悟，立下遺詔撤回各路礦使，但他已經留下一個難以收拾的爛攤子，後世子孫必將為此付出代價。

當年八月，朱常洛即位，是為明光宗。意外的是，他只做了一個月的皇帝便去世了。有人算過，在神宗去世之後，朱常洛只活了四十八天，與神宗在位的四十八年形成了極大的反差。

雖說貴為皇長子，但朱常洛畢竟不是先皇所寵愛的鄭貴妃所生，所以他長期得不到父愛，直到十三歲時還沒接受過正規教育。加上「妖書案」、「巫蠱案」、「梃擊案」接連發生，令朱常洛備受折磨，就此養成多愁性格和多病之身。臨死之時，他又攤上了一個「紅丸案」，帝王生涯短至月餘，更加重了其悲劇色彩，也給動盪不安的朝廷留下一個不祥之兆。

而後朱由校匆匆即位，為明熹宗，但他也非常短壽，只活到二十三歲便去世，在位時間只有七年。

熹宗能夠繼承皇位，首先要感謝太監王安。當初，西宮的李選侍仰仗著皇帝的寵愛迫害熹宗的生母王才人，並阻撓朝臣擁立朱由校，是王安出面化解了危機。他一面擇機向楊漣等重臣揭露李選侍的陰謀，一面巧妙地與她周旋，令朱由校有了虎口脫身的機會。所以，明熹宗從內心深處感激王安，也一直對他言聽計從。

天啟元年（一六二一）五月，熹宗命王安執掌司禮監。王安以身體多病為由予以推辭。與熹宗關係極為親密的奶媽客氏，極力慫恿皇帝批准王安的辭呈，從而給太監王體乾留下機會。作為與王體乾的交換籌碼，和客氏「對食」（宮女和太監結成掛名夫妻）的宦官魏忠賢得以提督東廠。從此之後，魏忠賢與錦衣衛指揮使田爾耕、鎮撫許顯純等人勾結一處，將各種酷虐手法重新用了起來，同時也將廠衛之毒發揮到了極致。就連王安也被魏忠賢害死，而熹宗竟然完全被蒙在鼓裡。

3　南炳文、吳彥玲輯校，《輯校萬曆起居注》「萬曆三十二年」，天津：天津古籍出版社，二〇一〇，頁二〇八〇。

萬曆年間，觸忤礦使、稅使的大臣，都被打入欽犯監獄。但到了晚期，神宗越發懶政，令廠衛的固有體系和運轉模式也受到影響，不少抓捕和審訊都不了了之，告密之風也逐漸衰減，以至於萬曆末年的詔獄已漸空虛。但在天啟年間，隨著魏忠賢和田爾耕、許顯純等人的得勢，詔獄又重新忙碌起來。

魏忠賢年少之時本是個無賴之徒，在與一群惡少賭博輸錢後，被迫自宮成為太監，並改名叫李進忠。萬曆年間被選入宮，又得皇帝賜名，改叫魏忠賢。他先是靠巴結宦官魏朝得到王安的善待，後來又獲得客氏的青睞，自此平步青雲，改變了命運。客氏本與魏朝對食，後改而與魏忠賢對食，並驅逐了魏朝。

熹宗寵愛客氏，封其為奉聖夫人，還將她的兒子侯國興和弟弟客光先封為錦衣衛千戶。魏忠賢也得到恩寵，成為司禮監秉筆太監，就連他的哥哥魏釗也被封為錦衣衛千戶。魏忠賢的侄子不久也被蔭封為錦衣衛指揮僉事。

魏忠賢雖然不識字，但記憶力非常之好。他不僅殘忍陰毒，而且精於阿諛奉承之道，每天只知引導熹宗沉溺於歌舞遊樂和遛狗騎馬。刑部主事劉宗周上書彈劾魏忠賢，結果引起熹宗的萬丈怒火，幸虧有大學士葉向高從中相救，才僥倖得到赦免。

當年，因為神宗不理朝政，廷臣便只能互相抱團，由此逐漸形成各種門戶黨派。吏部尚書顧憲成因為在東林書院講學，引得海內士大夫的依從，東林黨之名由此得來。「梃擊案」、「紅丸案」、「移宮案」一個接一個發生，整個朝廷爭執不休，如同打官司。與東林黨相對抗的，則被視為邪黨。天啟年間，魏忠賢的勢力越來越大，同樣聚集了大量黨徒，不少人希望依靠魏忠賢來排擠東林黨。當時的輔政大臣葉向高、韓火廣，鄒元標、趙南星、王紀、高攀龍等人都官居高位，所以對魏忠賢形成一定的牽制。但是，隨著時間推移，魏忠賢的權力和地位一步步躍升，終於成為一代權閹。

雖然貴為一代帝王，熹宗卻是一個文盲。他與其父光宗一樣長期不受父皇重視，因此自幼缺少必要的文化教育，大字不識幾個。他非常賞識的魏忠賢，也是個大文盲。這兩個文盲碰到一起，年長的文盲因為更有生活經驗，所以顯得更加從容，何況魏忠賢是個深諳權術的宦官。

明熹宗朱由校也並非一無是處，他有個特別的愛好，那就是非常喜歡做木工活，手藝比普通木匠只好不差。作為普通人，有他這身手藝，足夠養家活口，也一定會被稱讚心靈手巧。但是，身為皇帝，整天不知疲倦地忙著打造家具，並因此荒廢政事，只能說是不務正業。

熹宗熱衷於操刀弄鋸，而且樂此不疲，這便給了權閹上位的機會。狡猾的魏忠賢總是等他做木工活時呈奏政事，此時的朱由校正埋頭打理一塊塊木頭，連腦袋都懶得抬起，對魏忠賢揮揮手說道：「我都知道了，你去處理吧。」魏忠賢因此可以擅自處理朝政，作威作福。熹宗大權旁落，自己卻渾然不知。

魏忠賢位極人臣，舉朝多為阿諛奉承之人。魏忠賢出行所過之處，士大夫沿路拜伏，高呼「九千歲」，更有一些人乾脆稱呼「九千九百歲」，大行三叩九拜之禮。在中國古代，皇帝稱「萬歲」，魏忠賢只比他們少一百歲。

天啟三年（一六二三）秋，皇帝詔令魏忠賢和客氏的兒子侯國興所庇蔭的錦衣官職世襲。兵部尚書董漢儒、給事中程注等人紛紛勸諫，熹宗不從。魏忠賢由此而變得更加肆無忌憚。他擅自將內操軍增加到一萬人，內穿甲衣出入禁宮，恣意作威施虐。他和客氏聯手假傳聖旨，將光宗的選侍趙氏害死，聽說裕妃張氏有孕在身，也設計將其殺死。後宮嬪妃只要有人懷孕，被客氏得知之後，就會在劫難逃，因為客氏一定會施展詭計逼其墮胎。對於這些情況，熹宗始終毫不知情，也因此而絕了子嗣。

抱團作惡

天啟三年冬，魏忠賢得以兼領東廠，他立即在情偵系統到處安插親信，更換掉那些不聽話的人，閹黨勢力也由此變得越發強大，成為一時之禍。

天啟四年（一六二四），中書汪文言受到誣告，被投進鎮撫司監獄。執掌鎮撫司的劉喬因為得到葉向高的訓令，不願意給汪文言定罪。魏忠賢大怒，立即將劉喬撤職除名，改用親信許顯純替代。

在殺死王安之後，魏忠賢更加肆無忌憚地在皇宮中培植親信，清除異己。除了將侄子魏良卿任命為僉書錦衣衛，掌管南鎮撫司事務之外，從內閣、六部到四方總督、巡撫，也都遍布羽翼。其中最為著名的要數「五虎」和「五彪」。「五虎」分別是崔呈秀、李夔龍、吳淳夫、倪文煥、田吉，「五彪」分別是田爾耕、許顯純、崔應元、楊寰、孫雲鶴。「五虎」都是文官，個個一肚子壞水，暗中幫助魏忠賢出謀劃策；「五彪」都是武職，分別把持錦衣衛和東廠，為魏忠賢充當打手，諸如暗殺緝捕、刑訊逼供等體力活都由他們分擔。

除此之外，還有「十狗」、「十孩兒」、「四十孫」。「十狗」包括吏部尚書周應秋、太僕寺少卿曹欽程等人。「十孩兒」包括李蕃、李魯生等人，顧名思義，他們是乾兒子一輩。「四十孫」則是為那些地位稍低的人準備的，因為他們只能排到孫子輩。

田爾耕、許顯純都是魏忠賢的義子，同屬「五彪」。在他們手下又有孫雲鶴、楊寰、崔應元等爪牙，楊漣、左光斗這些忠臣都受他們毒打致死。

田爾耕本為兵部尚書田樂之孫，靠著祖上蔭庇，累官至左都督。他狡黠陰賊，看到魏忠賢得勢，便主動上前攀附。在與魏良卿結為莫逆之交後，他取代駱思恭，得以執掌錦衣衛事務。他廣布偵緝人員，施用各種酷刑，凡是進入詔獄的，就不大可能活著出來。因為有魏良卿從中聯絡，魏忠賢對田爾耕格外器重。對於田爾耕的話，魏忠賢無不採納。魏忠賢為了搞垮東林黨，屢興大獄，依靠的正是田爾耕的力量。

宵小之人知道田爾耕與魏家的關係非同一般，都希望通過他來攀附魏忠賢。當時民間甚至流傳有「大兒田爾耕」的歌謠，都知道他是「五彪」之首，所以總有不少人聚集在他家門前，希望能夠巴結一二。經過魏忠賢的多次舉薦加封，田爾耕被拜為少師兼太子太師，家中也有數人蔭庇錦衣衛世職，所得賞賜更是不可勝計。

許顯純同樣是宦官子弟，也唯魏太監馬首是瞻。在劉喬治理汪文言一案時，劉喬因不願意屈從魏忠賢而獲罪，許顯純得以取代他而執掌鎮撫司。許顯純略通文墨，但是性格殘忍。他頻頻興起大獄，用盡各種酷刑對付犯人，楊漣、左光斗、周順昌、黃尊素、王之肦、夏之令等十餘人，都死在他的手中。至於這些人的供狀，則全都是出自他的偽造。

遼陽男子武長春因為在逛妓院時說了幾句狂妄之語，就被東廠抓捕。許顯純將他拷打治罪，然後故意誇大其詞說：「武長春是敵人的間諜，如不及時擒獲將發生重大變亂，幸虧有東廠校尉忠誠機智，立下奇功。」許顯純善於編造罪證，也經常運用這種方法冒功領賞。

「五彪」之中的另外三人，也都是魏忠賢在情偵系統所倚重的重要爪牙。其中，崔應元是個市井無賴，因為魏忠賢的賞識，冒領緝捕之功，累官升到錦衣衛指揮。孫雲鶴和楊寰則是東廠理刑官，都是魏忠賢手下重要打手。凡是許顯純所計畫的殺人之事，崔應元等人都會參與其中，與他共同策劃。

在他們看來，抓捕罪犯可以加官晉爵，審訊罪犯則是他們發財致富的好機會。所以這個過程中的每一步，他們都別有用心地精心設計。對於犯了貪污罪的犯人，他們定下期限交款，兩天為一個期限，不按期限交款的就會受到全刑。所謂全刑，就是同時上枷械、上鐮、棍擊、拶指和上夾棍，號稱五毒俱全。受刑之人會血肉潰爛，不堪折磨，呼號之聲沸天，輾轉求死而不得。

監獄之中也有一些江湖黑話，只有他們自己才懂，所謂「壁挺」就是其中的一句，意思是在獄中死亡。如果前一天晚上，囚犯被分到不同監房住宿，獄卒就會說：「今天晚上該有人壁挺了。」第二天，犯人果然死在牢房之中。

犯人死後，通常都會停放幾天，然後才用葦席裹著屍體抬出牢門。這樣一來，蛆蟲就會把屍體蛀爛。他們以獄中之事需要保密為由，一直對外嚴密封鎖消息。囚犯的家屬甚至連親人的死亡日期都完全不知。犯人因為受到酷刑而發出淒慘的哀號，他們卻始終若無其事，面色如常。

許顯純雖然狠毒，但必須依照魏忠賢的指令行事。每次審問犯人時，魏忠賢都會派人坐在他的後面，稱之為「聽記」。如果魏忠賢所派「聽記」之人未到，許顯純等人只能袖手等待，不敢審訊。

大權在握的魏忠賢，一直非常重視廠衛，依靠遍布各地的耳目，繼續加強自己的威勢。京城內外，「東廠番役橫行」。[4]凡是他們巡查之處，不管有沒有案情，一定要鬧個雞犬不寧才肯罷休。民間有誰膽敢在言語之中觸犯魏忠賢，便會被立即捉拿殺戮，甚至是剝皮、割

4《明史》卷三〇五，〈魏忠賢傳〉。

舌，由此而被殺之人不可勝數。好朋友在路上相遇，也只能使用眼神交流，不敢留下隻言片語。

《明史》中有個密室飲酒的故事，尤其可以看出魏忠賢特務體系的強大。

有天夜裡，四個人聚集在一間密室中喝酒。其中一個人喝醉了，就開始謾罵魏忠賢，另外三個人則嚇得不敢出聲。還未等醉漢罵完，東廠的特務就出現了。他們將四人押到魏忠賢的住所，將罵魏忠賢的人處以磔刑，同時給了另外三人賞金。這三個人早已被嚇得魂飛魄散，哪裡還敢動彈。

對朝廷官員，包括外戚在內，魏忠賢同樣濫施淫威。如果看誰不順眼，同樣不肯放過。

李承恩是寧安大長公主的兒子，所以家中藏有公主賜給的器物。魏忠賢探知這一情況，便立即誣告他盜竊禁物，並將他判了死罪。中書吳懷賢在讀楊漣的奏疏時，曾擊掌讚歎，被家奴告發，結果吳懷賢被處死並抄家。

對於潛在的政治對手，包括那些不肯服從自己的朝臣，魏忠賢出手更狠。他甚至想將異己者全部殺掉，只留下屈從自己的人，以及自己的親信和隨從。至於廠衛，更是淪為他的私人工具，是他攫取利益、打壓對手的機器。

不屈的冤魂

在《明史》中，第二四四卷、二四五卷尤其流露著血腥，更充滿著不屈。其中的傳主，如楊漣、左光斗、魏大中、周朝瑞、袁化中、顧大章、王之寀等人，都無一例外地被魏忠賢殘害致死。在第二四四卷末尾，還有幾句意味深長的讚語：「國之將亡也，先自戕其善類，而水旱盜賊乘之。故禍亂之端，士君子恆先被其毒。」作者對楊漣等士君子與逆賊以死抗爭的勇氣給予讚揚，並指出他們的慘死，預示著大明帝國行將就木。

魏忠賢手握大權，如日中天，群小競相攀附權閹，正人君子的處境日漸危險。見此情形，楊漣和趙南星、左光斗、魏大中等人不甘屈服。

楊漣當初以小臣身分參與接受皇帝遺詔，也在熹宗即位過程中立下大功，所以一度得到朱由校的重用，幾年之內便被提升為左副都御史。看到權閹弄權，楊漣接連上書彈劾魏忠賢，列舉出他的二十四條罪狀，其中包括「壞祖宗二百餘年之政體」、「急於翦己之忌」、「親亂賊而仇忠義」等。

在奏疏的最後，楊漣指出，魏忠賢的種種背叛行為，都已經一一顯現在人們面前，但內廷都因懼怕被害而不敢說，外朝則沉默不敢上報。即便是罪行敗露，還有奉聖夫人為他進行掩蓋。他們內外勾結，遙相呼應，淫威影響之所及，已經在宮廷內外形成了「但知有忠賢，不知有陛下」[5]的局面，所以乞求陛下能振奮雷霆之威，對奸賊進行審訊，以維護國家的法令。

剛聽說有這道奏疏時，魏忠賢感到非常恐懼。在王體乾和客氏的勸說之下，他勉強保持住鎮定。此後，他立即想出阻止皇帝上朝的方法，阻攔楊漣的奏疏上呈。而且，從這以後，魏忠賢幾乎每天都在想辦法殺害楊漣。

天啟五年（一六二五），魏忠賢授意大理寺丞徐大化彈劾楊漣、左光斗黨同伐異，利用職權收取賄賂，並命錦衣衛逮捕汪文言進行審訊。

論官職，汪文言只是個芝麻大的中書舍人，但是閹黨希望從他這裡尋找突破口，興起大獄，所以對其嚴刑拷打。在監獄中，許顯純使用各種酷刑拷問汪文言，逼其誣告楊漣。汪文言至死也不屈服，並仰天大叫道：「這世界上難道還有貪贓受賄的楊大洪（楊漣號大洪）嗎?!」

不久之後，汪文言被活活打死。許顯純只得偽造供詞，誣陷楊漣貪污贓款，並將楊漣逮捕。

得知楊漣被捕的消息後，幾萬人站在道路兩旁哭喊，沿途村民全都燒香祭祀，祈求上天保佑楊漣活命。在許顯純等惡賊面前，民眾的善良顯得一錢不值。楊漣被打入監牢之後，遭受了各種酷刑，全身上下沒有一塊完好的皮膚，直到死在獄中。

和楊漣同時死在獄中的，還有左光斗和魏大中。當時，朝野並稱的「楊左」，正是指楊漣和左光斗二人。楊漣彈劾魏忠賢時，左光斗曾參與謀劃，由此惹怒魏忠賢。左光斗曾草擬奏疏，彈劾魏忠賢和魏廣微的三十二條死罪，結果被魏忠賢的密探偵知，搶先將左光斗革職為民並逮捕。

逮捕左光斗的這天，很多的父老鄉親簇擁在他的坐騎之前痛哭，聲震原野，就連來抓人的錦衣衛也都感動得流淚。在被打入監牢之後，許顯純立即誣陷他接受楊鎬、熊廷弼的賄賂，並且每隔五天就嚴刑拷打一次，直到和楊漣在同一天被獄卒打死。

當初楊漣上書彈劾魏忠賢時，魏大中曾積極予以響應。他率領同僚同時上書。奏疏中寫道：「魏忠賢狐假虎威，拉幫結派，到處安插親信，刺探朝廷消息，已經到了天怒人怨的地步。」

魏忠賢得到這封奏疏後，一直暗中尋找時機進行報復。許顯純偽造供詞，誣告魏大中接受楊鎬、熊廷弼的賄賂，賄金為三千兩，隨即將魏大中逮捕下獄。獄卒受魏忠賢指使，將他和楊漣、左光斗在同一晚上殺死。

在許顯純自己偽造的供詞中，有一大批人受到誣陷。凡是被魏忠賢視為敵人的，都被列入「黑名單」。除了楊漣、左光斗、魏大中之外，還有李若星、毛士龍、袁化中、繆昌期、鄒維漣、鄧渼、盧化鰲、錢士晉、夏之令、王之寀、徐良彥、熊明遇、周朝瑞、黃龍光、顧

5《明史》卷二四四，〈楊漣傳〉。

大章、李三才、惠世揚、施天德、黃正賓等人受到牽連。

周朝瑞揭發大學士沈㴶賄賂魏忠賢，並涉及其私黨邵輔忠、徐大化。徐大化就此將周朝瑞的名字竄改入汪文言案中，和楊漣等五人一起被逮捕，經過嚴刑拷打也死在獄中。王之寀也被同樣的方式誣陷，並以同樣的方式慘死獄中。

周順昌為人正直，疾惡如仇，獨立而有操守。巡撫周起元因為得罪魏忠賢而被削職為民，周順昌寫文章歡送他。魏大中被捕經過吳門時，周順昌設宴款待，而且形影不離地陪伴三天。官校多次催促，周順昌怒目而視，說道：「你不知道世上還有不怕死的男子漢嗎？回去告訴魏忠賢，我就是原吏部郎中周順昌。」接著便對魏忠賢罵不絕口。

官校回去之後，立即告訴了魏忠賢。周順昌隨即受到誣告，與周起元一起被逮捕。當地老百姓一向十分感激周順昌，聽說逮捕他的人來了，都很憤怒，並堵住了道路。官校厲聲罵道：「東廠抓人，你們這幫鼠輩想怎麼樣?!」接著便大聲叫喊：「囚犯在哪裡？」說完還將鎖鏈使勁往地下一扔，叮噹作響。

東廠特務的囂張，不僅沒有嚇倒百姓，反而令群情激憤。他們高喊著：「以為是皇帝的命令呢，原來是東廠啊！」隨即便排山倒海般地一擁而上。幾名東廠特務東逃西竄，其中一人被打死，其餘的身負重傷，狼狽地逃脫。

東廠密探報告說，蘇州的民眾都造反了，他們不但抗拒執法，而且計畫截斷水道，劫持漕運木船。魏忠賢聽了之後感到非常恐慌，不久之後聽說叛亂已經平定，周順昌投案自首，並抓到為首的顏佩韋、馬傑、沈揚、楊念如、周文元等五人，這才放下心來。然而，從此以後，這些錦衣衛特務再也不敢邁出京城的城門。

周順昌入獄之後，許顯純對其拷打逼供，羅織各種罪名，每隔五天就嚴刑拷打一次。每逢審問，周順昌一定會痛罵魏忠賢。許顯純敲掉他的牙齒，洋洋得意地問道：「復能罵魏上公否？」[6]只見憤怒的周順昌將滿嘴血水吐在他臉上，罵聲反倒變得更加猛烈。許顯純氣急敗壞，只得偷偷地將周順昌在獄中殺害。

末路悽惶

魏忠賢的地位越來越高，不少人都開始懷疑他要篡權。天下的章奏，無論巨細，都要先稱頌魏忠賢。稱頌還不敢稱呼其名，只能稱「廠臣」。大學士黃立極、施鳳來、張瑞圖在起草聖旨時，也必說「朕與廠臣」。天底下沒有人敢直接叫出或寫出魏忠賢的名字。

在天啟七年（一六二七）這一年之內，魏忠賢冒領軍功，累計蔭庇錦衣衛指揮使達十七人，對他的族人和姻親都累次封賞。袁崇煥取得寧遠大捷後，也被魏忠賢冒領軍功。此後，

6《明史》卷二四五，〈周順昌傳〉。

皇帝遍賞群臣，唯獨忘記了袁崇煥這個真正的功臣。

這年八月，年僅二十三歲的朱由校誤服「仙藥」而亡。由於沒有子嗣，只得由他的弟弟信王朱由檢繼承皇位，也就是明思宗崇禎皇帝。

崇禎不願像兄長朱由校那樣做一個傀儡皇帝，受太監支配。他上台後的第一個大動作便是剷除閹黨，徹底抹去魏忠賢的影響。不可一世的魏忠賢，最終只能在萬分驚恐之中自殺身亡。崇禎覺得心頭之恨未解，詔令將魏忠賢肢解，腦袋懸掛於河間府，以起懲戒作用。與魏忠賢有牽連的官員，都被視為閹黨分子，紛紛受到打擊。至於其重要爪牙，如田爾耕和許顯純等，都被處死或抓捕。

接下來，崇禎剷除閹黨的行動與懲治腐敗、整肅吏治的行動結合在一起，聲勢浩大。內閣首輔，以及吏部、兵部等六部長官在內的一大批文臣武將，重則被處死，輕則被罷免、降職。

文臣不可信，武將也不可信，朝廷重臣不可信，地方大員也不可信，那麼誰才可信呢？崇禎繞來繞去，最終又回到太監這裡。為了加強對邊疆大吏的控制，他經常派出太監去邊境刺探情報，掌握官員動態。名將袁崇煥正是因為太監傳遞假情報，引起了崇禎的猜疑，進而被殺。

山河破敗，朱由檢是出來收拾殘局的。與前面幾任皇帝相比，崇禎的執政能力只好不差。但是，明政權到了這個時候實在是爛透了，已然不可收拾：內部是農民起義此起彼伏，外部又面臨著後金咄咄逼人的攻勢。

面對內外交困的局面，到底是先「攘外」，還是先「安內」？實則也是一個難題。那麼崇禎是怎麼決定的呢？崇禎的主意是：同時展開。所謂「安內」，就是打擊此起彼伏的起義軍。這一招並沒有收到什麼成效，各地飢民前仆後繼地起義，如同割韭菜一般，割了一茬，又生一茬。崇禎即位後的新政，也未達預期效果，朝野很快便由期盼轉為失望。

至於「攘外」，也沒有多大成效。後金軍在與明軍的對壘中越發地成長壯大，打得明軍沒有招架之力。身處內憂外患、矛盾激蕩的漩渦之中，朱由檢只得當了亡國之君。

當然，亡國也不能都怪前人，崇禎自己也有責任。志在「中興」的崇禎，勤政、自律和領導才能，似乎都超過他的父兄，但他也存在著剛愎自用、猜忌多疑、殘暴苛刻等性格缺陷。

在剷除閹黨的過程中，崇禎發現閹黨之禍遠遠超出他的想像。他發現周圍的人都是不可信、不可用的。在任命內閣大臣時，他左挑右選得到的人，最終還是閹黨分子，只得又匆匆罷免，這便造成閣臣走馬燈似地輪換。左挑一個，不滿意，右挑一個，還是不滿意，無奈之下，崇禎甚至採用占卜之法來選用閣臣。崇禎的猜忌之心越來越重，殺人也變得更加隨意。

因為這種多疑之心，崇禎尤其重視廠衛的作用。他命王德化掌管東廠，又以吳孟明掌管錦衣衛，廠衛互相配合，對臣民進行嚴密監控。縉紳之家不免互相來往，但非常擔心會留下把柄，只能早睡晚起，甚至不敢兩人坐在一起交談。只要遇到錦衣衛校尉光臨，就如同遭到江洋大盜搶劫一樣，所積財富都會就此散盡。那些狡黠之徒恣意捏造、羅織罪名誣陷別人，只需摘取片言隻字，就可以株連十幾人以上。

在吳孟明掌衛印時，錦衣衛不時採取寬容的政策，但他們只能觀望東廠的臉色行事，並不敢與他們對抗。負責鎮撫的梁清宏和喬可用則朋比為奸，令天下人膽寒。

末路悽惶的局面下，很少能有崇禎始終信任之人。駱養性是其中難得善始善終的一位。他是駱思恭的兒子，因為世襲而得到錦衣衛職，進而獲得執掌錦衣衛的權力。崇禎下詔戒諭百官時，對言官尤其痛加斥責，並將姜埰、熊開元兩位諫官下獄。此後，他又諭令駱養性悄悄殺死他們二人。

有官員得知這一消息，連忙告誡駱養性說：「你難道不想想田爾耕和許顯純是怎麼死的嗎？」駱養性感到害怕了。他思考再三，決定勸說崇禎放棄殺人之念。他一面悄悄地洩露皇帝的諭令，一面對崇禎說：「這兩個人如果確實應當處死，那就應該交付有關部門，寫出他們的罪行，使之大白天下。假如派人祕密殺了他們，天下人會怎麼評價陛下呢？」崇禎怒氣漸漸消去，其他大臣也都替姜埰他們說好話，這兩位諫官竟然得以免死。

駱養性雖說偶爾做出令人稱道之舉，但終究免不了坐在此位上的多數人的弊病，始終緊密配合崇禎的殺戮行動。而且，他同樣貪墨成癖。起義軍攻占北京城後，僅從他家中就起獲贓銀數萬。

廠衛終成替罪羊

廠衛已經成為萬民唾棄的對象，朝臣學起當年的商輅，紛紛提出撤除廠衛的建議，試圖對這些特務們進行徹底的清算。

給事中許國榮在〈論廠衛疏〉中歷舉廠衛為禍的歷史，御史楊仁也上書詳論東廠之害，建議崇禎順應民意，果斷採取措施。但崇禎對這些建議一律不予理睬，反而是「倚廠衛益甚，至國亡乃已」。[7]

首輔周延儒也借勢提出「罷廠衛緝事」[8]的建議，但是廠衛的特務們擔心就此失去權勢，所以都對周延儒充滿了怨恨。駱養性深知崇禎的心理，他同樣不甘心失去既得利益，於是成為倒周派的幹將，並給了周延儒致命一擊。當初，他正是因為首輔周延儒的推薦，才得以執掌錦衣衛，但此刻他選擇的是恩將仇報。

崇禎十六年（一六四三）四月，清兵入關搶掠財物，周延儒在不得已之下自請督師。崇禎非常高興，給予他很多賞賜。結果周延儒長期駐紮在通州，不敢與清兵交戰，卻每天傳書

7《明史》卷九五，〈刑法志三〉。

8《明史》卷三〇八，〈周延儒傳〉。

奏捷，在崇禎手裡騙得不少獎賞。沒想到駱養性和宦官們一直在悄悄對其進行偵察，並向崇禎檢舉揭發，周延儒以蒙蔽聖上而獲罪。

隨著魏忠賢的倒臺，廠衛之禍原本可以因此而得到終結，沒想到到了崇禎年間忽又重新興起。這也許只是迴光返照現象，明帝國注定將在不久之後滅亡。崇禎所信賴的太監，也在關鍵時候出賣了他。

崇禎十七年（一六四四），李自成率領起義軍包圍了北京，崇禎命宦官杜勳鎮守宣府。沒想到杜勳到了宣府便向起義軍投降，親自引導李自成大軍前進。奉命守城的宦官也早已有了異心，裝模作樣地進行一番抵抗後，便為起義軍打開了廣寧門。只有司禮監秉筆太監王承恩還算忠心，始終陪伴著處於窮途末路的崇禎。當他看到崇禎自縊身亡之後，也就近選擇一棵歪脖子樹上吊自盡了。

清人蕭正模曾寫詩悼念崇禎皇帝，其中有這麼兩句：「可憐三百年天下，斷送憂勤惕厲中。」作者將斷送大明江山的原因歸結於崇禎的性格因素，概括起來就是「憂、勤、惕、厲」四字，這似乎有幾分道理，但也不盡客觀。因為大明帝國在他執政之前就已經腐爛透頂，萬曆皇帝等人都一直在挖坑。崇禎只不過是個倒霉鬼，出現得不是時候，順著這個大坑就跳了下去。崇禎的即位時機其實非常尷尬，他在不恰當的時機出現，成為大明帝國滅亡的替罪羊。

在崇禎之前，雖然荒誕的皇帝不時出現，但較為自律的官僚系統在維持政治秩序方面發揮了積極作用，錦衣衛等在其中也起到了監督和約束作用，保證帝國勉強維持下去。但是到了崇禎時期，原有官僚系統遭到徹底破壞，廠衛更成為備受詬病的對象，朱由檢只能做一些無用的掙扎，改變不了亡國的命運。

明朝滅亡的原因，已經有很多學者進行過分析和總結。比如說，太監專權、吏治敗壞、頂層設計的問題、氣候變化帶來的大饑荒等等，這裡姑且不作深究和比較。

也有人將明朝滅亡的原因歸結於廠衛，認為「明不亡於流寇，而亡於廠衛」。[9] 考察晚明的歷史，廠衛之惡確實給人們留下了非常突出的印象。但是，將滅亡原因完全歸結於廠衛，怕是也不盡客觀。廠衛的特務們變得窮凶極惡，是出自專制皇帝的有意打造。俗話說，冤有頭，債有主，他們的罪惡之源，終究需要追究到皇權這裡。錦衣衛權力再大，也只是皇帝推行專制的工具之一。當這個家的，畢竟是朱姓皇帝，把江山弄丟了，也一定是這些皇帝出了問題。

所以，廠衛只是明朝滅亡的眾多原因之一，算不上根本原因。廠衛只是承擔了替罪羊的角色，就像崇禎當皇帝卻當成了替罪羊一樣。到了晚明時期，廠衛系統早已和這個腐爛的政體一起朽敗，其腐臭之味四處蔓延。人們都視之為禍害官民的罪魁禍首，自然也會將其視為壓垮大明帝國的最後一根稻草。

---

9 朱彝尊，《靜志居詩話》卷二二。

後記

這幾年我給學生講授情報史類課程，不免會提到錦衣衛，並講到明朝這段歷史。但是，苦於課時有限，許多想講的內容沒有辦法展開。

有鑑於此，我暗下決心寫一本普及讀物，方便同學們閱讀參考。在寫作過程中，我經常提醒自己以此作為最低目標。稿成之際，一直心有惴惴，不知這個目標實現沒有。

縱觀有明一代，廠衛制度基本上得到了延續，特務政治一直高度發達。不管是廠，還是衛，放在今天都可算作情報機構。當然，明代的廠衛具有大包大攬的特點，和現代情報機構並不完全相同。它們在完成對內情報職能的同時，還要執行搜集軍事情報的任務，此外還擁有相對獨立的司法審判權，直接聽命於皇帝。所以，它們是非常另類的機構，有著獨特的運轉模式。這種「四不像」的機構，是明朝皇帝推行專制統治的重要輔助工具。他們借助於控制皇帝的所見所聞，制約並影響皇權的運行，最終也能成為左右政壇的重要力量。

身處現代社會的人們，每天沐浴著現代文明的恩澤，已經很難理解朱元璋將天下視為私有的心態，也很難體會專制皇帝為維護私有財產所進行的種種精巧設計，對朱明王朝的特務統治模式，怕是也有了解不夠之處。寫作本書，也想幫助讀者朋友對這些情況有一些大致了解，帶您切身感受那個遙遠時代的人和事。由於筆者水準有限，肯定無法讓所有的朋友感到滿意，而且難免會出現各種錯誤，希望能得到大家的熱心指正。

歷史大講堂

錦衣衛：紅蟒、飛魚、繡春刀，帝王心機與走向失控的權力爪牙

2019年8月初版　　定價：新臺幣380元
2022年3月初版第四刷

著者	熊劍平
叢書編輯	張擎
特約編輯	謝麗玲
內文排版	極翔排版公司
封面設計	陳文德

出版者	聯經出版事業股份有限公司
地址	新北市汐止區大同路一段369號1樓
叢書主編電話	(02)86925588轉5305
台北聯經書房	台北市新生南路三段94號
電話	(02)23620308
台中分公司	台中市北區崇德路一段198號
暨門市電話	(04)22312023
台中電子信箱	e-mail：linking2@ms42.hinet.net
郵政劃撥帳戶第	0100559-3號
郵撥電話	(02)23620308
印刷者	文聯彩色製版印刷有限公司
總經銷	聯合發行股份有限公司
發行所	新北市新店區寶橋路235巷6弄6號2樓
電話	(02)29178022

副總編輯	陳逸華
總編輯	涂豐恩
總經理	陳芝宇
社長	羅國俊
發行人	林載爵

行政院新聞局出版事業登記證局版臺業字第0130號

本書如有缺頁，破損，倒裝請寄回台北聯經書房更換。　ISBN 978-957-08-5356-8 (平裝)
聯經網址： www.linkingbooks.com.tw
電子信箱：linking@udngroup.com

本書中文繁體字版由中華書局（北京）授權出版

國家圖書館出版品預行編目資料

錦衣衛：紅蟒、飛魚、繡春刀，帝王心機與走向失控的權力爪牙/熊劍平著．初版．新北市．聯經．2019年8月（民108年）．352面．14.8×21公分（歷史大講堂）
ISBN 978-957-08-5356-8（平裝）
[2022年3月初版第四刷]

1.明史

626 108011342